U0599977

电子信息技术与电气工程探究

郭东明　扈永强　宋国建　著

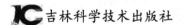

吉林科学技术出版社

图书在版编目（CIP）数据

电子信息技术与电气工程探究 / 郭东明, 扈永强, 宋国建著. -- 长春 : 吉林科学技术出版社, 2024.5

ISBN 978-7-5744-1289-7

I. ①电... II. ①郭... ②扈... ③宋... III. ①电子信息一研究②电工技术一研究 IV. ①G203②TM

中国国家版本馆 CIP 数据核字(2024)第 088073 号

电子信息技术与电气工程探究

DIANZI XINXI JISHU YU DIANQI GONGCHENG TANJIU

著　　者　郭东明　扈永强　宋国建
出 版 人　宛　霞
责任编辑　杨超然
封面设计　树人教育
制　　版　树人教育
幅面尺寸　185mm×260mm
开　　本　16
字　　数　280 千字
印　　张　12.5
印　　数　1-1500 册
版　　次　2024 年 5 月第 1 版
印　　次　2025 年 1 月第 1 次印刷
出　　版　吉林科学技术出版社
发　　行　吉林科学技术出版社
地　　址　长春市南关区福祉大路 5788 号出版大厦 A 座
邮　　编　130118
发行部电话/传真　0431—81629529　81629530　81629531
81629532　81629533　81629534
储运部电话　0431-86059116
编辑部电话　0431-81629510
印　　刷　长春市华远印务有限公司
书　　号　ISBN 978-7-5744-1289-7
定　　价　82.00 元
版权所有　翻印必究　举报电话：0431—81629508

前　言

中国的经济和科技的快速发展使得电子信息技术已成为我们日常生活中不可缺的一部分，它给我们的生活带来了巨大的改变。而且随着计算机网络和通信技术的发展，电气自动化控制系统已经发生了巨大的变化，不仅提升了系统的性能，还带来了显著的改善，为电气工程的可持续发展提供了强有力的支撑。

计算机逐步渗透到人们的日常生活中，并以其智能、高效的特点极大地推动了人们生产、生活的发展。电子信息技术作为其基础，在研究与应用过程中与电气工程产生了紧密联系，促进了电气工程的发展。本书从滇西信息技术的基础理论出发，相继从计算机网络数据通信技术、数字技术、信号与信息处理技术原理的角度对电子信息技术进行专业解读，随后对电气工程以及自动化、电气自动化控制等相关领域进行分析与总结，接着对电气工程及自动化的运行维护、检修、交验进行梳理与研究，最后对电气工程新技术的发展进行整体总结。本书在理论研究的基础之上，注重实用性和可操作性，以期能够在一段时间内满足当下的中国对于电子信息技术与电气工程的需要，为从事相关工作的读者提供帮助，为推动中国科学技术的发展贡献出属于自己的力量。

在本书的策划和写作过程中，曾参阅了国内外有关的大量文献和资料，从中得到启示；同时也得到了有关领导、同事、朋友及学生的大力支持与帮助。在此致以衷心的感谢！本书的选材和写作还有一些不尽如人意的地方，加上作者学识水平和时间所限，书中难免存在缺点和谬误，敬请同行专家及读者指正，以便进一步完善提高。

编委会

胡倩倩　赖舒艳　王文德
杨　光　张　强　杨志雷
田　野　刘　璟　李建红
王　玮　王金凤　王　齐

目　录

第一章　电子信息技术的背景与基础

第一节　信息化社会背景与技术领域

一、信息化社会背景

人类科学技术进步的历史可表现在三次“工业革命”。

第一次工业革命发生在18世纪60年代，其标志是蒸汽机的发明和使用。从此人类进入了工业化大生产时代。

第二次工业革命发生在19世纪中期，其标志是电灯（电力）的发明和使用，发明了电话等。从此人类进入了“楼上楼下、电灯电话”的电气化时代。

第三次工业革命开始于20世纪50年代，其标志是电子计算机的发明和应用。从此人类社会开始进入信息化时代。

第三次工业革命相对于前两次的不同之处在于科学技术对生产力的推动作用更加显著、广泛和深入，催生了一批新的产业，如集成电路（微电子）、计算机（电脑）、原子能、光电子、航空航天和生物工程等。此外信息技术可以应用到各工业领域，如电力、交通、石油、煤炭、钢铁、汽车等。由于信息技术对社会和传统产业的深远影响，第三次工业革命又被称为信息化革命。特别是自20世纪90年代以来，信息化革命进程在加速，多数国家则把建成信息化社会作为首要发展目标。

信息化依赖于发达的电子信息技术手段：计算机（硬件和软件）是信息处理技术的核心；计算机的核心是集成电路；独立的计算机并不能实现信息化，必须有互联网的普及应用才能发挥它的作用，使其深入到社会管理、教育、医疗等各应用领域；要组成信息网络又必须依赖通信技术，包括有线通信和无线通信。因此，只有实现了信息技术的综合平衡发展才能推动社会的深刻变革，使人类步入信息化社会。

要特别指出的是移动通信技术的发展和普及大大加快了社会信息化的进程，尤其是未来移动通信与互联网的融合和宽带无线接入与互联网的融合，将使人们获取信息、交换信息、生活、工作变得前所未有的方便、快捷。互联网的发展应用将加快社会的信息化进程。科学技术是第一生产力，信息技术是推动人类社会进入信息化社会的基础动力。

二、信息科学技术与研究领域

一般说来，信息科学技术主要是采用电子科学技术或光电信息技术的方法与手段来研究信息的获取、传输、处理、存储与应用。

（一）信息获取

一切生物都要随时获取外部信息才能生存。人类主要通过眼、耳、鼻等来获取外界信息，并利用大脑对信息进行加工、分析和处理，而后做出反应。在信息技术高度发达的今天，人们可以借助各种信息技术手段来获取各种信息，将所获取的信息通过以计算机为核心的信息处理系统进行综合处理来提高获取信息的准确度和实现信息利用。

人们要获取的信息多种多样，在日常生活中最常见的是语音和图像信息的获取：医生要获取病人病情的信息，一个自动控制系统要获取被控制对象物理参数的信息，信息化战争要获取各类军事目标的信息。

1.语音信息的获取

获取语音信息有多种方法，除了早期留声机采用直接记录声波引起的机械振动的方法之外，现在比较通用的方法是将声音转换成电信号，这类可转换信号的转换器统称为拾音器。拾音器实际上是一种声音传感器，如固定电话和移动电话中的送话器、会场扩音系统中的麦克风等。按声波转换成电信号的不同机理，拾音器大致分为两类，一类是采用压电晶体（或者压电陶瓷），另一类是采用动感线圈。压电陶瓷的物理特性：当瓷片受压，则产生电，可通过瓷片两边的金属膜将电信号引出；如果在瓷片两边加交流电压信号，瓷片就产生与交流电压信号频率相同的振动。因而压电陶瓷可以将声波压力变为电信号，又可以在电信号作用下发声。动感线圈的工作原理是线圈切割磁力线而产生电流。这两类拾音器的共同结构是都有一个“纸盆”以感知声波的振动。

2.图像信息的获取

图像信息的获取应用十分广泛，如照相机、摄像机、视频会议、远程医疗、实时监控、机器人视觉、地球资源遥感等。要获取图像，首先要有摄像头。摄像头分为光电扫描摄像头和半导体电荷耦合元件（CCD）摄像头两大类。早期用光电摄像管，现在几乎全部采用CCD，其区别在于摄像管中的感光器件。

3.物理参数信息的获取

自动控制中往往需测量被控制对象的物理参数，如位置、温度、压力、张力、变形、流量（液体或气体）、流速等，而这些都是通过传感器实现的。一般传感器都得将被测参数的变化转变成电参数的变化。设计与制造优质传感器的关键是材料。在大学本科相关专业课程中会安排专门课程介绍传感器技术。

4.军事信息的获取

在信息技术高度发展的今天，战争形态已发展到了以使用信息化武器进行战争为主要特征的新阶段。信息化战争是信息获取、信息传递、信息处理和信息利用的综合信息技术能力及信息化武器的战争。只有获取了信息，才能耳聪目明；只有信息传递顺畅，才能指挥自如；只有及时准确地处理和利用信息，才能运筹帷幄。

现代军事信息获取工具已发展成了一类复杂的信息获取平台，如预警飞机、侦察卫星、雷达网和无人侦察飞机，甚至空天飞机等。按运载装备平台的活动空域可分为地面观测、空中观测、海上观测和航天观测等；按信息获取使用的手段可分为雷达、电视、光学、照相、声呐、微波红外和激光等。军事信息获取已超越了时空和单一手段的局限，构成了一张从空中、地面、海上到水下的多层次、全方位、全天候、全频段、立体化的信息获取网络。电子信息技术是信息化战争和信息化武器的核心。

（二）信息传输

信息传输的另一个常用技术名词叫“通信”，它是电子信息科学技术中的一个重要领域。大学本科设有通信工程专业以培养从事信息传输理论与技术的学习和设备的设计与制造的专业人才。顺便说明，“通信”和“通信”是有区别的，“通信”一般是指传送模拟语音，是在数字通信普及以前用来泛指电话系统的；在数字化技术普及之后，由于语音、图像、文字等都变成了相同的二进制数码，从而可同时在通信系统中传送，因而“通信”一词如果不是专指语音，就应该用“通信”这一名词来泛指信息传输了。

1.通信系统模型

信源——消息的来源，即由它产生出消息，泛指语音、文字、数据和图像。

编码——将消息数字化变成以1、0为代码的二进制数码。

发送设备——将二进制数码变换成便于传送的电信号或者光信号向信道中

传送。

信道——信号经过的通道，如大气空间、电线或海水等。

接收设备——完成与发送设备相反的变换，还原出与发送设备输入端相同的二进制代码。

接收者——可以是人，也可以是机器。

干扰源——表示信号在传输过程中可能引入的各种干扰，如设备的内部噪声和外来干扰等。

我们希望通信系统还原出的消息与信源发出的消息尽可能相同，但不是精度越高越好，这是因为：①任何仪器都具有一定的精度，只要求恢复的消息达到感知仪器的精度要求即可；②要提高传送消息的精度需付出设备成本代价。因而我们应根据通信系统的实际应用需求在传送消息的精度和设备成本代价之间折中选择。

通信设备多种多样，应用环境各不相同，要完成通信系统设备的设计制造，需要学习电路理论、数字电路与微波技术等，不过现在已很少用分离元件来制造电子系统，而是采用集成电路，因而电子系统的设计基本上等同于集成电路的设计，或者是选取功能符合整机系统要求的集成电路功能块。此外，现代通信系统都是硬件与软件的结合，甚至可以用计算机系统平台来实现原有通信系统的功能，因此除硬件技术外还应掌握软件技术。

2.通信系统类型

划分通信系统类型的方法有很多种，如按信道类型来划分，就可以将通信系统划分为有线通信与无线通信。固定电话、互联网、闭路电视属有线，移动电话、卫星通信、广播电视属无线；光纤传输属有线，大气激光通信属无线等。

无线通信可以在不同的频率下工作。中波广播的频率是535~1605kHz，广播电视工作在49~863MHz，移动通信工作在450~2300MHz（在与电视有重叠的频率部分二者须错开，即已分配给电视的频段，移动通信就不能用）；频率不同，无线通信设备的性能指标会不同，各个频段安排的用途也不同。

3.通信系统中的理论技术

对于通信系统中的理论技术问题已研究了一个多世纪，已建立了较完善的通信系统理论体系，总括起来主要包括：信源编码理论、信道编码理论、调制理论、噪声理论和信号检测理论等。由于理论是在工程实践基础上的知识系统化和认知升华，随着设备实现技术的进步，上述理论也一直在发展，今后还会进一步发展。

编码，是为了更好地表示信息和传送信息。信源编码可以降低数据率；信道编码可以减小差错率，即使是在传输过程中出现了零星差错，信道编码也可以发现并纠正。最简单的可以发现错误的信道编码是传真机采用的“奇—偶校验码”，通过加一位0或者1使信道中传送的每个码字1的个数总是偶数（原信号中1的个数如为奇数则将码字的最后1位置1，如已为偶数则置0）。如果发现接收到的某个码字中1的个数为奇数，则立即判断出这一码字传送中出错了，需要重传。

调制理论主要是研究提高传输效力的方法，相当于在不加宽马路宽度条件下增加车流量。马路的宽窄等效于通信系统的频带宽度，频带宽度的单位是赫兹(Hz)，通信效力以每赫兹带宽可传送的数码个数来衡量。好的调制技术可以将通信效力提高数十倍，1Hz带宽可传送10 ~ 20bit。

信号检测理论是研究如何从噪声中提取信号。因为可以将信号无限放大。但通信系统中的实际情况是总是存在噪声，而且噪声总是同信号混合在一起无法分开，放大信号的同时噪声也被放大了，这时放大对突显信号毫无意义，只有当信号功率与噪声功率之比大到一定程度时接收机才能正确发现信号。信号检测理论是研究在尽可能低的信噪比情况下能发现信号。这在有的条件下对信息传输至关重要，例如宇宙通信，飞船在遥远的宇宙空间靠太阳能电池供电，不可能让发射信号功率太大，因而到达地球站的功率必然很微弱，使得地球站接收机输入端的信噪比必然很低，而好的信号检测技术可以降低对信噪比的要求。目前较好的信号检测，可以在输入信号功率是噪声功率的约4.1倍时正确接收信号。如信噪比低于这一数值，则需要采用信号处理方法来提高信噪比；而香农信息论计算出的信噪比最低极限值是1.45，但工程实际中的设备无法达到这一极限值。

4.通信网

当代通信一般都不是单点对单点，而是众多用户同时接入到一个网络中，任何一个用户都可以与接入网络的另一个用户通信。如固定电话网、移动通信网和互联网等，同一时刻可能有几万、几十万用户在呼叫对方，武汉的用户甲如何找到北京的用户乙，固定电话网中的用户甲如何找到移动电话网中的用户乙，这涉及网络管理、路由和信息交换等技术，同时还涉及通信网的体制结构、信号结构和通信协议等。固定电话网中的语音数据速率、信号结构与移动通信网中的语音数据速率、信号结构不同，这时要实现跨网通信除要选择路由和进行数据交换之外，还必须进行信号格式和速率的变换。上述提到的技术原理在相关专业的教学计划中有专门课程介绍，有的课程是供同学们选修的。

5.互联网的拓展

现在互联网已成为全世界信息汇聚的平台，不但通过互联网可以了解当前世界正在发生的新闻，而且通过互联网可以打电话（网络电话、视频电话）、看电视(IPTV)、发邮件（代替传真），同时还可以在网上购物、开视频会议等。网络已经成为人们工作、学习和娱乐的场所，也正成为越来越多人们生活的一部分。不但计算机和各种网络终端可以接入互联网，而且家用电器、交通工具和各种配有网络接入信号端口的物品都可以接入互联网，称之为“物联网”，即“物物相连的互联网”，这样就将网络的用户端延伸和扩展到了物品与物品之间。物品接入“物联网”的条件主要有：要有相应信息的接收器、要有数据传输通路、要有一定的智能与信息存储功能、要能被网络唯一识别（即每一件接入网络的物品都应有一个唯一的识别码）等。物联网的发展将把社会信息化推向一个新的高度。互联网正在进入下一代统一的、多网融合的“互联网络”，在这个演进过程中，必定会产生新的技术和理论。

（三）信息处理分析

1.信号处理与信息处理

信号通常是指代表消息的物理量，如电信号、光信号、磁信号等，它们是由消息经变换后得到的。在通信中通常采用的信号有两类，一类是模拟信号，另一类是数字信号。信号的每个参数都可以由消息转换而来，如果消息是无失真变换成信号，不论是模拟信号还是数字信号，这时消息中的信息就转移到了信号中，因而此时的信号序列已经含有信息，这一信号序列已成为信息的载体。除了人脑可以直接对信息进行加工处理之外，机器只能通过对载有信息的信号序列的处理才能实现对信息的处理。

（1）信号处理

信号处理是针对信号中的某一参数所进行的处理，如编码、滤波、插值、去噪和变换等。在处理过程中系统并未考虑信号参数所代表的信息含义，因此信号处理的系统模型可表示为信号参数→信号参数，即输入的是信号参数，输出的仍然是信号参数，它无法感知信号参数所代表的信息内容和信号处理后的效果。例如，手机在传送语音时，首先获取的是模拟语音波形，而后将模拟波形变成数字信号，接着将数字信号每20ms切割为一段，而后分析这20ms的语音波形参数，再接着是将这一组波形参数再编码为新的数字信号。在上述这些处理过程中，系统机械地根据信号进行操作，从一组参数变成了另一组参数，丝毫也未顾及信号中的信息，即使是在分割信号流时正好是将语音的一个音节切成两半，它也照切不误，因而手机对语音所进行的上述处理是属于信号处理。信号处理的目的和设计要求并非服从或者服务于信息本身。上述手机对语音所进行的处理就是服从于通信系统对语音数据速率的限制，因而它不惜损伤语音信息本身。

（2）信息处理

信息处理有两种模型，一种是信号→信息，另一种是信息→信息。信息处理往往要通过对信号中代表信息的相应信号参数的处理来实现。信息处理与信号处理的区别主要是引入了对信号参数的理解。因而对信号参数的处理目的是服从于信息本身，如要求图像清晰度高、品质好等。信息处理主要包括：信息参数提取、增强、信息分类与识别等。信息处理模块的设计与评价是以其输出信息的指标作为依据。

数字电视属第一类信息处理，它输入信号，输出图像。在数字电视机中对信号进行的处理都是为了获得好的图像质量。语言翻译机属第二类信息处理，系统中对语音信号进行的处理，如编码、语音参数提取、语音识别、语义分析、语音合成等，都是以语音信息的质量指标为前提。因而信息处理的输出是信息（即语音、文字和图像），信息处理系统中对信号进行处理的目的是获得所需要的信息参量指标，这和信号处理中的“信号→信号”模型是不同的。

2.汉字识别

汉字识别分为印刷体汉字识别和手写体汉字识别。印刷体汉字识别已成熟，困难的是手写体汉字识别，因为各人的写字风格不同，行草程度不同。

手写体汉字识别又分为联机手写体汉字识别和脱机手写体汉字识别。①所谓联机手写体汉字识别是利用与识别系统（专用计算机或者专用汉字识别器等）相连的专用输入设备（如写字板、光笔等）写入单个汉字，待机器识别该汉字后再输入下一个汉字。这一技术已较成熟，目前大部分手机都有该项功能，使得用手机发信息十分方便。所谓脱机手写体汉字识别是将文件、单据上的手写体汉字以照片或者扫描的方式输入识别系统，由系统完成对汉字的识别。在脱机手写体汉字识别系统中又分为特定人和非特定人。非特定人手写体汉字识别是最困难的。然而经过持续多年研究，当前该项技术也已接近实用程度，系统的正确识别率可达95%以上，采用一般个人计算机识别速度可达2～5个汉字/s。

3.语音信息处理

语音信息处理包括语音识别与语音合成两方面。目前，语音信息处理技术研究已取得惊人进展，已有成熟的语音识别与语音合成芯片，不但在机器人中采用，而且已应用在智能玩具中，制造出了能听懂人说话和能说话的玩具，预计市场前景广阔。与此同时，语音研究的条件也越来越好，目前在个人电脑的最新操作系统中，有的操作系统嵌入了供研究人员通过API访问的语音平台，人们可以利用这一平台来研究语音信息，同时该平台还为计算机提供语音电话和语音命令等功能。

（1）语音识别

语音识别的第一步是将模拟语音波形数字化；第二步是从数字语音信号中提取语音参数，在这一步中要采用多种数字语音信号处理技术，如线性预测系数（LPC）分析、全极点数字滤波、离散傅里叶变换或反变换、求倒谱系数等，在学完了大学本科“高等数学”和“数字信号处理”两门课程后就可以理解上述名词的含义了；第三步是建立语音的声学模型和语音模型；第四步是根据语音参数搜索和匹配语音模型与声学模型，最后识别出语音。其中还有很多技术细节需要考虑，由于汉语有很多同音字，因此需要利用语义分析、“联想”等人工智能策略来理解语音、语义。但技术发展的潜力是无限的，当前语音识别所达到的水平在几年前是想象不到的，今后还将进一步发展。

（2）语音合成

如果语音识别是将语音通过数字语音处理变为文本文件，那么可以说语音合成是语音识别的逆过程，是将文本文件转换成语音，这就不难理解语音合成的原理了。采用语音合成技术可以制造出能朗读书刊、报纸的机器。

4.图像信息处理及应用

语音信号是一维时间函数，而图像是二维的；语音信号的处理只是对数字序列进行运算，图像信号的处理是对一个平面的数据（矩阵）进行运算，而图像信号处理的运算量比语音要大得多。图像信息处理的内容很多，包括图像去噪、增强、变换、边沿提取及图像分割、图像识别和图像理解等。图像信息处理应用十分广泛，可以说无处不在，下面仅简要介绍几个主要应用领域，如视频通信、医疗、遥感、工业交通、机器人视觉、军事公安和虚拟现实等。

（1）视频通信

常见的数字视频通信设备，如可视电话、会议电视、远程教学、卫星电视、数字电视、高清晰度电视等，都离不开图像信息处理中的多项技术：获取图像、压缩编码、调制传输、图像重建和显示等。

（2）医疗

图像处理在医学界的应用也非常广泛，无论是临床诊断还是病理研究都大量采用图像处理和图像分析技术，如X射线层析摄影（CT）、核磁共振（MRI）、超声成像、血管造影、细胞和染色体自动分类等；在癌细胞自动识别中，需要测定面积、形状、总光密度、胞核结构等定量特征。可以说在现代医疗诊断中，获取、分析和处理人体某些组织的图像已成为不可缺少的手段。

（3）遥感

卫星遥感和航空测量的图像需要进行图像校正来消除对卫星或飞机的姿态、运动、时间和气候条件等的影响，同时需要通过分析和处理才能从遥感图像中获取资源普查、矿藏勘探、耕地保护、国土规划、灾害调查、农作物估产、气象预报以及军事目标监视的信息。遥感是获取上述信息最快捷、最经济的手段。

（4）工业交通

在生产线上对产品及部件进行无损检测是图像处理技术的另一个重要应用领域。该领域自20世纪70年代以来已得到了迅速的发展，推进了生产过程的自动化、信息化。在交通方面，利用车辆的动态视频或静态图像进行牌照号码、牌照颜色自动识别的技术从而实现交通运输信息化，方便监视车辆违章，实现不停车收费，同时还可用于汽车自动驾驶等。

（5）军事公安

军事目标的侦察、制导和警戒系统、自动灭火器的控制及反伪装等都需要用到图像处理技术；公安部门的现场照片、指纹、虹膜、面部、手迹、印章等的处理和辨识也要借助图像处理。

生物识别技术中以指纹识别的使用最为广泛。指纹识别已不只是使用光学探测，目前已经进步到使用电场和静电探测手指的真实性，能有效地防止伪造、冒用、非活体的手指。自动指纹识别系统作为一种比较理想的安全认证技术，在门禁控制、信息保密、远端认证等领域已得到广泛应用。指纹识别前，需对采集得到的指纹图像进行预处理，使指纹图像画面清晰、边缘明显，以增强指纹识别的正确性。

（6）机器视觉

机器视觉作为智能机器人的重要感觉器官，主要进行三维景物理解和识别。机器视觉可用于军事侦察、危险环境的自主机器人，邮政、医院和家庭服务的智能机器人，装配线工件识别、定位，太空机器人的自动操作等。

（7）虚拟现实

虚拟现实简称VR，它通过整合图像、声音、动画等，将三维的现实环境、物体等用二维或者三维的信号形式重构、合成和表现，给人以身临其境之感。虚拟现实的重要应用领域是军事演习、飞行员培训等。虚拟漫游技术是虚拟现实技术的重要分支。

（四）信息存储

信息存储在信息学科领域应划入计算机科学的范畴。下面介绍几种应用最广的信息存储器件：磁存储、光存储和半导体存储。

1.磁存储

磁存储的主要设备是硬盘，它是计算机的外部设备。计算机将数据通过磁头变成磁信号刻录在硬盘磁体上，记录在硬盘上的数据可以擦洗后重写。硬盘的尺寸有多种规格，最小的硬盘直径只有1.3英寸（1英寸=2.54cm），可以直接插在摄像机内作为数字图像的大容量存储器。

单个硬盘的容量在不断增加。目前计算机中的硬盘容量已可达1000GB，硬盘尺寸不同，容量大小也不同。存取数据的速度决定了硬盘的转速，数据存取的速度越快，转速越高，因而高转速硬盘比低转速的硬盘好。一般硬盘的转速是

5200r/min或者7400r/min。

2.光存储

光存储是计算机将数据通过激光头记录在CD（Compact Disc）盘片上。有一次写入型CD盘片和多次擦写型CD盘片两种。随着信息技术的发展，要求信息存储技术向高密度、高数据传输速率和大容量方向发展。光存储在大信息容量存储方面相对于磁存储和半导体存储有突出优势，在高清影视节目、大容量文档永久保存，海量数据存储及今后的三维影视节目播放中占据着关键的地位。通过缩短激光波长和增大光学头的数值孔径，现在的蓝光光盘容量已经达到25～27GB，然而下一代光盘的容量可能达到100GB以上。

3.半导体移动存储器

半导体移动存储器也称为闪存，闪存是可擦写存储器EEPROM的一种，配上不同的接口电路就得到了不同形式的产品。USB移动存储器是闪存配上USB（Universal Serialbus——通用串行总线）接口，目前USB闪存的最大容量已达1TB；配上9针接口电路的称为SD卡（SecureDigitalMemory Card），SD卡的外形固定为24mm×32mm×2.1mm，和USB相比存取速度更快，目前SD卡已有512GB的产品。

4.21世纪新一代存储器——纳米存储器、激光量子存储器

正在发展中的纳米存储器的存储单元尺寸在纳米级水平，因而采用纳米存储技术，将实现在相同几何单元内的信息存储容量提高100万倍。正在研究的纳米存储器有多种，它们有不同的名称，如分子存储器、全息存储器、纳米管RAM、微设备存储、聚合体存储等，预计纳米存储器终将成为下一代存储器的新兴产业。

激光量子存储是通过阻断和控制激光来操控晶体中的原子，可以高效率和高精准度地使激光量子特性被存储、操控和忆起。采用激光量子技术可进一步研制出超快速的量子计算机，同时该技术还可以使通信绝对安全，使破译、窃听成为不可能的事情。

（五）信息应用

在信息化社会的今天，可以说信息的应用已无处不在、无时不在，渗透到了社会生活的各个方面、各行各业，大到政治、经济、军事、交通、传媒和金融，小到个人生活、娱乐和衣、食、住、行。但是从信息科学技术的角度考察，集中研究信息应用的科学领域是“自动化与控制科学”和“网络信息检索”等。

1.自动控制系统中的信息利用

自动化与控制科学的研究重点是利用信息实施控制。一个控制系统必须获取信息、处理信息、传送信息和执行对被控制对象按预定目标进行某种操作，并获取操作后的系统行为信息。因而现代自动控制系统涵盖了信息科学的全部。自动

控制系统可以是电的，也可以是纯机械的，但是一个复杂的控制系统，如自动化制造、自动化管理、自动化运行等往往都必须同计算机、通信相结合，因而它通常是一个复杂的电系统。

自动控制系统也可以是开环的，但性能比闭环获取信息系统差。闭环控制系统有一系列的理论问题要研究解决，如稳定性、系统响应速度和控制精度等。要研究解决这些问题又必须研究系统建模（数学模型），并寻求最优的控制方法，从而构成了当代控制科学与工程的科学理论体系。

2.信息检索

信息检索是信息利用的另一形式，其含义是将信息按一定方式组织和存储起来，并根据用户的需要查找出所需要的信息内容。信息化社会即信息网络化社会，社会各方面的信息都汇聚到网络中，只有在网络具备良好信息检索功能的条件下，信息才能发挥作用，社会才能共享网络资源。信息检索不但是技术人员和科研人员学习、工作的工具，也是工、农、商、学、兵等各行各业人员从事业务活动之必需。学会如何在浩如烟海的互联网中找到有用的信息资源至关重要，它能帮助个人、企业创造财富。信息检索技术的发展将对促进社会各个方面的进步产生越来越深远的影响。

信息检索包含两方面：一是信息的组织、结构和标识；二是检索系统。无论是何种内容的信息检索都要通过检索系统来进行，一个检索系统通常由检索文档、系统规则和检索设备（计算机、网络等）构成。网络信息资源是指网络上可以利用的信息资源的总和。网络信息资源的庞大、繁杂、多样，使得人们对网络信息资源的类型有着不同的划分方式，了解划分方式将有利于信息查找。

三、电子信息技术的发展

由于现代人对日常生活与服务的需求越来越多。电子信息化在日常生活的很多领域起到了不可或缺的角色。不管在虚拟网络环境或在现实生活中移动电脑和网络终端的电子技术都是必不可少的。由于电子信息能够为人们的日常工作与生活营造便利的环境，因此，应进一步深化对电子信息技术的认识与了解，实现电子信息技术的更好应用与发展。

（一）电子信息技术的概述

信息技术实质上是指新事物的表现形式。电子信息技术也有它独特的传播方式。但随着人类对科技意识的日益增强，电子信息技术将从各个方面影响着人类的日常生活，特别是在电子传媒方面，它也将成为人们日常生活中不可或缺的重要内容。尤其是在现代计算机技术的帮助下，电子信息技术的传播范围将不断扩大，也将变得更加快捷与高效。

（二）电子信息技术的应用特点

1.智能化、自动化

通过电子信息技术的高效处理模式，可以有效减少资源波动并降低成本。在现实生活中，自动识别技术和主动导航系统都是通过电子现代计算机技术和传感器对智能数据的具体运用。

2.数字化、网络化

随着进入“互联网+”时代，互联网技术与电子信息技术之间的联系越来越紧密。电子信息技术用于信息集成、使用和传输，从而扩大了信息的范围和及时性。通过使用信息技术，计算机技术促进和提高了商业效率，满足了现代人在工作和生活中的实际需求。

3.快捷化、高效化

计算机和电子信息技术的快速发展从根本上改变了人们的生活方式：这些技术的集成和信息应用更有效、更容易、更快速，已经成为人们在生产和生活中下载信息最方便、最有效的方式。

（三）电子信息技术的具体应用领域

1.智能化产品领域

智能产品已成为生活中不可或缺的一部分，也是IT的重要应用领域。许多知识产品已为人所知，并引领人们走向知识生活，包括各类智能机器人、办公辅助产品、视觉产品等。用科学、技术和舒适为生活提供安全的智能产品逐渐进入人们的生活，但这些产品的功能属性还远远不够。对此，需要大力推进电子信息技术，促进智能产品的成熟和科技发展，以显著改变人们的生活。未来的电子信息技术产品应注重提高人们的生活效率，满足个人标准化的需求。

2.航天领域

我国成功运用电子技术，自主研制了东风洲际弹道导弹等太空产品，并获得了国外专家的肯定。而电子信息技术在空间活动中的广泛应用也证实了电子信息技术的高科技水平。未来，电子信息技术在航天部门中的广泛应用还将侧重于提升电子系统研究、管理与施工面的先进技术，以便于进一步完成电子信息系统的现代化，从而在航天部门中实现更大的科技进步成果。

3.产业化升级领域

在公司重组过程中，公司利用电子信息技术实现设备和技术技能的双重升级，实现产品的快速升级。在公司内部开发网络管理系统，有利于优化企业的内部资源配置，有利于更好达到企业的发展目标。电子信息技术在企业信息交流方面发挥着关键功能，这将帮助公司在市场上变得更具竞争力。

4.农业机械领域

目前，电子技术已经在现代农业中起了十分关键的作用。在农业机械领域，农业机械设备中引入了不同类型的电子信号传感器，来完成农业机器中各个单元间的信息联系，这对于农用产品的开发有着重要的推动作用。从农业机械的通信技术来看，农业机械电子控制技术已取得了良好的应用效果，并在向着系统设计规范化和标准化的趋势迈进。在具体实践中，通过电子技术的合理应用，能够在农械室内配置与之相匹配的智能终端系统，然后用光纤、双线等方式实现传输。该技术采用了CAN技术，以实现连贯的轮胎结构，其中农业机器部分和中央电子控制部件之间采用的轮胎连接界面结构。这使得可以直接和中央控制器及显示屏互换数据，从而得到更正确和有效的控制指令。另外，标准界面结构还可以为农业信息系统提供内容保障，为保证农业机器在嵌入式电子系统中的可靠性和相容性。当然，还需要建立农业机器方面的特殊规范，以增强信息通信总线的完整可靠性，并确保扩展了农业机器应用的采购范围。通过这样的方式，实现了农业机器的综合连接与使用，以更好适应实际需求。

5.汽车领域

电子信息技术在车辆方面的运用，主要表现在汽车轮胎网络领域。目前，现代轮胎网络中的汽车轮胎信息技术主要包括CAN、Lin-CAN、可lexRay等。最普遍的应用案例是CAN现代互联网的现代通信网络，它将电子信息技术和现代网络通信技术相结合，并将之运用到车辆。这种网络已经由联邦德国企业于20世纪80年代后期研制，以处理基于网络总线的车辆控制系统模块的管理与通信等问题。如果整个局域网保持自由的状态，则通信模块需要发送消息。首先把自己的ID发送给网络，接着向其他的节点发出它们的ID并进行倾听的对比。当节点完成标识符以后，需要合理配置节点的标识符才能从通信系统中增加或移除这些标识符。一旦主机出现问题，整个系统也不会受波及。如果CAN总线系统结点的数量较多。而车辆需要有多个单独的CAN系统并行工作，那么系统过载的风险很大。目前，CAN轮胎通信技术在中国汽车工业中广泛应用，高端重型商用机械逐步发展，这是电子信息技术领域的重要突破。

（四）电子信息技术发展的必要性

电子信息技术的发展是衡量一个国家科技发展水平的重要指标，电子信息技术的发展是国家实力的体现。我国现在面临着激烈的竞争，但竞争也可以促进信息的传播，国际贸易的蓬勃发展也推动着电子信息领域的蓬勃发展，并为其不断更新创造了良好的基础。电子信息资料交互（EDI）是一个完全智能化的电子信息技术系统，能够直接由其他电脑获得信息，且无须人工干预，可利用网络和其他电脑互换信息。在未来的电子信息技术方面，中国将会逐渐实现电子数据交换信息技术的普及。电子信息技术的蓬勃发展必然在中国经济社会建设中起到难以取代的地位，加强科研创新的经济社会建设推动着电子信息技术在我国的建设中的地位。电子信息技术具有阶段性、多元化的发展目标，能够有效融入国民经济建设中，为我国经济创造硬件条件。所以，我国的电子信息化，不管从掌权还是展望未来，都应该得到高度重视，并加强技术人员的培育工作，打造高素质的科研技术团队。

（五）电子信息技术的发展策略

1.加大资金投入

电子信息技术的发展需要对设备和技术进行持续投资。因此，这需要大量的财政资源，没有这些资源，电子信息的发展可能会受到一定程度的限制。对此，需要进一步扩大投资和金融渠道，为电子信息技术融资，并建立适当的基金会，以便为成功发展电子信息技术创造有利的金融环境。同时，国家可以通过审查电子信，息的发展，采取适当措施促进移动通信、通信和其他行业以及数字电视、电影发行、互联网应用、软件和信息服务的发展。此外，促进工业自主创新技术项目的成功实施，推动电子信息技术全面融入企业发展过程，提高企业发展水平

2.培养专业人才

中国电子信息技术发展的重要基础就是对人力资源的有效培育。我国要着力推进并实施同国外先进电子信息技术相匹配的电子信息技术发展目标，以确保电子信息技术的良性发展。在此过程中，应当培养专业型人才，打造专业人才团队，包括技术总监、自主开发队伍等。自主创新能够给电子技术的发展带来可持续的动能。所以，必须重视自主创新，根据我国有关规定，加大企业与高校的人才培育力度，引导科技人员进行创新，健全自身的有关知识体系的。

3.优化发展环境

电子信息市场的发展，是中国电子信息技术健康迅速发展的主要前提。唯有在健康的市场环境中，中国电子人才能够永远充满着创造与进步的激情，从而促进中国电子信息技术的蓬勃发展，使我国领先于发达国家。这就需要我们的政府执法机关进一步强化执法检查，严厉打击假冒伪劣商品，净化中国电子信息产业市场环境，为中国电子信息产业的蓬勃发展铺平道路。同时，政府要强化对电子信息市场的监督管理，并结合对电子信息市场状况的分析，研究其产业结构的进一步优化情况。为推动中国电子信息系统的创新发展，我国将根据国际电子技术的发展趋势、逐步形成科学的电子专利保护体制，政府主管执法机关也应当强化

执行工作，引导科技人员掌握电子创新核心技术，以维护公司的合法权益。

第二节　电子技术基础

一、电路和电路模型

电路是电流通路，其基本功能是实现电能的传输、分配和电信号的产生、传输、处理和利用。

基本电路必须包括电源、负载和导线三个要素，电路在实际运行过程中的性能相当复杂。为了用数学方法从理论上判断电路的主要性能，有必要忽略实际器件在一定条件下的次要特性，并理想化其主要特性，从而得到一系列理想化元件。

电路模型是一种通过抽象实际电路本质而形成的理想电路。通过在一个平面上绘制一个具有理想元件的指定符号的电路模型而形成的图称为电路图。一个非常简单的电路模型图，包括电阻、负载和电源等。电源是电路中极为重要的电路元件，它不仅指熟悉的蓄电池、发电机等电源，还包括信号源等。根据是否依赖于外部能量，可分为独立电源和非独立电源。独立电源可分为独立的电压源和独立的电流源，这两个都是从实际电源中提取出来的电路模型，属于两端有源元件。

在日常生活中，较为常用的实用电源的原理都和电压源类似，其电路模型是电压源与电阻的串联组合；而光电管等工作特性类似电流源，电路模型是电流源和电阻的并联组合。

上述电压源和电流源常被称为独立电源，受控（电）源则被称为非独立电源。受控电压源的激励电压或受控电流源的激励电流与独立电源不同，前者受电路电流或电压的控制，而后者是独立的。

受控电压源或受控电流源可分为电压控制电压源、电压控制电流源、电流控制电压源和电流控制电流源四种。

二、电路中的常用定理

（一）叠加定理

在线性电路中，两个或多个独立电源同时作用的效果等于每个独立电源单独作用的效果之和。当一个独立的电源被认为是单独作用时，其他独立的电源会被其内阻所取代，但所有非独立的电源都保留。这个原理是线性电路定义的直接结果。

（二）戴维南定理

任何有源线性二端网络都可以用等效阻抗串联恒压源代替。恒压源的电动势等于二端网络的开路电压（断开负载）；等效阻抗等于用其内阻代替网络中的每个独立电源后的二输出端的阻抗；这样得出的网络叫作原网络的戴维南等效电路或电压源的等效电路。

（三）诺顿定理

任何有源线性二端网络都可以用等效阻抗并联恒流源代替。恒流源的电流等于二端网络的短路电流，等效阻抗等于用其内阻代替网络中的每个独立电源后的二输出端的阻抗；这样得出的网络叫作原始网络的诺顿等效电路或电流源的等效电路。

三、模拟电子线路技术

电子技术是19世纪末20世纪初开始发展的新兴技术，在20世纪应用日益广泛，是现代科学技术的重要标志之一。21世纪，人们进入了以微电子、计算机和互联网为标志的信息社会，高新技术的广泛应用使社会生产力和经济得到了前所未有的发展。现代电子技术在科学、工业、医药、通信和生活等领域都发挥着重要作用。在当今世界，电子技术无处不在：电视机、数码相机、手机、平板电脑、互联网、智能机器人、航天飞机和空间探测器，可以说，现在的人们就生活在一个多样化的电子世界中。

电子技术已应用于社会各方面，极大地促进了社会的发展。但无论是小到纳米级的电子芯片还是大到几十吨的空间设备，其功能电路的组成都离不开电子技术的基本组成部分。如今电子技术的发展已经从离散电子器件的组合发展到集成化、模块化的方向。

（一）PN结工作原理

本质上，自然界的材料可以根据其导电性分为导体、半导体和绝缘体。强导体有铜、铝、铁等；橡胶、木头、陶瓷制品等不能导电，称为绝缘体；有一些材料，如硅、硒、锗和许多化合物等具有导体和绝缘体之间的导电性，称为半导体，其中，完全不含杂质且无晶格缺陷的纯净半导体称为本征半导体。

1.PN结的形成

虽然本征半导体中既有自由电子载流子又有空穴载流子，但数量少，导电性差，也难以控制。为了解决这一弊端，人们发现在本征半导体材料中加入一些杂质元素，就能提高并控制其导电性，这样得出的半导体叫杂质半导体。根据添加杂质的化学价不同，杂质半导体可分为P型半导体和N型半导体：P型半导体中的微量元素是三价，N型半导体中的微量元素是五价。

PN结是各种半导体器件的基础，其定义是：空穴和自由电子两种带电粒子通过扩散破坏P区和N区的电中性，在界面两侧形成一个带异性电荷的不可移动离子层，叫作空间电荷区，又因大多数载流子会扩散、相互消耗，所以也叫耗尽层，在电子信息工程中叫作PN结。

由于正负电荷的存在，PN结出现以后，N区到P区产生的内电场会阻碍多数载流子的扩散，还会将一些P区的自由电子和N区的空穴通过空间电荷区并相互进入。少数载流子在内电场作用下与扩散运动方向相反的规则运动叫作漂移运动。当没有外加电场时，PN结的扩散电流等于漂移电流，没有电流流过PN结时，PN结的宽度不变。

2.PN结单向导电性

如果在PN结上加上不同极性的电压，PN结将显示出不同的导电性：PN结加正向电压是指PN结P端接高电位，N端接低电位，处于导电状态；PN结加反向电压是指PN结P端接低电位，N端接高电位，处于切断状态。这就是PN结的单向导电性。

（二）半导体二极管

半导体二极管（VD）也有单向导电性，VD是二极管的文字符号。

1.二极管的伏安特性

伏安特性是指加在二极管两端的电压U与流过二极管的电流I之间的关系。

当二极管被施加正向电压时，电流和电压之间的关系称为二极管的正向特性。当二极管加的正电压很小（$0<U<Uth$）时，二极管处的电流为0，此处被称为死区，Uth为死区电压。

当二极管被施加反向电压时，电流和电压之间的关系称为二极管的反向特性。此时的反向电流是小且在很大电压范围内恒定的，被称为二极管的反向饱和电流。

当反向电压值增大到UBR时，反向电压值略有加大，反向电流急剧增大，叫作反向击穿，UBR为反向击穿电压。二极管的反向击穿特性可以用来制作稳压二极管。

2.二极管测试

把红色和黑色的表笔连接到二极管的两个电极上，如果电阻值很小，则黑色表笔连接到的是二极管的正极，红色表笔连接到的是二极管的负极；如果电阻值测量非常大，则黑色表笔连接到的是二极管的负极，红色表笔连接到的是二极管的正极。

性能良好的二极管反向电阻非常大（高于数百千欧），而正向电阻非常小（低于数千欧)。若测得反向电阻和正向电阻很小，或反向电阻和正向电阻很大，则表明二极管发生了短路或断路损坏。

(三) 半导体三极管

半导体三极管是将两个PN结与器件结合，两个PN结相互作用，使晶体管成为一个控制电流的半导体元件。三极管在电子电路中有用的原因是它具有放大的功能。

双极晶体管有多种类型：按内部结构可分为NPN型和PNP型；按材料可分为硅管和锗管；按类型可分为平面型和合金型；按工作频率可分为高频管和低频管；按用途可分为普通管、低噪声B管、功率放大管、高频管、开关管和达林顿管；按耗散功率的不同可分为小功率管和大功率管。

(四) 场效应管

场效应晶体管（FET）是一种通过输入信号控制输出电流的半导体器件。FET也是一个具有两个PN结的半导体三端器件。场效应晶体管是利用改变电场来控制半导体载流子的运动，而不是用输入电流来控制PN结的电场，这与三极管的原理有明显的区别。而且场效应晶体管也具有很多三极管没有的优点，如轻便、耐用、稳定性强、抗辐射、工艺简单等。

场效应管有两种：结型场效应管和绝缘栅型场效应管。每种场效应晶体管都有三个工作电极：栅极G、源极S和漏极D，同时每种场效应晶体管都有两种导电结构：N沟道和P沟道。

结型场效应管是利用半导体中的电场效应来控制电流的半导体器件。结场效应管有两种结构类型：N沟道JFET和P沟道JFET。与结型场效应晶体管类似，绝缘栅型场效应晶体管同样是利用电场控制载体的工作原理设计的。与结型场效应晶体管不同，绝缘栅型场效应晶体管具有绝缘栅，又由于栅极为金属铝，故又称MOS管。它的栅——源电阻比结型场效应管大很多，由于其比结型场效应管具有更好的温度稳定性和更简单的工艺性，在大规模集成电路中得到了广泛的应用。MOS管也有N沟道和P沟道，且都分为增强型和耗尽型，因此，MOS管有N沟道增强型、N沟道耗尽型、P沟道增强型和P沟道耗尽型这四种类型。

(五) 模拟电子电路的基础应用

1.放大电路

我们经常看到，主持人为了使每个与会者都听清楚他的声音，会在场内设置一些扩音器，如话筒、音响等。通过这些扩音器，主持人的声音也非常响亮清晰。那么，为什么这些器械会放大声音呢？这实际上是利用放大电路的原理。麦克风将人的声音信号转换成电信号，通过放大设备中的放大电路放大后，将输出足够的信号功率，推动扬声器发出响亮的声音。

2.稳压电路

当输入电压不稳定时，仪器设备的使用寿命就会缩短，特别是一些精密仪器零件。为了避免波动过大造成的机械损坏，必须在传输电路中安装稳压电路，保证机械设备有一个稳定的输入源。

3.集成运放应用

在日常学习中，我们经常遇到一些复杂的算术运算，这些运算通过人力可能很难计算，因此，我们需要计算器的帮助来解决这些复杂的运算。

如果在电路的输出端加上一个反相器，电路中的三个电阻阻值相等，则输出电压等于输入电压之和；如果输入电压与操作值匹配，则电路执行最基本的加法操作；同理，继承运算放大电路还包括了基本的减乘除和微积分电路，足以完成数学运算的基本应用。

第二章 计算机网络数据通信技术

第一节 数据通信基本概念与方式

一、数据通信基本概念

数据通信技术是计算机网络技术发展的基础，并与计算机技术相结合，组成完整的计算机网络。

（一）数据、信息与信号

1.数据

指的是提前确定的、具体描述了客观事物的、具有某种含义的符号、字母和数字的组合，可以代表语音、图像、邮件、文件等多种内容。数据通信中的数据是指可由计算机处理的信息编码形式，可分为模拟数据和数字数据两种。

(1) 模拟数据

取值连续，如温度、压力等都是连续值，即为模拟数据。

(2) 数字数据

取值离散，如二进制数据只有0、1两个取值，即为数字数据。

因为数字数据在运用中更加方便存储、处理和传输而得到广泛应用，模拟数据也可以转换成数字数据再进行运用。

2.信息

指的是人们处理数据后获得的意义，是关于事物存在方式或现实世界中运动状态的一种知识。它可以用数字、文本、声音，图像等数据形式表示。

由此可以看出，数据是信息的载体和表达，而信息是数据的内容和含义。

3.信号

信号是数据的具体表达，可分为模拟信号和数字信号两种不同的形式。

（1）模拟信号

是用连续变化的电信号来模拟原始信息的一种信号。由于幅度和相位会衰减，模拟信号会在一定距离传输之后失真，所以在长距离的传输中需要在中间适当的位置进行修复。

模拟信号可以表示数字数据或模拟数据，此时的二进制数字数据应由调制器调制成模拟信号，到达数据的接收端，然后可以通过调制解调器将模拟信号转换成相应的数字数据。

（2）数字信号

是用不连续的电信号来模拟原始信息的一种信号。通常，信息由两种脉冲序列编码，包括“高”和“低”两种电平。数字信号的电脉冲包含了大量的高频分量，因为有传输距离和速度的限制，当用于超过限制的长距离传输时，就要用专门的设备来“再生”数字信号。

数字信号可以通过编码/解码器的转换来表示数字数据或模拟数据。

（二）数据通信系统

数据通信指的是使用数据传输技术，根据通信协议，在两个功能单元之间，如计算机之间、计算机和终端、终端之间传输数据信息。包括数据传输和传输前后的数据处理两个方面，前者是数据通信的基础，后者是远程数据交换的保障。

1.信源和信宿

信源是发送数据的设备，信宿是接收数据的设备。一般二者都是计算机或其他数据终端设备。

2.信道

信道是信号的传输通道，根据传输介质分类可分为有线信道和无线信道；根据使用权限分类可分为专用频道和公共频道；根据传输信号的类型可分为模拟信道和数字信道。

信道中包含通信设备和传输介质两部分。其中介质可以是有形介质，如双绞线、同轴电缆或光纤；也可以是无形介质，如电磁波等。

3.信号转换设备

信号转换设备有下面两种作用：①用接收部分中的信号转换装置将通道发送的数据恢复为原始数据。②用传输部分中的信号转换装置把来自信源的数据转换成适合于通过信道传输的信号。

（三）基本概念

1.信号传输速率和数据传输速率

是数据通信速度的两个指标。信号传输速率也叫调制速率和波特率，即每秒传输的码元数，单位是波特。

在数字通信中，二进制数字通常由具有相同时间间隔的信号表示，该信号叫作二进制码元，该时间间隔叫作码元长度。

当数据以二进制形式表示的时候，一些信号脉冲在传输期间通常用0和1或0和1的组合来表示。

如果脉冲周期为T（全宽码为脉冲宽度），则波特率B为：

$$B=1/T \text{ (Baund)}$$

数据传输速率，也叫信息传输速率，是以比特/秒（b/s）为单位，在单位时间里传输的二进制位数。此时的“b”是小写，表示二进制位。

数据传输速率和波特率之间的公式如下：

$$C=B\times \log_2 n$$

在该公式中，C是数据传输速率，B是波特率，n是调制电平数（是2的整数倍），即由脉冲表示的有效状态。

根据上述公式，当系统的码元状态是2时，每秒传输的二进制数的数量等于每秒传输的码元数，即数据传输速率与波特率相等。如果系统的码元状态是4时，符号状态可以表示两个二进制数字，数据传输速率是波特率的2倍。

2.误码率

数据传输是为了保障在接收端处可以完整地恢复所发送的数据，但信道和噪声干扰不可避免地会发生错误。误码率就是在传输系统中错误传输二进制码元的概率，是衡量信息传输可靠性的参数。当发送的数字序列足够长时，它大约等于不正确的二进制位数与发送总位数的比。如果发送的比特总数是N，错误位数是N_e，误码率P_e的计算公式为：

$$P_e=\frac{N_e}{N}$$

但是，我们也不应盲目地追求低误码率，不然会使设备结构变得过于复杂，导致成本上升。因此，在设计通信系统时，根据不同任务和系统对可靠性的要求，在满足可靠性的基础上尽量提高传输速率。

可靠性也可以通过误字率来表示，误字率是指错误接收的字符数与传输的字符总数的比例。因为码字总是由几个码元组成，所以无论几个码元错误，码字都会出错。因此，可靠性可以通过码字错误的概率来表示。

3.信道带宽

“带宽”在模拟系统中指的是信号占用的带宽。由傅里叶级数可知，特定信号通常由不同的频率组成，所以信号的带宽是指信号的不同频率所占用的频率范围，单位为赫兹。

模拟信道的带宽是指通信线路允许的信号频带范围。数字信道尽管使用了术语“带宽”，但它指的是数字信道的数据传输速率，以比特/秒为单位。

4.信道容量

大家都想让通信系统具有较高通信速度的同时兼具可靠性，但这两个指标是不可兼得的，因为在实际运用中，通信速度的提高势必会导致通信可靠性的降低。

在一定信道环境和误码率要求下，信息传输速率的极限值，即信道在单位时间内可以发送的最大信息量叫作信道容量，也就是最大传输速率，单位是比特/秒。它会受信道带宽的限制，在理想的无噪声通道中，奈奎斯特准则的公式如下：

$$C = 2H\log_2 n$$

在公式中，H是低信道带宽（Hz），也就是信道可以通过的最高和最低频率之间的差值；n是调制电平数（为2的整数倍）；C是信道的最大数据传输速率。

但在现实中的信道是有噪声和有限带宽的，为了降低因此产生的误差和损失，香农推导出了带宽受限且有高斯白噪声干扰的信道极限速率，从而做到在传输时不出差错。香农公式如下：

$$C = H\log_2(1 + S/N)$$

在公式中，C是信道容量，也就是信道极限传输速率；H是信道带宽，也就是信道可以通过信号的最高和最低频率之间的差异；S/N是信噪比，通常以dB（分贝）表示，其中S是信号功率，N是噪声功率。分贝与一般比率之间的转换关系如下：

$$\text{分贝（dB）} = 10\lg(S/N)$$

从香农公式可以看出，信道容量与信道带宽、信号功率和噪声功率有着很大的关系：

（1）信道容量与信噪比成正比

许多情况下很难操作并且成本较高，但是当信道带宽固定时，增加信号功率和降低噪声功率也可以提高信道限制率。

（2）当信道容量固定时，信道带宽与信噪比成反比

当确定信道极限率时，可以通过增加信道带宽来降低信噪比，反过来也是如此。

（3）信道容量与信道带宽呈正比

当使用高带宽传输介质时，如光纤，信道极限速率将大大提高，这也是信息

高速公路发展的主要思路。

二、数据通信的基本方式

（一）并行传输与串行传输

1.并行传输

当采用并行传输时，同时在信道上传输多个数据位，每个数据位具有其专用的传输信道。

该传输模式的数据传输速率快，适用于短距离数据传输中的并行传输。而用于长距离数据传输的话，技术投入和成本投入都会很大。

2.串行传输

指的是数据在通信设备之间的信道中依次地传输。

由于发送端和接收端设备中的数据通常并行传输，所以需要在发送端将数据传输到线路之前进行并行/串行转换；当数据到达接收端时，还需要进行串联/并行转换。

串行传输因为只有一个传输通道，所以在远距离数据传输中也能实现操作简单、花费较低的成本诉求；但缺点是数据传输率较低。

（二）单工、半双工和全双工传输

1.单工通信

两个数据站之间的数据传输只能在指定的方向上进行。数据从站A发送到站B，叫作正向信道；站B到站A发送联络信号，叫作反向信道。

2.半双工通信

信息流可以在两个方向上传输，但是在某个时间仅在一个方向上传输。半双工通信只有一个信道，分时使用。通信双方都有发送器和接收器，当A发送信息时，B只能接收；B发送信息时，A只能接收。其优点是可以节省传输线路资源，缺点是频道方向切换频繁，导致效率低下。

3.全双工通信

两个通信站之间有两条路径，可同时进行信息的发送和接收。当A通过其中一条信道发送信息给B时，B也在接收的同时使用另一个信道发送信息给A。它相当于组合两个相反的单工通信模式，适用于计算机通信。

（三）同步传输和异步传输

在串行数据传输过程中，数据逐位传输，时钟脉冲控制每个数据位的传输和接收。发送方通过发送时长来确定数据位的开始和结束，而为了正确识别数据，接收方和发送方必须保持相同的速度，接收方需要以适当的时间间隔对数据流进行采样，否则漂移现象的产生会让数据传输错误。

数据通信的同步包括位同步和字符同步两种。

1.位同步

在传输过程中，就算数据收发两方的时钟频率标称值相同，也会有轻微的误差，将导致发送方和接收方之间的时钟周期略有不同，这些小误差将在海量数据传输过程中累积，最终导致传输错误的发生。因此，解决时钟频率一致性的问题是当务之急，即要求接收方根据发送方发送数据的开始和停止时间以及时钟频率来校正自己的，这个过程就叫作位同步。具体方法如下：

（1）外部同步方法

为了实现发送方和接收方之间的位同步，发送方和接收方之间有两路信号：一个用于数据传输，另一个用于同步时钟信号校正。该方法由于需要专用线路，所以成本较高，不常使用。

（2）内部同步方法

发送方发送的数据要有丰富的定时信息，以便接收方可以实现位同步。

2.字符同步

由几个二进制位组成的字符（字节）或数据块（帧）同步的问题也很关键。目前有异步通信和同步通信这两种解决方案。

（1）同步通信

具体的方法为，发送端在有效数据传输之前先发送一个或多个用于同步控制的特殊字符，即同步字符SYN，接收端根据SYN确定数据的起止来进行字符同步。

同步通信要求传输线路上必须始终有连续的字符位流，在没有有效数据传输的时候，该线路应填充空闲或同步字符。

在同步传输中，发送器和接收器之间的每个数据位都是同步的。数据组（数据帧）的数量不限，少则几个，多则成千上万，通信效率很高，但不太容易实现，更适合高速数据传输。

（2）异步通信

指的是两个字符之间的时间间隔不固定的通信。起始位、数据位、奇偶校验位和停止位组成异步通信中的字符。起始位表示接收器可用于将其接收时钟与数据同步的字符的开头；停止位表示字符的结束。从起始位开始到停止位结束的一串消息称为帧。

异步通信格式是以逻辑“0”（低电平）位开始，然后发送5～8位的数据位，按先低位、再高位的顺序发送。奇偶校验位用于验证数据传输的正确性，可以由程序指定。发送逻辑“1”（高电平）的是停止位，可以是1位、1.5位或2位，两位字符之间的空闲位应填充高电平1。

异步通信中的字符可以连续发送或单独发送。如果没有字符发送，则线路上始终发送停止电平。因此，字符的开始时间是任意的，发送器和接收器之间的通信是异步的。

异步通信的字符同步简单，接发双方的时钟信号无须严格同步；但每个字符都需要添加额外的起始位和终止位，通信效率低，所以不适合高速数据通信。

（四）基带传输与频带传输

传输方式可根据数据信号是否产生频谱位移分为以下两种：

1.频带传输

也叫作宽带传输。该传输方法将二进制脉冲所表示的数据信号转换为交流信号，以便在长通信线路上的传输。通常，发射端的调制解调器会将数据编码波形调制成一定频率的载波信号，以此来改变载波的某些特性，将载波传输到接收端后，再次对载波进行解调，恢复原始数据波形。

2.基带传输

指的是把数字数据转换为拥有原始固有频率和波形的电信号进行在线传输。在计算机等数字设备中，表示二进制数序列的方法是方波“1”或“0”，分别表示为“高”或“低”。方波的固有频段称为基带，电信号称为基带信号，直接在信道上传输的基带信号称为基带传输。因为基带信号的频率是从直流到高频的，所以只能用于较宽的信道带宽和较短距离的传输。近年来，随着光纤传输技术的发展，在计算机网络的骨干传输网络中，主要采用带宽高、抗干扰能力强的光纤数字传输，基带传输逐渐淡出人们的视线。

第二节　数据通信的相关技术

一、数据编码技术

在数据通信中，数字和模拟数据都可以使用模拟或数字信号进行传输，一切从原始数据到另一种数据形式的转换都是编码的过程。数据编码方法有以下三种：

（一）数字数据用数字信号表示

在数字信道上传输数字信号时，要解决用物理信号表示数字数据的问题，可以用不连贯的电压或电流的离散脉冲列来表示离散数字数据，每个脉冲代表一个信号单元。它可以用不同形式电信号的波形来表示，现在我们只讨论二进制数字符号“1”和“0”分别由两个码元表示的情况，每个码元对应一个二进制符号。

1.单极性码

单极性码是指在每个码元的时间间隔内，有电压（或电流）为二进制“1”，无电压（或电流）为二进制“0”。每个符号时间的中心是采样时间，决定阈值是半幅电压（或电流），设置为0.5。如果接收到的信号值介于0.5和1.0之间，则判断为“1”；介于0和0.5之间的值则判断为“0”。

如果在整个码元时间内保持有效电平，则代码属于全宽代码，叫作单极性不归零编码。如果逻辑“1”只维持一段时间，则它变为电平0，称为单极性归零编码。

2.双极性码

每一个码元的时间间隔，发出一个正电压（或电流）来表示二进制“1”，发出一个负电压（或电流）来表示二进制“0”，正振幅等于负振幅，称为双极性码。如果有效电平在整个符号时间内保持不变，则此代码属于全宽代码，即双极性不归零编码。如果逻辑“1”和逻辑“0”的正负电流只维持一段时间，则变为0电平，称为归零编码。

双极性码的判定门为零电平，接收到的信号值大于零则判定为“1”，小于零则判定为“0”。双极性码有以下特点：①当双极不归零码连“0”或连“1”时，线路长时间保持固定电平，接收机不能提取同步信息。②当“0”和“1”的出现概率相同，则双极代码的直流分量为0。但连“0”或连“1”时，它仍有很大的直流分量。③当双极归零码连“0”或连“1”时，线路电平跳变，接收机可以提取同步信息。

3.曼彻斯特编码和差分曼彻斯特编码

曼彻斯特编码是在每个时间间隔内每个代码元素中间的一个电平跳变，从高到低的跳变为“1”，从低到高的跳变为“0”。

差分曼彻斯特编码是曼彻斯特编码的升级版，每个字符中间也有一个跳变，但不表示数据，而是用每个码元开始时是否跳变表示“0”或“1”。

曼彻斯特码和差分曼彻斯特码都是在码元间有跳变，不含直流分量；在连“0”或连“1”时，接收器也可以从每个跳变提取时钟信号进行同步。因为误差小，稳定性高，在计算机局域网中得到广泛运用。但曼彻斯特编码会使信号的频率增加一倍，从而对信道带宽和设备的要求也提高了。

（二）数字数据用模拟信号表示

计算机用的都是数字数据，要想在模拟信道中传输，需要将数字数据转换成模拟信号搭载载波传输，再在接收端将其恢复。

数字数据通常选择合适频率的正弦波作为载波，通过数据信号的变化来控制，通过编码将数字数据“寄生”在载波上。载波可以在模拟信道上传输，这个过程叫作调制；提取载波上的数字数据的过程叫作解调。基本的调制方法有以下三种：

1.调幅制

即根据数字数据值来改变载波信号的振幅。载波的两个振幅值都可用于表示两个二进制值。这个方法技术简单，但是不抗干扰，易受影响，所以效率较低。

2.调频制

利用数字数据的值来改变载波频率，两个频率分别代表“1”和“0”。它比调幅制更抗干扰，但与此同时也要占用更宽的频带。

3.调相制

由载波信号的不同相位表示的二进制数。可根据相位参考点的不同分为：

（1）绝对调相

用正弦载波的不同相位直接表示一个数。如发送数据“1”，绝对相移调制信号与载波信号的相位差为0；发送数据“0”，绝对相移调制信号与载波信号的相位差为π。

（2）相对调相

利用符号信号前后码元的相对变化来传输数字信息。如发送数据“1”，载波相对于前一码元的载波相位差为π；发送数据“0”，载波相对于前一码元的载波相位差为0。

（三）模拟数据用数字信号表示

数字数据传输之所以在计算机网络中得到广泛的应用，是因为它具备以下优点：传输质量高，因为数据本身就是一个数字信号，所以更适合在数字信道中传输；在传输过程中，信号可以通过“再生”进行中继，而不会积累噪声。

为了通过数字通道传输模拟数据，需要对模拟信号进行数字化。通常的方法是在发送器上设置模拟——数字转换器（即编码器），将模拟信号转换成数字信号进行传输；同时在接收端设置数字——模拟转换器（即解码器），将数字信号转换成模拟信号。

模拟信号的数字编码一般需要用脉冲编码调制（PCM）对振幅和时间进行离散处理，包括三个步骤：①采样：把模拟信号转换为时间离散但振幅连续的信号。②电平量化：对采样信号幅度的离散化处理。③编码：将前两步中得到的离散状态信号处理成数字信号。

二、多路复用技术

为了扩大通信系统中的传输容量，提高传输效率，人们经常采用多个不同的信号源在同一通信介质上同时传输的多路复用技术，进行多路复用信号组合在物理信道上传输，然后在接收端由专用设备将各个信号分离出来，提高通信线路的利用率。

多路复用要求信道的带宽更宽，信号的传输速度更快。信道的实际传输能力超过单个信号所需的能力是实现多路复用的前提。多路复用可根据信号分割技术的不同分为以下三种类型：

（一）频分多路复用技术

频分多路复用（FDM）根据不同的频率参数对信号进行分段，将多路带宽较窄的信号集中在一个宽信道上传输。

频分多路复用将信道的传输带分成几个窄带，每个窄带构成一个子信道独立传输信息。在两个相邻子频率之间都会设置一个防止信号间相互干扰的保护带。接收器使用滤波器根据频率分离接收到的时域信号，从而恢复原始信号。

（二）时分多路复用技术

时分多路复用（TDM）是根据不同的时间参数对信号进行分段，将不重叠的时间片分配给多个信道。可如下几种类型：

1.同步时分多路复用

同步时分多路复用指的是当信道上的最大数据传输速率大于等于各路信号的速率之和时，将信道时间分片分配给多个信号，每个信号只在各自的时间片中利用信道进行传输。

同步时分多路复用提前将时间片分配给每一条低速线路，时间片固定。多路复用器一次只占用一个信道，按指定顺序从每个信道中检索数据。分路器可以按预设顺序从多路复用通道中检索数据，并将其正确传输到目标线路。

同步时分多路复用以固定的方式将时间片分配给每个低速线路，规定了无论低速线路中是否有数据传输，都不能占用属于它的时间片。但在计算机网络的日常数据传输中，突发情况时有发生，如果一条线路长时间没有数据，信道容量就不能得到充分的利用，从而造成通信资源的浪费。

2.异步时分多路复用

异步时分多路复用（STDM）可以动态分配时间片，在某一条低速线路空闲的时候，其他终端可以占用它的时间片。

每个低速线路的数据首先发送到缓冲器，由多路复用器取出并发送到复用信道。当低速线路没有数据时，不会占用缓冲器和复用信道，提高了线路的利用率。因为计算机网络的数据传输会有突发性，在一定的时间内只有少数线路工作，异步时分多路复用信道的速率小于所有低速线路速率的和，从而节省了线路资源。在实际使用中，异步时分多路复用可以为更多的用户服务，因此得到了更大范围的推广和使用。

虽然异步时分多路复用有着上述优点，但因为以下几个方面相对较难实现：①缓冲器设计。每条低速线路的输入条件和多路复用器所取的数据的情况都决定了缓冲器读写速度和容量：如果太小，后续数据无法存储，导致数据溢出和丢失；如果太大，则会造成资源浪费。②需要对低速线路的数据进行编址以使接收端区分接收数据的来源和目的地，导致通信效率低、实现过程复杂。

（三）波分多路复用技术

波分多路复用（WDM）是用于光纤信道的频分复用的一种变体。两个光纤以不同的波长连接到一个棱镜或衍射光栅，通过棱镜或光栅组合在一根共用的光纤上，发送到目的地，在那里被接收端的同一个装置隔开。

因为每个信道都有属于自己的、相互隔离的频率范围，所以它们可以在长距离光纤上多路复用。光纤系统中使用的衍射光栅是无源的，所以可靠性比电子FDM高。

需要指出的是，WDM之所以如此流行，是因为光束信号上的能量通常只有几兆赫宽，是目前最快的转换方法。在所有的输入通道都使用不同的频率的情况下，一根光纤的带宽约为25000GHz，许多信道都可以复用在上面。

第三节　数据交换方式

一、电路交换

电路交换要求在两个通信端之间建立物理路径，并在整个传输过程中对路径进行独占交换。电路交换通信过程可分为以下几个阶段：

（一）建立电路连接

在传输任何数据之前，建立全双工的端到端或站到站的电路。

（二）数据传输

电路建立后，信源和信宿都可以沿既定的传输线进行数据传输，可以是单工、半双工或全双工的。

（三）拆除电路连接

当数据传输结束时，由任一站点发出断开连接的请求，随后连接拆除。

电路交换的可靠性高、速度快，且能保证数据的传输顺序，但是在使用中电路不能共享，而且电路建立和拆除的时间长，如果传输的数据量小的话，资源花费较大。根据这一特点，高质量系统之间传输大量数据时较适合使用电路交换。

二、报文交换

由于电路交换会独自占用信道，降低了电路的利用率，另一种类型的数据交换方式——报文交换，产生了。

报文是用户的完整信息单元，在不同的环境中有不同的限制，长度从几千字节到数万字节不等。

报文交换的方法是“存储—转发”。当源站发送报文时，它将目标地址添加到报文中，并将其发送到相邻的节点，该节点根据目标地址及其自身的转发算法确定下一个接收报文的节点，以此类推，直到报文到达目标地址。两个通信方之间没有专用通信线路，以报文的形式交换数据。

该方法可以平滑业务，充分利用信道。只要存储时间够长，信道的忙闲状态就可以被均匀化，所需的信道容量和交换设备的容量就可以被大大压缩。

与电路交换相比，报文交换方式具有以下优点：①接收器和发送器无须同时运作。当接收器繁忙时，网络节点可以临时保存报文。②当流量较大时，电路切换中可能无法接收到某些呼叫；而在报文切换中，虽然延迟会增加，但是报文仍然可以被接收。③线路效率高。许多报文可以分时段共用一个通道。④报文交换可以将报文传递到多个目的地，这在电路交换中很难实现。⑤可以建立报文优先级，在网络上实现差错控制和及时纠错。⑥报文交换可以进行速度和代码转换。两个具有不同数据传输速率的站点可以相互连接，改变代码格式也很好操作，但这在电路切换中无法实现。

三、分组交换

分组交换是一种集电路交换和分组交换优点于一体的交换方法，也叫作包交换。

分组交换仍然使用存储—转发技术，但与报文交换不同的是，分组交换将长报文划分为固定长度的“段”。每个段以及交换信息所需的调用控制和错误控制信息组成一个交换单位，这种单位叫作报文分组，也叫分组或包。

分组交换的优点是长度固定、格式统一，所以更加便于存储、分析和处理。分组在中间节点确定新路径的时间较短，转发到下一个中间节点或用户终端的耗时较少，传输速度高于报文交换，但是低于电路交换。

分组交换与报文交换相比，明显的优势体现在：①时间延迟减少。当第一个分组被发送到第一个节点时，其他分组可以接着发送并同时在网络传播，大大减少了时延。②减少了每个节点的缓冲容量，提高了节点存储资源的利用率。③易于实现线路统计，提高了线路的利用率。④可靠性高。分组是独立的传输实体，更易进行差错控制，有利于降低分组交换网络中数据信息传输的错误率。由于分组交换网络中传输的路由可变，提高了网络通信的可靠性。⑤新传输容易开启。紧急数据可迅速发送，不与低级报文拥堵。⑥通信环境灵活。不同同步方法、信息格式、编码类型、传输速率和数据终端都可以用分组交换进行通信。

（一）数据报模式

被传输的分组称为数据报，几个数据报构成一个报文或数据块。在数据报模式下，每个分组分别处理。

当一个信源想发送报文时，会把报文分成数个数据报逐个发送到网络节点，每个数据报都有足够的序列号、地址等详细信息，以便单独处理传输。节点接收到数据报后，会结合数据报中的信息和当前网络情况选择到下一个节点的合适路径。因为当前网络流量、故障的不同导致的路径选择不同，所以并不是每个数据报都会以发送时的顺序到达目的地节点，有些甚至可能会在途中丢失。

（二）虚电路模式

在虚电路模式中，交换网络在发送分组之前通过呼叫建立到目的地的逻辑路径，一条报文的所有数据报都顺着这条路径存储和转发，中间节点不处理分组，也不选择任何其他路径。根据多路复用原理，每个中间节点可以与其他中间节点建立多个虚电路，也可以同时建立多个中间节点的虚电路。

虚电路技术与电路交换模式都是面向连接的交换技术，都要经过“建立连接、数据传输、拆除连接”这三个步骤。数据沿着已建立的连接路径传输，按顺序到达目的地。

综上所述，分组交换的两种模式各有优劣，具体包括：

第一，与数据报模式中的每个分组都要携带完整的地址信息相比，虚电路模式只需要虚电路号码标志，减少了信息的比特数和额外的成本。

第二，数据报模式中的每个组可以独立选择路由，当某个节点发生故障时，后续分组可以另选路径，保证信息的正常传输。而如果虚电路的某一个节点出现问题，则所有通过该点的虚电路都会丢失，造成信息传输失败。

第三，数据报模式自身没有差错和流量控制系统，需要客户端主机来负责；而虚电路模式中的网络节点可以执行这一任务，即网络保证分组按顺序传送，不会丢失或重复。

虚电路技术与电路交换模式的有所区别：虚电路采用存储—转发模式传输数据，分组仍然需要存储在每个节点上，且要在线路上排队，只间歇地占用链路。虚电路标识符只是逻辑信道编号而不是物理电路，因此一条物理线路可标识为许多逻辑信道编号，体现了信道资源的共享性。

第三章　数字化技术

第一节　数字化技术的优势与模数变换

一、数字化技术的起源

人们从自然界获得的消息有多种表达形式：语言、文字、图片和视频等，在处理这些消息时，人们首先要把它们转换成系统中的信号。

（一）信号的分类

常用的信号可以分为以下几种：①连续时间信号。信号的幅值可以是连续的，也可以是离散的。②模拟信号。连续时间信号的一种特例，如果时间是连续的，幅值也是连续的。③离散时间信号。如果时间是离散的，那么幅值是连续的，或称为序列。④数字信号。如果时间是离散的，那么幅值是量化的。

（二）系统的分类

处理信号的物理设备称为系统。常用的系统可以分为以下几类：①模拟系统。如果系统处理的是模拟信号，输入与输出都是连续时间、连续幅值信号。②连续时间系统。如果系统处理的是连续时间信号，输入与输出都是连续时间信号。③离散时间系统。如果系统处理的是离散时间信号，输入与输出都是离散时间信号。④数字系统。如果系统处理的是数字信号，输入与输出都是数字信号。

（三）模拟信号的误差积累

许多人做过一个简单的游戏：第一个人跟第二个人说一句话，第二个人再传给第三个人，以此类推，传到最后一个人时，原来的那句话常常会发生很多改变。主要原因如下：①语言是模拟信号，在每一次传输过程中都有可能发生误差，引起所传输话语的部分改变。

②模拟信号有误差积累效应，在每一次传输过程中误差不断积累，直至最后，整句话可能发生了很多改变。

（四）数字信号的纠错能力

还是刚才那个游戏，但是传送的是数字信号，比如10101100111000。

①同样的传输条件，数字信号也可能发生误差，引起某一次传输结果的差错，比如11101100111000。

②数字信号可以采用纠错编码，系统会自动检测出错误，直到第二位出现了误码，然后自动纠错，改正为10101100111000后继续往后传送，所以采用纠错编码的数字信号传输没有误差积累。

③这样，经过N次传送，最后的误码只相当于一次传送。这就是数字信号的纠错能力。

（五）综合业务数字网

对于模拟信号来说，不同的信号形式，比如语音、文字、图像、视频，需要不同的处理系统。

如果把各种模拟信号统统转换成数字信号，就可以使用同一个系统来处理了，这就是综合业务数字网的初衷。

因此，数字化技术得到了普遍使用，我们已经进入数字时代。

二、数字化技术的主要优点

（一）数字信号处理的优点

1.灵活性高

数字信号处理系统的性能取决于系统参数，这些参数存储在存储器中，很容易被改变。通过改变系统参数，可以很容易地改变系统性能，甚至可以通过系统参数的改变，把系统变成另外一种完全不同的系统。

2.利用率高

数字系统可以采用时分复用（TDM）技术，即使用一套数字系统分时处理几路信号，可以大大提高系统的利用率。

3.精度高

模拟系统的精度由元器件决定，模拟元器件的精度很难达到10^{-3}以上，而数字系统只要采用14位字长就可以达到10^{-4}的精度。如果使用超大规模集成的数字信号处理器（DSP）芯片，运算位数可以提高到16、32或64位。因此，在高精度系统中，有时只能采用数字系统。

4.可靠性高

数字系统的特性是不易随使用条件变化而变化。由于使用的是超大规模集成的DSP芯片，设备简单，提高了系统的稳定性和可靠性。

5.易于大规模集成

由于数字部件具有高度的规范性，对电路参数要求不严，因此便于大规模集成、大规模生产。由于采用了大规模集成电路，数字系统具有体积小、重量轻、成本低、可靠性强的特点，这也是DSP芯片发展迅速的原因之一。

6.性能指标高

由于数字系统可以方便地对数字信号进行存储和运算，系统可以获得高性能指标。例如，对信号进行频谱分析，模拟频谱仪在频率低端只能分析到10Hz以上的频率，而且难以实现高分辨率。但在数字系统中，模拟频谱已经可以实现10^3Hz的频谱分析。

由于数字信号处理的突出优点，它在通信、雷达、遥感、电视、语音处理、地震预报和生物医学等许多领域得到了广泛的应用。

（二）数字通信系统的优点

1.频谱利用率高，有利于提高系统容量

数字通信系统采用高效的信源编码技术、高频谱效率的数字调制解调技术、先进的信号处理技术、多址方式以及高效动态资源分配技术等，可以在不增加系统带宽的条件下增多系统同时通信的用户数。

2.能提供多种业务服务，提高通信系统的通用性

数字系统传输的是1、0形式的数字信号。语音、图像、音乐或数据等数字信息在传输和交换设备中的表现形式都是相同的，信号的处理和控制方法也是相似的，因而用同一设备来传送任何类型的数字信息都是可能的。利用单一通信网络来提供综合业务服务正是未来通信系统的发展方向。

3.抗噪声、抗干扰和抗多径衰落的能力强

数字通信系统可以采用纠错编码、交织编码、自适应均衡、分集接收和扩频技术等，控制任何干扰和不良环境产生的损害，使传输差错率低于规定的阈值，提高通信系统的可靠性。

4.能实现更有效、灵活的网络管理和控制

数字系统可以设置专门的控制信道用来传输信令信息，也可以把控制指令插入业务信道的比特流中，进行控制信息的传输，因而便于实现多种可靠的控制功能。

5.便于实现通信的安全保密

数字通信系统可以采用加密编码，把容易理解的传输信息改变成难以理解的

数字信号，有利于提高传输信号的安全性。

三、模数变换

（一）模数变换的概念

因为上述数字化技术的优点，所以通信技术的发展方向是数字通信系统，比如数字电视、数字手机等。

自然界的许多信息都是模拟量，比如电话、电视等，其信源输出的都是模拟信号。若要利用数字通信系统传输模拟信号，一般需以下几个步骤：①把模拟信号数字化，即模数（A/D）变换。②进行数字方式传输。③把数字信号还原为模拟信号，即数模（D/A）变换。

由于电话业务在通信中占有最大的业务量，因此下面我们就以语音编码为例，介绍模拟信号数字化的有关概念。

（二）模拟信号数字化方法的分类

模拟信号数字化的方法大致可分为两类。

1.波形编码

波形编码是直接把时域波形变换为数字代码序列，比特率通常在16～64kb/s范围内，接收端重建（恢复）信号的质量好。

2.参量编码

参量编码是利用信号处理技术提取语音信号的特征参量，再变换成数字代码，其比特率在16kb/s以下，但接收端重建信号的质量不够好。

首先对模拟信息源发出的模拟信号进行抽样，使其成为一系列离散的抽样值，其次将这些抽样值进行量化并编码，变换成数字信号。这时信号便可用数字通信方式传输。在接收端，将接收到的数字信号进行译码和低通滤波，恢复原模拟信号。

（三）抽样

1.抽样的概念

抽样就是把在时间上连续的模拟信号变成一系列时间上离散的抽样值的过程。这是模数变换的第一步。为了重建原模拟信号，抽样需要满足抽样定理。

2.抽样定建

抽样定理的大意是：如果对一个频带有限的、时间连续的模拟信号抽样，当抽样速率达到一定数值时，那么根据它的抽样值就能重建原信号。也就是说，若要传输模拟信号，不一定要传输模拟信号本身，只需传输按抽样定理得到的抽样值。因此，抽样定理是模拟信号数字化的理论依据。

3.抽样的分类

①根据抽样信号的通带类型，可以分为低通抽样和带通抽样。低通抽样对应低通信号，带通抽样对应带通信号。

②根据用来抽样的脉冲序列的间隔不同，可以分为均匀抽样和非均匀抽样。均匀抽样对应等间隔脉冲序列，非均匀抽样对应不等间隔脉冲序列。

③根据抽样的脉冲序列的类型不同，又可分为理想抽样和实际抽样。理想抽样对应冲击序列，实际抽样对应非冲击序列。

（四）脉冲调制

脉冲调制就是以时间上离散的脉冲串作为载波，用模拟基带信号m（t）去控制脉冲串的某个参数，使其按m（t）的规律变化的调制方式。

1.脉冲调制的分类

通常按基带信号改变脉冲参量（幅度、宽度和相位）的不同把脉冲调制分为以下几种：①脉冲振幅调制（PAM）。脉冲振幅调制是脉冲载波的幅度随基带信号变化的一种调制方式。②脉冲宽度调制（PDM）。脉冲宽度调制是脉冲载波的宽度随基带信号变化的一种调制方式。③脉冲相位调制（PPM）。脉冲相位调制是脉冲载波的相位随基带信号变化的一种调制方式。

2.脉冲编码调制

脉冲编码调制（PCM）简称脉码调制，它是一种用一组二进制数字代码来代替连续信号的抽样值，从而实现通信的方式。

由于这种通信方式抗干扰能力强，它在光纤通信、数字微波通信和卫星通信中均获得了极为广泛的应用。

3.抽样信号的量化与编码

模拟信号抽样以后变成了时间离散的信号，但还是模拟信号，这个抽样信号必须经过量化和编码才能变成数字信号。

（1）量化

利用预先规定的有限个电平来表示模拟信号抽样值的过程称为量化。在信号传输之前，需要把取值无限的抽样值划分成有限的M个离散电平，此电平被称为量化电平。

（2）编码

把量化后的信号电平值变换成二进制码组的过程称为编码，其逆过程称为解码或译码。

模拟信息源输出的模拟信号m（t）经抽样和量化后得到的输出脉冲序列是一个M进制（一般常用128或256）的多电平数字信号，如果直接传输的话，抗噪声性能很差，因此还要经过编码器转换成二进制数字信号（PCM信号）后，再经数字信道传输。

在接收端，二进制码组经过译码器还原为M进制的量化信号，再经低通滤波器恢复原模拟基带信号。

第二节　数字通信编码方式

数字通信系统的主要性能指标为：有效性；可靠性；安全性。为了提高系统性能，可以采取以下编码方法。第一，信源编码，用以提高系统的有效性。第二，信道编码，用以提高系统的可靠性。第三，加密编码，用以提高系统的安全性。

一、信源编码

（一）概述

信源编码是对信源输出的消息进行适当的处理，把信息换成信号，信源编码的主要目标是压缩每个信源符号的平均位数或信源的码率，利用某种变换使得信号的传输效率提高。信源编码也就是压缩编码。

（二）信源编码的分类

根据信源的种类，信源编码可分为经典编码方法和现代编码方法两大类。

经典编码方法又可分为无失真信源编码和限失真信源编码。

常用编码方法有霍夫曼编码、算术编码和游程编码等，其压缩效率都以信源的信息熵为上界。另外，预测编码、变换编码、混合编码和矢量量化编码等方法也大都受信源的信息熵的约束。

决定信源编码性能的主要因素是信源的信息熵。简单来说，信源的信息熵是指对该信源进行无损压缩时，信源编码器输出码率最小值。

无论采用何种方法进行无损数据压缩，每个符号输出码流的平均长度总是不小于信息熵。

（三）信源编码作用及应用

信源编码的作用如下：①符号变换。使信源的输出符号与信道的输入符号相匹配。②冗余度压缩。使编码之后的新信源概率分布均匀化，信息含量效率等于或接近100%。

在各类通信系统和电子信息系统中使用的信源编码方案必须具有一定的性质，满足特定的码字结构要求。

GSM系统首先是把语音分成20ms的音段，这20ms的音段通过语音编码器被数字化和语音编码，产生260个比特流，并被分成以下几个重要位：①50个最重要位。②132个重要位。③78个不重要位。

（四）数据压缩

1.数据压缩的概念

随着多媒体技术的出现和发展，计算机应用不再局限于数值计算、文字处理的范畴，而是面临数值、文字、图形、图像、视频和音频等多种媒体元素，并且要将它们数字化、存储、传输，其数据量很大。近年来，虽然宽带传输介质和大容量存储媒体有了较快发展，但仍比不上媒体信息容量的增长。因此，需要对数据进行压缩，通过数据压缩技术来降低数据量，减轻对存储、传输介质的要求。

2.数据压缩的可能性

音频信号和视频图像的数字化数据可以进行数据压缩编码是基于以下事实。

第一，各种媒体信息是有冗余的，例如，同一幅图像中规则物体或规则背景是相似的，其灰度值无须逐点描述，也就是存在空间冗余。同样，视频的前后两帧图像之间相似度可能很高，可以利用适当的技术重构图像或场景，而无须完整传送每帧图像，也就是存在时间冗余。当然，多媒体数据中还存在其他种类的冗余。数据压缩实际就是去除冗余的过程。

第二，人的听觉和视觉感知机理决定了我们可以在眼睛和耳朵觉察不出来的情况下适当删减某些数据。例如，人的视觉对于图像边缘的急剧变化不敏感，对图像的亮度信息敏感，对颜色的分辨率较弱等。因此，如果图像经压缩或量化发生的变化（或称为引入了噪声）不能被视觉所捕捉，则认为图像质量是完好的或是够好的，即图像压缩并恢复后仍有满意的主观图像质量。再如，人耳对不同频率的声音敏感性不同，不能觉察所有频率的变化，因此有些频率的声音压缩或量化发生的变化（或称为引入了噪声）不能被人耳所感知。

3.衡量数据压缩好坏的标准

一个好的数据压缩方法对多媒体信息的存储和传输至关重要。影响压缩性能的主要指标如下。

（1）压缩比

压缩前后的文件大小和数据量进行比较，作为衡量压缩比的指标。如JPEG压缩标准的压缩比可达50：1。人们普遍希望压缩的倍数越高越好、压缩的速度越快越好，同时人们又希望确保数据压缩的精度，即压缩完成以后，解压缩的数据和原来的数据最好没有什么差别，没有什么数据损失。然而，追求压缩比和追求精度往往是矛盾的，因此就需要在这两者之间权衡取舍。

（2）图像质量

虽然我们希望获得较大的压缩比，但压缩比过高，还原后的图像质量就可能降低。图像质量的评估法常采用客观评估和主观评估两种方法。

客观评估则是通过一种具体的算法来统计多媒体数据压缩结果的损失，如计算峰值信噪比等。

主观评估基于人的视觉感知，因为观察者作为最终视觉信宿，他们能对恢复图像的质量做出直观的判断。方法之一是进行主观测试，让观察者通过观测一系列恢复图像，并与原图像进行比较，再根据损伤的可见程度进行评级，以判断哪种压缩方法的失真少。

（3）压缩与解压缩的速度

压缩和解压缩的速度是压缩系统的两项单独的性能度量。在有些应用中，压缩和解压缩都需要实时进行，这称为对称压缩，如电视会议的图像传输；在有些应用中，压缩可以用非实时压缩，而只要解压缩是实时的，这种压缩称为非对称压缩，如多媒体CD-ROM的节目制作。

（4）执行的硬件与软件

采用什么样的硬件与软件去执行压缩/解压缩，与采用压缩方案和算法的复杂程度有着密切的关系。设计精巧的简单算法可以在简单的硬件上执行，且执行速度很快，而设计复杂的算法需要在功能强大的硬件和软件的支持下才能运行。但仅靠算法来提高压缩/解压缩的速度还是有限的，在大多数情况下，不得不依靠硬件本身提供的功能去完成，例如采用专用多媒体处理芯片。

4.数据压缩方法的分类

数据压缩根据解压缩后能否完整恢复压缩前的数据而分为无损压缩和有损压缩两类。

（1）无损压缩

解压缩后得到的数据与原始数据严格相同，即压缩是没有任何损失或无失真的。该算法是依据香农信息论的理论，通过适当的方法去除信号间的统计冗余来达到压缩的目的。例如，一幅图像中每种灰度值出现次数不等，可以对各灰度值进行编码，出现次数多的用较短的长度，出现次数少的用较长的长度，这样处理后图像文件的数据量即可减小。

无损压缩的压缩比较小，一般在2：1~5：1之间，算法简单。这类方法广泛应用于文本数据、程序。代表性的算法包括：游程编码，Huffman编码，算术编码，LZ编码。

（2）有损压缩

解压缩后得到的数据与原始数据有一定的误差，即压缩是有损或有失真的。算法利用人类视觉和听觉器官对图像或声音中的某些频率成分不敏感的特性，允许在压缩过程中损失一定的信息。虽然不能完全恢复原始数据，但所损失的部分是不容易被人耳或人眼觉察到的。

有损压缩的压缩比较大，通常可压缩到原文件的几分之一、几十分之一甚至几百分之一。有损压缩通常用于音频、图像和视频等数据的压缩，代表性的算法有PCM、变换编码、子带编码和小波编码等。

现行的很多多媒体压缩标准，如前面提到的JPEG、MPEG系列、H.26X等都采用了有损压缩和无损压缩相结合的混合编码方式，以求最大限度地去除冗余，获得较高的压缩比和图像质量。

二、信道编码

（一）概述

信道编码是提高数据传输可靠性、减少差错的有效方法。信道编码，通过加入校验位，即增加冗余实现纠错和检错能力。其追求的目标是如何加入最少的冗余位而获得最好的纠错能力。信道编码也称为纠错编码或者差错控制编码。

（二）信道编码的分类

1.根据功能分类

差错控制码可以分为两类：检错码、纠错码。

检错码只检测信息传输是否出现错误，本身没有纠错的能力，如循环冗余校验码、奇偶校验码等。纠错码则可以纠正误码。

2.根据对信息序列处理方法不同的分类

纠错码可以分为：分组码、卷积码。

分组码是将信息序列划分为k位一组，然后对各个信息组分别进行编码，形成对应的一个码字。

卷积码也是首先将信息序列划分为组，并且当前码组的编译码不仅与当前信息组有关，还与前面若干码组的编译码有关，这样就利用码组的相关性进行译码。

3.根据码元与原始信息之间的关系分类

纠错码可以分为：线性码、非线性码。

线性码的所有码元都是原始信息元的线性组合。非线性码的码元不是信息元的线性组合。

4.根据适用差错的类型分类

纠错码可以分为：纠随机错误码、纠突发错误码。

纠随机错误码主要适用随机错误信道，纠正其中可能产生的随机错误。纠突发错误码主要用于纠正信息传输过程中的突发错误。

三、加密编码

（一）概述

加密编码是为了保证信息的安全性。在信息传输或处理过程中，除了指定的接收者外，还有非指定的或非授权的用户，他们企业通过各种技术手段窃取机密信息。

为了保证被传送信息的安全和隐私，必须对信源的输出进行加密或隐藏，同时还要求信息传递过程中保证信息不被伪造和篡改。

通信系统中的传输媒质有电缆、明线、光纤和无线电波等的传播空间，信号通过这些媒质时是很不安全的。非指定用户或敌人还会通过各种方法（如搭线、电磁波接收和声音接收等）对所传输的信号进行侦听（称为被动攻击）。更有甚者，有些非法入侵者主动对系统进行骚扰，采用删除、更改、增添、重放和伪造等手段，向系统注入信号或破坏被传的信号，以达到欺骗别人、利于自己的目的。

人们希望把重要信息通过某种变换形式转换成秘密的信息。转换方法可以分为以下几大类：①隐写术。隐蔽信息载体——信号的存在，古代常用。②编码术。将载荷信息的信号进行各种变换，使它们不为非授权者所理解。

密码编码学是信息安全技术的核心，主要任务是寻求产生安全性高的有效密码算法和协议，以满足对消息进行加密或认证的要求。

密码分析学的主要任务是破译密码或伪造认证信息，实现窃取机密信息或进行诈骗破坏活动。

尤其当今，信息的安全和保密问题更加突出和重要。为了保证所传输信息的安全，通常采用以下方法：①认证业务。提供某种方法来证实某一声明是正确的，如口令。②访问控制。控制非授权的访问，如防火墙。③保密业务。对未授权者保护信息，如数据加密。④数据完整性业务。对安全威胁所采取的一类防护措施。⑤不可否认业务。提供无可辩驳的证据来证明曾经发生过的交换，如采用数字签名技术。

在一个网络中，信息发送方和接收方之间常见的不安全因素包括以下几方面：①伪造。接收方伪造一份来自另一发送方的文件。②篡改。接收方篡改接收到的文件或其中的数据。③冒充。网络中任一用户冒充另一用户作为接收方或发送方。④否认。发送/接收方不承认曾发送/接收过某一文件。

为保证信息安全，我们应设计一个手迹签名的代替方案。该方案应满足以下三个条件：①接收者可以确认发送者的身份；②发送者以后不能否认文件是他发的；③接收者自己不能伪造该文件。

第一个条件是必需的，比如当一位顾客通过计算机发订货单，向一家银行订购一吨黄金，银行计算机需要证实发出订购要求的计算机是否属于付款的公司。

第二个条件用于保护银行不受欺骗。假设银行为该顾客买入了一吨黄金，但金价随后暴跌，狡猾的顾客可能会控告这家银行，声称自己从未发出过任何订购黄金的订单。

第三个条件用在下述情况下保护顾客，如金价暴涨，银行伪造一个文件，说顾客只要买一公斤黄金而不是一吨黄金。

数字签名技术就是利用数据加密技术、数据变换技术，它根据某种协议产生一个反映被签署文件的特征以及签署人的特征的数字化签名，以保证文件的真实性和有效性。数字签名技术具有以下几点优势：①数字签名可以通过计算机网络使地理位置不同的用户实现签名。②数字签名既可有手写签名那样的可见性，又可将签名存储于计算机系统之中。③数字签名与整个文件的每一组成部分都有关，从而保证了其不变性，而手写签名的文件则可以改换某一页内容。④数字签名可以对一份文件的一部分进行签署，这是手写签名所不能做到的；手写签名一般要经过专家的鉴定才能确认，而在一个具有良好数字签名方案的网络内，接收方可以立即识别接收的文件中签名的真伪。

（二）加密编码原理

为了保证信息安全传输可以采用加密编码的方法。

在利用现代通信工具的条件下，隐写术受到很大限制，但编码术却以计算机为工具取得了很大的发展。

在加密编码中：①真实数据称为明文（M)。②对真实数据施加变化的过程称为加密（EK)。③加密后输出的数据称为密文（C)。④从密文恢复出明文的过程称为解密（DK)。

我们可以通过保护两个不同的变换分别获得保密性和真实性。保护DK获得保密性，保护EK获得真实性。公开密钥体制即是这种。接收者通过保密自己的解密密钥来保障他接收信息的保密性，但不能保证真实性，因为任何知道他的加密密钥的人都可以将虚假消息发给他；发送者通过保密自己的解密密钥来保障他发送信息的真实性，但任何知道他的加密密钥的人都可以破译消息，保密性不能保证，一般用于数字签名。

（三）常用密码

常用密码根据加密明文数据时的加密单位的不同，分为分组密码和序列密码两大类。实际中，常用的是分组密码。

分组密码。设M为密码消息，将M分成等长的连续区组M_1，M_2，M_3，…，分组的长度一般是几个字符，并且用同一密钥K为各区组加密。

序列密码。若将M分成连续的字符或位m_1，m_2，…，并用密钥序列$K=K_1K_2\cdots$的第i个元素给m；加密。

密码学把信源看成是符号（文字、语言等）的集合，并且它按一定的概率产生离散符号序列。多余度用来衡量破译某一种密码体制的难易程度，多余度越小，破译的难度就越大。对明文先压缩其多余度，然后再加密，可提高密文的保密度。

在截获密文后，明文在很大程度上仍然无法确定。即无论截获了多长的密文但都得不到任何有关明文的信息，那么就说这种密码体制是绝对安全的。

所有实际密码体制的密文总是会暴露某些有关明文的信息。被截获的密文越长，明文的不确定性就越小，最后会变为0。这时就有了足够的信息唯一地确定明文，于是这种密码体制也就在理论上可破译了。

理论上可破译并不能说明这些密码体制不安全，因为把明文计算出来的时空需求也许会超过实际上可供使用的资源，在计算上是安全的。

1.DES密码

DES密码是一种采用传统加密方法的区组密码，它的算法是对称的，既可用于加密，又可用于解密。

2.换位密码

对数据中的字符或更小的单位（如位）重新组织，但并不改变它们本身。

3.替代密码

改变数据中的字符，但不改变它们之间的相对位置。

DES密码就是在上述换位和替代密码的基础上发展而来的。将输入明文序列分成区组，每组64位，64位的密钥源循环移位产生16个子密钥，DES的安全性完全依赖于所用的密钥。

四、数字通信编码技术的应用

（一）数字通信系统概要

数字通信系统的载体为模拟信号或数字信号，通过彼此之间的相互转换，使得终端系统获得有效性的数字码片信息。在信息传输布局结构中，可将通信系统划分为三个处理阶段发送端，信源通过发送设备将数据信息传输至信道内，然后通过信源编码进行加密，最后在信道编码器上进行编译码。噪声处理包括数字信号的调制和解调过程，调制可通过改变数字信号传输频率，以此来匹配信道频谱特性，减少信号内的传输损耗：此模式可对传输信道进行多路复用，上行与下行传输的数据信息均可在信道内传输，提高传输效率：调制技术可通过扩展频谱的方式，提高系统的抗干扰能力。最后是接收端信息的处理，包括信道解码、信源解码，将传输的数据信息发送至信宿端。

（二）数字通信编码技术类型

在数字通信系统中，为了减少接收端与发送端之间数字信号失真现象，实现了对信道编码功能，编码类型包括线性分组码、卷积码、S码以及交织码。这几种编码类型都用到此编码方式，减少码片空间冗余度。

1.线性分组码

发送端将传输的数据消息分为长度为k的信息码组，当数据信息片段长度达不到k位时，需要在码组序列后补0。这样编码器才能根据编码顺序将编码的序列段转化成节的重码字，重码字的长度大于信息码组长度，所以后期新增的码字长度都是由码组转化而来，所以称之为线性分组码。接收端接收到的码字序列与发送端发送的码字序列具有一致性，因此线性分组码具有一定的见错纠错能力。

2.卷积码

分组码编码序列中个信息位只与k个码组有关，与其他码组的信息无直接联系。但卷积码是比分组码编码更加优越的一种编码流程，不仅与个信息位有关，而且还与下个码组之间存有关系。卷积码的编码效率通常用&=k/表示，当值趋于无穷大时，卷积码的纠错能力便越好，但k值也会随着值的增加而增加，因而纠错指数也会降低。

3.RS码

RS属于一种多项式编码。该编码流程需要确定多项式个数、监督多项式以及码字信息。监督多项式个数的计算方法为传输信息码元中的多项式向前进位后，得到的序列方程除以纠正后的序列方程式，便可得到监督码元的编码序列。码字的确定时将监督码元的编码序列置于纠正后的序列方程式后便可得到码字信息，RS信息码与得到的码字信息码之间的译码流程可概述为根与错误值之间的纠错转换。

4.交织码

交织编码方式能够检错出大量的数据序列码，遇到大量成串的数据编码或者不恒定信道传输的数据信息时，便不能有效地纠正错误信息。交织码之间连接有两个译码器，其中一个译码器完成纠错后，另一个便会改变信息序列，使其将传输编码的信息数据重新处理。

（三）编码技术在数字通信系统中的应用

随着通信技术的发展，GPRS在编码方式上利用了交织编码、线性分组码、RS码以及卷积码，能够施用于无线通信环境，使传输的数据信息能够适应传输信道，其次便是能够对数据速率进行调整。在无线通信环境中能够对我国大部分地区实现信号区域覆盖。传输数据信息能够更好地匹配信道，实现数据实时性接收和发送。

第四章　信号与信息处理技术原理

第一节　信息处理技术与数字信号处理

一、信息处理技术

（一）信息处理技术发展史

人类很早就开始了信息的记录、存储和传输。在古代，信息存储的手段非常有限，有些部落通过口耳相授传递部落的信息，有些部落通过结绳记事存储信息。文字的创造、造纸术和印刷术的发明是信息处理的第一次巨大飞跃；电报、电话、电视及其他通信技术的发明和应用是信息传递手段的历史性变革，也是信息处理的第二次巨大飞跃；计算机的出现和普遍使用则是信息处理的第三次巨大飞跃。长期以来，人们一直在追求改善和提高信息处理的技术的过程，大致可划分为三个时期。

1.手工处理时期

手工处理时期是用人工方式来收集信息，用书写记录来存储信息，用经验和简单手工运算来处理信息，用携带存储介质来传递信息。信息人员从事简单而烦琐的重复性工作，信息不能及时有效地输送给使用者，许多十分重要的信息来不及处理，甚至贻误战机。

2.机械信息处理时期

随着科学技术的发展以及人们对改善信息处理手段的追求，逐步出现了机械式和电动式的处理工具，如算盘、出纳机、手摇计算机等，在一定程度上减轻了计算者的负担。后来又出现了一些较复杂的电动机械装置，可把数据在卡片上穿孔并进行成批处理和自动打印结果。同时，由于电报、电话的广泛应用，极大地改善了信息的传输手段，这次信息传递手段的革命，结束了人们单纯依靠烽火和驿站传递信息的历史，大大加快了信息传递的速度。虽然机械式处理比手工处理提高了效率，但没有本质的进步。

3.计算机处理时期

随着计算机系统在处理能力、存储能力、打印能力和通信能力等方面的提高，特别是计算机软件技术的发展，使用计算机越来越方便，加上微电子技术的突破，使微型计算机日益商品化，从而为计算机在管理上的应用创造了极好的物质条件。信息处理时期经历了单项处理、综合处理两个阶段，现在已发展到系统处理的阶段。这样，不仅各种事务的处理达到了自动化，大量人员从烦琐的事务性劳动中解放出来，提高了效率，节省了行政费用，而且由于计算机的高速运算能力，极大地提高了信息的价值，能够及时地为管理活动中的预测和决策提供可靠的依据。与此同时，电子计算机和现代通信技术的有效结合，使得信息的处理速度、传递速度得到了惊人的提高，人类处理信息、利用信息的能力达到了空前的高度。今天，人类已经进入了所谓的信息社会。

（二）现代信息技术

到了近代，随着社会经济的发展，不同地域的人与人之间交往活动增加，促进了信息技术的飞速发展。信息是人类的一种宝贵资源，大量、有效地利用信息是社会发展水平的重要标志之一。社会的进步将不断地发展，我们要用更有效的手段来传递信息和处理信息，从而促使人类文明社会更快地向前发展。

二、数字信号及其处理

（一）模拟信号和数字信号

信号可用于表示任何信息，如符号、文字、语音、图像等，从表现形式上可归结为两类：模拟信号和数字信号。模拟信号与数字信号的区别可根据幅度取值是否离散来确定。模拟信号指幅度的取值是连续的幅值可由无限个数值表示，时间上连续的模拟信号。数字信号指幅度的取值是离散的，即幅值被限制在有限个数值之内。二进制码就是一种数字信号，它受噪声的影响小，易于数字电路进行处理，所以得到了广泛的应用。

（二）数字信号的特点

1.抗干扰能力强、无噪声积累

在模拟通信中，为了提高信噪比，需要在信号传输过程中及时对衰减的传输信号进行放大，信号在传输过程中不可避免地叠加上的噪声也被同时放大。随着传输距离的增加，噪声累积越来越多，从而导致传输质量严重恶化。

对于数字通信，由于数字信号的幅值为有限个离散值（通常取0和1两个幅值），在传输过程中虽然也受到噪声的干扰，但当信噪比恶化到一定程度时，在适当的距离采用判决再生的方法，再生成没有噪声干扰的、和原发送端一样的数字信号，即可实现长距离、高质量的传输。

2.便于加密处

信息传输的安全性和保密性越来越重要，数字信号的加密处理比模拟信号容易得多。以语音信号为例，经过数字变换后的信号可用简单的数字逻辑运算进行加密、解密处理。

3.便于存储、处理和交换

数字信号的形式和计算机所用信号一致，都是二进制代码，因此便于与计算机联网，也便于用计算机对数字信号进行存储、处理和交换，可使通信网的管理维护实现自动化、智能化。

4.设备便于集成化、微型化

数字通信采用时分多路复用，不需要体积较大的滤波器。设备中大部分电路是数字电路，可用大规模或超大规模集成电路实现，因此体积小、功耗低。

（三）模拟信号的数字化

当今社会已进入迅猛发展的信息化时代，对信息进行处理的核心设备是计算机，计算机只能识别由二进制0、1组成的数字信号，而现实生活中的信号大多是模拟信号，比如电压、电流、声音、图像等，这些信号只有转换成数字信号才能输入计算机进行处理。因而信息化的前提是实现模拟信号的数字化。把模拟信号转换为数字信号通常需要采样、量化和编码三个过程。

1.采样

所谓采样就是每隔一定的时间间隔，抽取信号的一个瞬时幅度值，这就是在时间上将模拟信号离散化。模拟信号不仅在幅度取值上是连续的，而且在时间上也是连续的。要使模拟信号数字化，首先要对时间进行离散化处理，即在时间上用有限个采样点代替无限个连续的坐标位置，这一过程叫采样。采样后所得到的在时间上离散的样值称为采样序列。

2.量化

采样把模拟信号变成了在时间上离散的采样序列，但每个样值的幅度仍然是一个连续的模拟量，因此还必须对其进行离散化处理，将其转换为有限个离散幅度值，最终才能用有限个量化电平来表示其幅值，这种对采样值进行离散化的过程叫作量化，其实质就是实现连续信号幅度离散化处理。

3.编码

采样、量化后的信号变成了一串幅度分级的脉冲信号，这串脉冲的包络代表了模拟信号，它本身还不是数字信号，而是一种十进制信号，需要把它转换成数字编码脉冲，这一过程称为编码。最简单的编码方式是二进制编码。

（四）数字信号处理系统

在实际生活中，我们遇到的信号大部分是模拟信号，如声音、图像等，为了利用数字系统来处理模拟信号，必须先将模拟信号转换成数字信号，在数字系统中进行处理后再转换成模拟信号。

抗混叠滤波器：它的作用是滤除模拟信号中的高频杂波。为解决由高频杂波带来的频率混叠问题，在对模拟信号进行离散化前，需采用低通滤波器滤除高于1/2采样频率的频率成分。

A-D转换器：即模——数转换器，将模拟信号变成数字信号，便于数字设备和计算机处理。

D-A转换器：即数——模转换器，将数字信号转换为相应的模拟信号。

平滑滤波器：作用是滤除D-A转换电路中产生的毛刺，使信号的波形变得更加平滑。

第二节　文本信息处理与语音信号处理

一、文本信息处理

互联网技术的发展与成熟，使得人们可获得的信息越来越多。面对海量信息，人们已不能简单地依靠人工来处理，需要辅助工具来帮助人们更好地发现、过滤和管理这些信息资源。如何在浩若烟海而又纷繁芜杂的文本信息中掌握最有效的信息始终是信息处理的一大目标。基于人工智能技术的文本分类，系统能依据文本的语义将大量的文本自动分门别类，从而更好地帮助人们把握文本信息。近年来，文本分类技术已经逐渐与搜索引擎、信息推送、信息过滤等信息处理技术相结合，有效地提高了信息服务的质量。

文本分类是基于文本内容将待定文本划分到一个或多个预先定义的类中的方法，它作为处理和组织大量文本数据的关键技术，可在较大程度上解决信息的杂乱问题，对于信息的高效管理和有效利用都具有极其现实的意义，文本分类问题已成为数据挖掘领域中一个重要的研究方向。目前，文本分类方面的文献也非常丰富，常见于信息检索、机器学习、知识挖掘与发现、模式识别、人工智能、计算机科学与应用等各种国际会议及相关的期刊。

（一）文本分类的整体特征

文本自动分类是分析待定文本的特征，并与已知类别中文本所具有的共同特征进行比较，然后将待定文本划归为特征最接近的一类并赋予相应的分类号。

文本分类一般包括文本预处理、文本特征提取、分类算法的选择、分类结果的评价与反馈等过程。

1.文本预处理

任何原始数据在计算机中都必须采用特定的数学模型来表示，目前存在众多的文本表示模型，如布尔模型、向量空间模型、聚类模型、基于知识的模型和概率模型等。其中向量空间模型具有较强的可计算性和可操作性，得到了广泛的应用。经典的向量空间模型是最简便、最高效的文本表示模型之一。

向量空间模型的最大优点在于它在知识表示方法上的优势。在该模型中，文本的内容被形式化为多维空间中的一个点，并以向量的形式来描述，文本分类、聚类等处理均可以方便地转化为对向量的处理、计算。也正是因为把文本以向量的形式定义到实数域中，才使得模式识别和数据挖掘等领域中的各种成熟的计算方法得以采用，大大提高了自然语言文本的可计算性和可操作性。因此，近年来，向量空间模型被广泛应用在文本挖掘的各个领域。

对于基于向量空间模型的文本预处理，主要由四个步骤来完成：中文分词、去除停用词、文本特征提取和文本表示。

（1）中文分词

中文分词是对中文文本进行分析的第一个步骤，是文本分析的基础。现在的中文分词技术主要有以下几种：基于字符串匹配的分词技术、基于理解的分词技术、基于统计的分词技术和基于多层隐马尔可夫模型的分词技术等。

（2）去除停用词

所谓停用词是指汉语中常用到的“的”“了”“我们”“怎样”等，这些词在文本中分布较广，出现频率较高，且大部分为虚词、助词、连词等，这些词对分类的效果影响不大。文本经中文分词之后，得到大量词语，而其中包含了一些频度高但不含语义的词语，比如助词，这时可以利用停用词表将其过滤，以便于文本分类的后续操作。

（3）文本特征提取

文本经过中文分词、去除停用词后得到的词语量特别大，由此构造的文本表示维数也非常大，并且不同的词语对文本分类的贡献也是不同的。因此，有必要进行特征项选择以及计算特征项的权重。

(4) 文本的表示

文本的表示主要采用向量空间模型。向量空间模型的基本思想是以向量来表示文本：(W_1，W_2，W_3，…，W_4)，其中W_1为第i个特征项的权重，特征项一般可以选择字、词或词组。根据实验结果，普遍认为选取词作为特征项要优于字和词组。因此，要将文本表示为向量空间中的一个向量，就首先要将文本分词，由这些词作为向量的维数来表示文本。最初的向量表示完全是0、1的形式，即如果文本中出现了该词，那么文本向量的该维数为1，否则为0。这种方法无法体现这个词在文本中的作用程度，所以逐渐被更精确的词频代替。词频分为绝对词频和相对词频，绝对词频即使用词在文本中出现的频率表示文本，相对词频为归一化的词频，其计算方法主要运用关键词出现的次数（词频）—逆向文件频率（Term Frequency—Inverse Document Frequency，TF-IDF）公式。

2.文本分类算法

训练算法和分类算法是分类系统的核心部分，目前存在多种基于向量空间模型的训练算法和分类算法，主要有最近K邻居算法、贝叶斯算法、最大平均熵算法、类中心向量最近距离算法、支持向量机算法和神经网络算法等。

简单向量距离分类算法的核心是利用文本与本类中心向量间的相似度判断类的归属，而贝叶斯算法的基本思路是计算文本属于类别的概率。

K邻居算法的基本思路是在给定新文本后，考虑在训练文本集中与该新文本距离最近（最相似）的K篇文本，根据这K篇文本所属的类别判定新文本所属的类别。

支持向量机和神经网络算法在文本分类系统中应用得较为广泛。支持向量机的基本思想是使用简单的线性分类器划分样本空间，对于在当前特征空间中线性不可分的模式，则使用一个核函数把样本映射到一个高维空间中，使得样本能够线性可分。神经网络算法采用感知算法进行分类。在这种模型中，分类知识被隐式地存储在连接的权值上，使用迭代算法来确定权值向量。当网络输出判别正确时，权值向量保持不变，否则要进行增加或降低的调整，因此也称为奖惩法。

经过文本分类预处理后，训练文本合理向量化，奠定了分类模型的基础。向量化的训练文本与文本分类算法共同构造出了分类模型。在实际的文本分类过程中，主要依靠分类模型完成文本分类。

3.分类结果的评价与反馈

文本分类系统的任务是在给定的分类体系下，根据文本的内容自动地确定文本关联的类别。从数学角度来看，文本分类是一个映射的过程，它将未标明类别的文本（待分类文本）映射到已有的类别中。文本分类的映射规则是系统根据已经掌握的每类若干样本的数据信息，总结出分类的规律性，从而建立判别公式和判别规则，然后在遇到新文本时，根据总结出的判别规则，确定文本相关的类别。

因为文本分类从根本上说是一个映射过程，所以评估文本分类系统的标准是映射的准确程度和映射的速度。映射的速度取决于映射规则的复杂程度，而评估映射准确程度的参照物是通过专家思考判断后对文本进行分类的结果（这里假设人工分类完全正确并且排除个人思维差异的因素），与人工分类结果越相近，分类的准确程度就越高。

（二）文本信息处理的应用领域

人类历史上以语言文字形式记载和流传的知识占总量的80%以上，这些语言被称为自然语言，如汉语、英语、日语等。自然语言处理是指利用计算机为工具对人类特有的书面和口头形式的自然语言的信息进行各种类处理和加工的技术，是人工智能研究的重要内容之一。主要应用在以下几个研究领域。

1.机器翻译

实现一种语言到另一种语言的自动翻译，常用于文献翻译、网页翻译和辅助浏览等，如著名的Systran系统。

2.自动文摘

将原文档的主要内容或某方面的信息自动提取出来，并形成原文档的摘要或缩写，主要应用在电子图书管理、情报获取等方面。

3.文档分类

文档分类也叫文本自动分类，即利用计算机系统对大量的文档按照一定的分类标准（如根据主题或内容划分等）实现自动归类，主要应用在图书管理、内容管理和信息监控等领域。

4.信息过滤

利用计算机系统自动识别和过滤那些满足特定条件的文档信息，主要应用于网络有害信息过滤、信息安全等。

5.问答系统

通过计算机系统对人提出的问题，利用自动推理等手段，在有关知识资源中自动求解答案并做出相应的回答。问答技术有时与语音技术和多模态输入/输出技术，以及人机交互技术等相结合，构成人机对话系统。主要应用在人机对话系统、信息检索等领域。

（三）中文信息处理的研究

中文信息处理可分为字处理平台、词处理平台和句处理平台这三个层次。字处理平台技术是中文信息处理的基础，经过二十多年的研究，字处理平台技术已经达到了一个比较成熟的阶段。词处理平台技术是中文信息处理的中间环节，它是连接字平台和句平台的关键纽带，因此也是关键环节。句处理平台技术是中文信息处理的高级阶段，它的研究主要包括机器翻译、汉语的人机对话等，这方面的研究虽然已取得了一定的成果，但是还处于初级阶段。

字处理平台的研究与开发，包括汉字编码输入、汉字识别（手写体联机识别与印刷体脱机识别）、汉字系统及文书处理软件等。

词处理平台上最典型、最引人瞩目的是面向互联网的、文本不受限的中文检索技术，包括通用搜索引擎、文本自动过滤（如对网上不健康内容或对国家安全有危害内容的过滤）、文本自动分类（在数字图书馆中得到广泛应用）以及个性化服务软件等。影响比较大的中文通用搜索引擎有雅虎、搜狐、新浪网等，但这些网站只采用了基于字的全文检索技术，或者仅做了简单的分词处理，性能还有待提高。国内研究机构做得比较好的是北京大学的天网，它用了中文分词和词性自动标注技术，但不足之处在于覆盖能力有限。

词处理平台上另一个重要应用是语音识别。单纯依赖语音信号处理手段来大幅度提高识别的准确率，已经很难再大有作为，必须要借助文本的后处理技术。现在最具代表性的产品是IBM公司的简体中文语音输入系统，微软中国研究院也有表现不俗且接近实用的系统。

句处理平台上的重要应用主要有两方面：一是机器翻译，虽然目前机器翻译的质量还远远不能令人满意，但挂靠在互联网上，就找到了合适的舞台，无论对中国人了解世界（英译汉），还是外国人了解中国（汉译英），都大有裨益，潜在的市场十分可观。句处理平台上另一方面的重要应用是汉语文语转换，即按照汉语的韵律规则，把文本文件转换成语音输出。汉语文语转换系统可用来构成盲人阅读机，让计算机为盲人服务；可用来构成文语校对系统，为报纸杂志的校对人员服务；还可广泛用于机场或车站的固定信息发布等。

总体来说，字处理平台的研究已快成明日黄花，句处理平台上的研究还很薄弱，离实用还有一段距离，而词处理平台上的研究难度较句处理平台容易，且经过多年的努力，成果也比较扎实，随着互联网的发展，已经到了厚积薄发的时候。

二、语音信号处理

语音是语言的声学表现形式，是最符合人类自然习惯的一种人际信息传播方式，通过语音传递信息是人类最重要、最有效、最常用和最方便的交换信息的形式。语言是人类特有的功能，声音是人类常用的工具，是相互传递信息的最主要手段，它具有最大的信息容量和最高的智能水平。因此，用现代的手段研究语音处理技术，使人们能更有效地产生、传输、存储、获取和应用语音信息，对于促进社会发展具有十分重要的意义。

（一）语音信号处理的基础知识

1.语音信号的特性

构成人类语音的是声音，这是一种特殊的声音，是由人讲话所发出的。语音是由一连串的音组成，具有被称为声学特征的物理性质。语音中的各个音的排列由一些规则所控制，对这些规则及其含义的研究属于语言学的范畴，而对语音中音的分类和研究则称为语音学。

语音是人的发音器官发出来的一种声波，它和其他各种声音一样，具有声音的物理属性，由音质、音调、音强及音量和声音的长短四种要素组成：①音质(音色)：它是一种声音区别于其他声音的基本特征。②音调：即声音的高低。音调取决于声波的频率，频率快则音调高，频率慢则音调低。③音强及音量：也称响度，它是由声波振动幅度决定的。④声音的长短：也称音长，它取决于发音持续时间的长短。

语音信号最主要的特性是随时间而变化的，是一个非平稳的随机过程；但是，从另一方面看，虽然语音信号具有时变特性，但在一个短时间范围内基本保持不变。这是因为人的肌肉运动有一个惯性，从一个状态到另一个状态的转变是不可能瞬间完成的，而是存在一个时间过程，在没有完成状态转变时，可近似认为它保持不变。只要时间足够短，这个假设是成立的。在一个较短的时间内语音信号的特征基本保持不变，这是语音信号处理的一个重要出发点，因而我们可以采用平稳过程的分析处理方法来处理语音。

2.语音信号分析的主要方式

根据所分析的参数不同，语音信号分析又可分为时域、频域、倒频域等方法。时域分析具有简单、运算量小、物理意义明确等优点；但更为有效的分析多是围绕频域进行的，因为语音中最重要的感知特性反映在其功率谱中，而相位变化只起很小的作用。傅里叶分析在信号处理中具有十分重要的作用，它是分析线性系统和平稳信号稳态特性的强有力手段，在许多工程和科学领域得到了广泛的应用。这种以复指数函数为基函数的正交变换，理论上很完善，计算上很方便，概念上易于理解。傅里叶分析能使信号的某些特性变得很明显，而在原始信号中这些特性可能没有表现出来或表现得不明显。

然而，语音波是一个非平稳过程，因此适用于周期、瞬变或平稳随机信号的标准傅里叶变换，不能用来直接表示语音信号。前面已提到，我们可以采用平稳过程的分析处理方法来处理语音。对语音处理来说，短时分析的方法是有效的解决途径。短时分析方法应用于傅里叶分析就是短时傅里叶变换，即有限长度的傅里叶变换，相应的频谱称为“短时谱”。语音信号的短时谱分析是以傅里叶变换为核心的，其特征是频谱包络与频谱微细结构以乘积的方式混合在一起，另一方面是可用快速傅里叶变换（Fast Fourier Transformation，FFT）进行高速处理。

3.语音信号处理系统的一般结构

语音信号处理系统首先需要信号的采集，然后才能进行语音信号的处理和分析。

根据采集信号的不同，语言信号可分为模拟信号和数字信号，其处理系统也可分为模拟处理系统和数字处理系统。如果加上模一数转换和数—模转换芯片，模拟处理系统可处理数字信号，数字处理系统也可处理模拟信号。由于数字信号处理和模拟信号处理相比具有许多不可比拟的优越性，大多数情况下都采用数字处理系统，其优越性具体表现在以下几个方面：①数字化技术能够完成许多很复杂的信号处理工作。②通过语音进行交换的信息本质上具有离散的性质，因为语音可看作是音素的组合，这就特别适合于数字处理。③数字系统具有高可靠性、廉价、快速等优点，很容易完成实时处理任务。④数字语音适于在强干扰信道中传输，也易于进行加密传输。因此，数字语音信号处理是语音信息处理的主要方法。

（二）语音信号处理的关键技术

语音信号处理是一门研究用数字信号处理技术和语音学知识对语音信号进行处理的新兴学科，同时又是综合性的多学科领域和涉及面很广的交叉学科，是发展最为迅速的信息科学研究领域的核心技术之一，下面重点介绍语音信号数字处理应用技术领域中的语音编码、语音合成、语音识别与语音理解技术。

1.语音编码技术

在语音信号数字处理过程中，语音编码技术是至关重要的，直接影响到语音存储、语音合成、语音识别与理解。语音编码是模拟语音信号实现数字化的基本手段。语音信号是一种时变的准周期信号，而经过编码描述以后，语音信号可以作为数字数据来传输、存储或处理，因而具有一般数字信号的优点。语音编码主要有三种方式：波形编码、信源编码（又称声码器）和混合编码，这三种方式都涉及语音的压缩编码技术，通常把编码速率低于64kbit/s的语音编码方式称为语音压缩编码技术。如何在尽量减少失真的情况下降低语音编码的位数已成为语音压缩编码技术的主要内容，换言之，在相同编码比特率下，如何取得更高质量的恢复语音是较高质量语音编码系统的要求。

2.语音合成技术

语音合成技术就是所谓“会说话的机器”。它可分为三类：波形编码合成、参数式合成和规则合成。波形编码合成以语句、短语、词或音节为合成单元，合成单元的语音信号被录取后直接进行数字编码，经数据压缩组成一个合成语音库。

重放时根据待输出的信息，在语音库中取出相应的合成单元的波形数据，将它们连接在一起，经解码还原成语音。参数式合成以音节或音素为合成单元。

3.语音识别技术

语音识别又称语音自动识别（Automatic Speech Recognition，ASR），它基于模式匹配的思想，从语音流中抽取声学特征，然后在特征空间完成模式的比较匹配，寻找最接近的词（字）作为识别结果。几十年来，语音识别技术经历了从特定人（Speaker Dependent，SD）中小词汇量的孤立词语和连接词语的语音识别到非特定人（Speaker Independent，SI）大词汇量的自然口语识别的发展历程。尽管如此，语音识别技术要走出实验室、全面融入人们的日常生活还需一些时间。当使用环境与训练环境有差异时，如在存在背景噪声、信道传输噪声或说话人语速和发音不标准等情况下，识别系统的性能往往会显著下降，无法满足实用的要求。环境噪声、方言和口音、口语识别已经成为语音识别中三个主要的新难题。

（1）预处理

预处理部分包括语音信号的采样、抗混叠滤波、语音增强、去除声门激励和口唇辐射的影响以及噪声影响等，预处理最重要的步骤是端点检测和语音增强。

（2）特征提取

作用是从语音信号波形中提取一组或几组能够描述语音信号特征的参数，如平均能量、过零数、共振峰、倒谱和线性预测系数等，以便训练和识别。参数的选择直接关系着语音识别系统识别率的高低。

（3）训练

训练是建立模式库的必备过程，词表中每个词对应一个参考模式，由这个词重复发音多遍，再由特征提取或某种训练得到。

（4）模式匹配

模式匹配是整个系统的核心，其作用是按照一定的准则求取待测语言参数和语言信息与模式库中相应模板之间的失真测度，最匹配的就是识别结果。

让机器听懂人类的语言，是人类长期以来梦寐以求的事情。伴随计算机技术的发展，语音识别已成为信息产业领域的标志性技术，在人机交互应用中逐渐进入我们的日常生活，并迅速发展成为“改变未来人类生活方式”的关键技术之一。语音识别技术以语音信号为研究对象，是语音信号处理的一个重要研究方向，其终极目标是实现人与机器进行自然语言通信。

4.语音理解技术

语音理解又称自然语音理解（Natural Language Understanding，NLU），其目的是实现人机智能化信息交换，构成通畅的人机语音通信。语音理解技术开始使计算机，丢掉了键盘和鼠标，人们对语音理解的研究重点正拓展到特定应用领域的自然语音理解上。一些基于口语识别、语音合成和机器翻译的专用性系统开始出现，如信息发布系统、语音应答系统、会议同声传译系统和多语种口语互译系统等，正受到各方面越来越多的关注。这些系统可以按照人类的自然语音指令完成有关的任务，提供必要的信息服务，实现交互式语音反馈。

（三）语音信号处理技术的发展趋势

语音信号处理技术是计算机智能接口与人机交互的重要手段之一。从整个信息社会发展趋势看，语音技术有很多的应用。语音技术包括语音识别、说话人的鉴别和确认、语种的鉴别和确认、关键词检测和确认、语音合成、语音编码等，但其中最具有挑战性和应用前景的是语音识别技术。

1.语音识别技术的发展趋势

首先，说话人识别技术，近年来已经在安全加密、银行信息电话查询服务等方面得到了很好的应用，在公安机关破案和法庭取证方面也发挥了重要的作用。其次，语音识别技术，在一些领域中正成为一个关键的具有竞争力的技术。例如，在声控应用中，计算机可以识别输入的语音内容，并根据内容来执行相应的动作，这包括了声控电话转换、声控语音拨号系统、声控智能玩具、信息网络查询、家庭服务、宾馆服务、旅行社服务系统、医疗服务、股票服务和工业控制等。在电话与通信系统中，智能语音接口正在把电话机从一个单纯的服务工具变成为一个服务的“提供者”和生活“伙伴”。使用电话与通信网络，人们可以通过语音命令方便地从远端的数据库系统中查询与提取有关的信息。随着计算机的小型化，键盘已经成为移动平台的一个很大的障碍，想象一下，如果手机只有一个手表那么大小，再用键盘进行拨号操作已经是不可能的，而借助语音命令就可以方便灵活地控制计算机的各种操作。再者，语音信号处理还可用于自动口语分析，如声控打字机等。

随着计算机和大规模集成电路技术的发展，这些复杂的语音识别系统已经完全可以制成专用芯片，进行大批量生产。在西方国家，大量的语音识别产品已经进入市场和服务领域。一些用户交互机、电话机、手机已经包含了语音识别拨号功能，还有语音记事本、语音智能玩具等产品也包含了语音识别与语音合成功能。人们可以通过电话网络，用语音识别口语对话系统查询有关的机票、旅游、银行等相关信息，并且取得很好的效果。

2.语音合成技术的发展趋势

就语音合成而言，它已经在许多方面取得了实际的应用并发挥了很大的社会作用，例如公交汽车上的自动报站、各种场合的自动报时、自动报警、手机查询服务和各种文本校对中的语音提示等。在电信声讯服务的智能电话查询系统中，采用语音合成技术可以弥补以往通过电话进行静态查询的不足，满足海量数据和动态查询的需求，如股票、售后服务、车站查询等信息；也可用于基于微型机的办公、教学、娱乐等智能多媒体软件，例如语言学习、教学软件、语音玩具、语音书籍等；也可与语音识别技术和机器翻译技术结合，实现语音翻译等。

3.语音编码技术的发展趋势

对于语音编码而言，语音压缩编码作为语音信号处理的一个分支，从目前的研究状况来看，它的未来发展主要表现在如下几个方面。

（1）研究简化算法

在现有编码算法中，处理效果较好的很多，但都是以算法复杂、速度低、性能降低为代价。在不降低现有算法性能的前提下，尽量简化算法、提高运算速度、增强算法的实用性，将是未来一段时间的研究课题。

（2）成熟算法的硬件实现将是研究重点

随着大规模集成电路工艺的飞速发展，人们已经可以在单一硅片上方便地设计出含有几百万个晶体管的电路，信息处理速度可达到几千万次/秒的乘、加操作，这是未来通信的发展迫切需要的。

（3）语音压缩技术将有很大的潜力

随着计算机技术的发展和硬件环境的不断改善，语音压缩技术将不单单运用现有的几种技术，而将不断开拓和运用新理论及新手段，如将神经网络引入语音压缩的矢量量化中，将子波交换理论应用到语音特征参数的提取（如基音提取等）中。由于神经网络理论和子波交换理论比较新，几乎是刚刚起步，它们的前景还比较难预料，但就其在语音压缩编码方面的应用而言，将有很大的潜力。

（4）语音性能评价手段将是研究的主要内容之一

随着各种算法的不断出现和完善，性能评价方法的研究日益显得落后。研究性能评价方法远比研究出一两种算法更为重要，所以，许多研究者致力于语音性能的评价方法的研究。目前这方面的研究成果没有大的突破，特别是4kbit/s以下语音编码质量的客观评价还有待人们不断的努力。

（5）研究语音的感知特性是未来很长一段时间内的基础研究工作之一

为了建立较理想的语音模型且不损失语音中的信息，在研究中必须考虑人的听觉特性，诸如人耳的升沉、失真和掩蔽现象等。

总之，语音压缩编码的研究，在性能上将朝着高性能、低复杂度、实用化的方向发展，而理论上将朝着多元化、高层次化的方向发展。

第五章　电气工程与自动化

第一节　电气工程概述

一、电气工程的地位和作用

（一）电气工程在国民经济中的地位

电能是最清洁的能源，它是由蕴藏于自然界中的煤、石油、天然气、水力、核燃料、风能和太阳能等一次能源转换而来的。同时，电能可以很方便地转换成其他形式的能量，如光能、热能、机械能和化学能等供人们使用。由于电（或磁、电磁）本身具有极强的可控性，大多数的能量转换过程都以电（或磁、电磁）作为中间能量形态进行调控，信息表达的交换也越来越多地采用电（或磁）这种特殊介质来实施。电能的生产、输送、分配、使用过程易于控制，电能也易于实现远距离传输。电作为一种特殊的能量存在形态，在物质、能量、信息的相互转化过程，以及能量之间的相互转化中起着重要的作用。因此，当代高新技术都与电能密切相关，并依赖于电能。电能为工农业生产过程和大范围的金融流通提供了保证；电能使当代先进的通信技术成为现实；电能使现代化运输手段得以实现；电能是计算机、机器人的能源。因此，电能已成为工业、农业、交通运输、国防科技及人们生活等人类现代社会最主要的能源形式。

电气工程（EE，Electrical Engineering）是与电能生产和应用相关的技术，包括发电工程、输配电工程和用电工程。发电工程根据一次能源的不同可以分为火力发电工程、水力发电工程、核电工程、可再生能源工程等。输配电工程可以分为输变电工程和配电工程两类。用电工程可分为船舶电气工程、交通电气工程、建筑电气工程等。电气工程还可分为电机工程、电力电子技术、电力系统工程、高电压工程等。

电气工程是为国民经济发展提供电力能源及其装备的战略性产业，是国家工业化和国防现代化的重要技术支撑，是国家在世界经济发展中保持自主地位的关键产业之一。电气工程在现代科技体系中具有特殊的地位，它既是国民经济的一些基础工业（电力、电工制造等）所依靠的技术科学，又是另一些基础工业（能源、电信、交通、铁路、冶金、化工和机械等）必不可少的支持技术，更是一些高新技术的主要科技的组成部分。在与生物、环保、自动化、光学、半导体等民用和军工技术的交叉发展中，又是能形成尖端技术和新技术分支的促进因素，在一些综合性高科技成果（如卫星、飞船、导弹、空间站、航天飞机等）中，也必须有电气工程的新技术和新产品。可见，电气工程的产业关联度高，对原材料工业、机械制造业、装备工业，以及电子、信息等一系列产业的发展均具有推动和带动作用，对提高整个国民经济效益，促进经济社会可持续发展，提高人民生活质量有显著的影响。电气工程与土木工程、机械工程、化学工程及管理工程并称现代社会五大工程。

（二）电气工程学科分类

电气工程学科是当今高新技术领域中不可或缺的关键学科。在我国高等学校的本科专业目录中，电气工程对应的专业是电气工程及其自动化或电气工程与自动化，电工类下共有五个专业，分别是电机电器及其控制、电力系统及其自动化、高电压与绝缘技术、工业自动化和电气技术；此外，在同时颁布的工科引导性专业目录中，又把电气工程及其自动化专业和自动化专业中的部分合并为电气工程与自动化专业。

在研究生学科专业目录中，电气工程是工学门类中的一个一级学科，包含电机与电器、电力系统及其自动化、高电压与绝缘技术、电力电子与电力传动、电工理论与新技术五个二级学科。在我国当代高等工程教育中，电气工程及其自动化专业（或电气工程与自动化专业）是一个新型的宽口径综合性专业。它涉及电能的生产、传输、分配、使用全过程，电力系统（网络）及其设备的研发、设计、制造、运行、检测和控制等多方面各环节的工程技术问题，所以要求电气工程师掌握电工理论、电子技术、自动控制理论、信息处理、计算机及其控制、网络通信等宽广领域的工程技术基础和专业知识，掌握电气工程运行、电气工程设计、电气工程技术咨询、电气工程设备招标及采购咨询、电气工程的项目管理、电气设计项目和建设项目的监理等基本技能。电气工程及其自动化专业不仅要为电力工业与机械制造业，也要为国民经济其他部门，如交通、建筑、冶金、机械、化工等，培养从事电气科学研究和工程技术的高级专门人才。可见，电气工程及其自动化专业是一个以电力工业及其相关产业为主要服务对象，同时辐射到国民经济其他各部门，应用十分广泛的专业。

二、电力系统工程

（一）电力系统的组成

电力系统是由发电、变电、输电、配电、用电等设备和相应的辅助系统，按规定的技术和经济要求组成的一个统一系统。电力系统主要由发电厂、电力网和负荷等组成。发电厂的发电机将一次能源转换成电能，再由升压变压器把低压电能转换为高压电能，经过输电线路进行远距离输送，在变电站内进行电压升级，送至负荷所在区域的配电系统，再由配电所和配电线路把电能分配给电力负荷(用户)。

电力网是电力系统的一个组成部分，是由各种电压等级的输电、配电线路以及它们所连接起来的各类变电所组成的网络。由电源向电力负荷输送电能的线路，称为输电线路，包含输电线路的电力网称为输电网；担负分配电能任务的线路称为配电线路，包含配电线路的电力网称为配电网。电力网按其本身结构可分为开式电力网和闭式电力网两类。凡是用户只能从单个方向获得电能的电力网，称为开式电力网；凡用户可以从两个或两个以上方向获得电能的电力网，称为闭式电力网。

动力部分与电力系统组成的整体称为动力系统。动力部分主要指火电厂的锅炉、汽轮机，水电厂的水库、水轮机和核电厂的核反应堆等。电力系统是动力系统的一个组成部分。

发电、变电、输电、配电和用电等设备称为电力主设备，主要有发电机、变压器、架空线路、电缆、断路器、母线、电动机、照明设备和电热设备等。由主设备按照一定要求连接成的系统称为电气一次系统（又称为电气主接线），为保证一次系统安全、稳定、正常运行，对一次设备进行操作、测量、监视、控制、保护、通信和实现自动化的设备称为二次设备，由二次设备构成的系统称为电气二次系统。

（二）电力系统运行的特点

1.电能不能大量存储

电能生产是一种能量形态的转变，要求生产与消费同时完成，即每时每刻电力系统中电能的生产、输送、分配和消费实际上同时进行，发电厂任何时刻生产的电功率等于该时刻用电设备消耗功率和电网损失功率之和。

2.电力系统暂态过程非常迅速

电是以光速传播的，所以，电力系统从一种运行方式过渡到另外一种运行方式所引起的电磁过程和机电过渡过程是非常迅速的。通常情况下，电磁波的变化过程只有千分之几秒，甚至百万分之几秒，即为微秒级；电磁暂态过程为几毫秒到几百毫秒，即为毫秒级；机电暂态过程为几秒到几百秒，即为秒级。

3.与国民经济的发展密切相关

电能供应不足或中断供应，将直接影响国民经济各个部门的生产和运行，也将影响人们正常生活，在某些情况下甚至造成政治上的影响或极其严重的社会性灾难。

（三）对电力系统的基本要求

1.保证供电可靠性

保证供电的可靠性，是对电力系统最基本的要求。系统应具有经受一定程度的干扰和故障的能力，但当事故超出系统所能承受的范围时，停电是不可避免的。供电中断造成的后果是十分严重的，应尽量缩小故障范围和避免大面积停电，尽快消除故障，恢复正常供电。

根据现行国家标准《供配电系统设计规范》的规定，电力负荷根据供电可靠性及中断供电在政治、经济上所造成的损失或影响的程度，将负荷分为三级。

（1）一级负荷

对这一级负荷中断供电，将造成政治或经济上的重大损失，如导致人身事故、设备损坏、产品报废，使生产秩序长期不能恢复，人民生活发生混乱。在一级负荷中，当中断供电将造成重大设备损坏或发生中毒、爆炸和火灾等情况的负荷，以及特别重要场所的不允许中断供电的负荷，应视为一级负荷中特别重要的负荷。

（2）二级负荷

对这类负荷中断供电，将造成大量减产，将使人民生活受到影响。

（3）三级负荷

所有不属于一、二级的负荷，如非连续生产的车间及辅助车间和小城镇用电等。

一级负荷由两个独立电源供电，要保证不间断供电。一级负荷中特别重要的负荷供电，除应由双重电源供电外，尚应增设应急电源，并不得将其他负荷接入应急供电系统。设备供电电源的切换时间应满足设备允许中断供电的要求。对二级负荷，应尽量做到事故时不中断供电，允许手动切换电源；对三级负荷，在系统出现供电不足时首先断电，以保证一、二级负荷供电。

2.保证良好的电能质量

电能质量主要从电压、频率和波形三个方面来衡量。检测电能质量的指标主要是电压偏移和频率偏差。随着用户对供电质量要求的提高，谐波、三相电压不平衡度、电压闪变和电压波动均纳入电能质量监测指标。

3.保证系统运行的经济性

电力系统运行有三个主要经济指标，即煤耗率（即生产每千瓦时能量的消耗，也称为油耗率、水耗率）、自用电率（生产每千瓦时电能的自用电）和线损率（供配每千瓦时电能时在电力网中的电能损耗）。保证系统运行的经济性就是使以上三个指标最小。

4.电力工业优先发展

电力工业必须优先于国民经济其他部门的发展，只有电力工业优先发展了，国民经济其他部门才能有计划、按比例地发展，否则会对国民经济的发展起到制约作用。

5.满足环保和生态要求

控制温室气体和有害物质的排放，控制冷却水的温度和速度，防止核辐射，减少高压输电线的电磁场对环境的影响和对通信的干扰，降低电气设备运行中的噪声等。开发绿色能源，保护环境和生态，做到能源的可持续利用和发展。

（四）电力系统的电能质量指标

电力系统电能质量检测指标有电压偏差、频率偏差、谐波、三相电压不平衡度、电压波动和闪变。

1.电压偏差

电压偏差是指电网实际运行电压与额定电压的差值（代数差），通常用其对额定电压的百分值来表示。

2.频率偏差

我国电力系统的标称频率为50Hz，俗称工频。频率的变化，将影响产品的质量，如频率降低将导致电动机的转速下降。频率下降得过低，有可能使整个电力系统崩溃。我国电力系统现行国家标准《电能质量电力系统频率允许偏差》规定，正常频率偏差允许值为 ± 0.2Hz，对于小容量系统，偏差值可以放宽到 ± 0.5Hz。冲击负荷引起的系统频率变动一般不得超过 ± 0.2Hz。

3.电压波形

供电电压（或电流）波形为较为严格的正弦波形。波形质量一般以总谐波畸变率作为衡量标准。所谓总谐波畸变率是指周期性交流量中谐波分量的方均根值与其基波分量的方均根值之比（用百分数表示）。110kV电网总谐波畸变率限值为2%，35kV电网限值为3%，10kV电网限值为4%。

4.三相电压不平衡度

三相电压不平衡度表示三相系统的不对称程度，用电压或电流负序分量与正序分量的方均根值百分比表示。现行国家标准《电能质量公用电网谐波》规定，各级公用电网，110kV电网总谐波畸变率限值为2%，35～66kV电网限值为3%，6～10kV电网限值为4%，0.38kV电网限值为5%。用户注入电网的谐波电流允许值应保证各级电网谐波电压在限值范围内，所以国标规定各级电网谐波源产生的电压总谐波畸变率是：0.38kV的为2.6%，6～10kV的为2.2%，35～66kV的为1.9%，110kV的为1.5%。对220kV电网及其供电的电力用户参照本标准110kV执行。

间谐波是指非整数倍基波频率的谐波。随着分布式电源的接入、智能电网的发展，间谐波有增大的趋势。现行国家标准《电能质量公用电网间谐波》规定，1000V及以下，低于100Hz的间谐波电压含有率限值为0.2%，100～800Hz的间谐波电压含有率限值为0.5%；1000V以上，低于100Hz的间谐波电压含有率限值为0.16%，100～800Hz的间谐波电压含有率限值为0.4%。

（五）电力系统的接线图与方式

1.电力系统的接线图

电力系统的接线方式是用来表示电力系统中各主要元件相互联结关系的，对电力系统运行的安全性与经济性影响极大。电力系统的接线方式用接线图来表示，接线图有电气接线图和地理接线图两种。

（1）电气接线图

在电气接线图上，要求表明电力系统各主要电气设备之间的电气联结关系。电气接线图要求接线清楚，一目了然，而不过分重视实际的位置关系、距离的比例关系。

（2）地理接线图

在地理接线图上，强调电厂与变电站之间的实际位置关系及各条输电线的路径长度，这些都按一定的比例反映出来，但各电气设备之间的电气联系、连接情况不必详细表示。

2.电力系统的接线方式

选择电力系统接线方式时，应保证与负荷性质相适应的足够的供电可靠性；深入负荷中心，简化电压等级，做到接线紧凑、简明；保证各种运行方式下操作人员的安全；保证运行时足够的灵活性；在满足技术条件的基础上，力求投资费用少，设备运行和维护费用少，满足经济性要求。

（1）开式电力网

开式电力网由一条电源线路向电力用户供电，分为单回路放射式、单回路干线式、单回路链式和单回路树枝式等。开式电力网接线简单、运行方便，保护装置简单，便于实现自动化，投资费用少，但供电的可靠性较差，只能用于三级负荷和部分次要的二级负荷，不适于向一级负荷供电。

由地区变电所或企业总降压变电所6～10kV母线直接向用户变电所供电时，沿线不接其他负荷，各用户变电所之间也无联系，可选用放射式接线。

（2）闭式电力网

闭式电力网由两条及两条以上电源线路向电力用户供电，分为双回路放射式、双回路干线式、双回路链式、双回路树枝式、环式和两端供电式。闭式电力网供电可靠性高，运行和检修灵活，但投资大，运行操作和继电保护复杂，适用于对一级负荷供电和电网的联络。

对供电的可靠性要求很高的高压配电网，还可以采用双回路架空线路或多回路电缆线路进行供电，并尽可能在两侧都有电源。

（六）电力系统运行

1.电力系统分析

电力系统分析是用仿真计算或模拟试验方法，对电力系统的稳态和受到干扰后的暂态行为进行计算、考查，做出评估，提出改善系统性能的措施的过程。通过分析计算，可对规划设计的系统选择正确的参数，制定合理的电网结构，对运行系统确定合理的运行方式，进行事故分析和预测，提出防止和处理事故的技术措施。电力系统分析分为电力系统稳态分析、故障分析和暂态过程的分析。电力系统分析的基础为电力系统潮流计算、短路故障计算和稳定计算。

（1）电力系统稳态分析

电力系统稳态分析主要研究电力系统稳态运行方式的性能，包括潮流计算、静态稳定性分析和谐波分析等。

电力系统潮流计算包括系统有功功率和无功功率的平衡，网络节点电压和支路功率的分布等，解决系统有功功率和频率调整，无功功率和电压控制等问题。潮流计算是电力系统稳态分析的基础。潮流计算的结果可以给出电力系统稳态运行时各节点电压和各支路功率的分布。在不同系统运行方式下进行大量潮流计算，可以研究并从中选择确定经济上合理、技术上可行、安全可靠的运行方式。潮流计算还给出电力网的功率损耗，便于进行网络分析，并进一步制定降低网损的措施。潮流计算还可以用于电力网事故预测，确定事故影响的程度和防止事故扩大的措施。潮流计算也用于输电线路工频过电压研究和调相、调压分析，为确定输电线路并联补偿容量、变压器可调分接头设置等系统设计的主要参数以及线路绝缘水平提供部分依据。

静态稳定性分析主要分析电网在小扰动下保持稳定运行的能力，包括静态稳定裕度计算、稳定性判断等。为确定输电系统的输送功率，分析静态稳定破坏和低频振荡事故的原因，选择发电机励磁调节系统、电力系统稳定器和其他控制调节装置的形式和参数提供依据。

谐波分析主要通过谐波潮流计算，研究在特定谐波源作用下，电力网内各节点谐波电压和支

路谐波电流的分布，确定谐波源的影响，从而制定消除谐波的措施。

(2) 电力系统故障分析

电力系统故障分析主要研究电力系统中发生故障（包括短路、断线和非正常操作）时，故障电流、电压及其在电力网中的分布。短路电流计算是故障分析的主要内容。短路电流计算的目的是确定短路故障的严重程度，选择电气设备参数，整定继电保护，分析系统中负序及零序电流的分布，从而确定其对电气设备和系统的影响等。

(3) 电力系统暂态分析

电力系统暂态分析主要研究电力系统受到扰动后的电磁和机电暂态过程，包括电磁暂态过程的分析和机电暂态过程的分析两种。

电磁暂态过程的分析主要研究电力系统故障和操作过电压及谐振过电压，为变压器、断路器等高压电气设备和输电线路的绝缘配合和过电压保护的选择，以及降低或限制电力系统过电压技术措施的制定提供依据。

机电暂态过程的分析主要研究电力系统受到大扰动后的暂态稳定和受到小扰动后的静态稳定性能。其中，暂态稳定分析主要研究电力系统受到诸如短路故障，切除或投入线路、发电机、负荷，发电机失去励磁或者冲击性负荷等大扰动作用下，电力系统的动态行为和保持同步稳定运行的能力，为选择规划设计中的电力系统的网络结构，校验和分析运行中的电力系统的稳定性能和稳定破坏事故，制定防止稳定破坏的措施提供依据。

电力系统分析工具有暂态网络分析仪、物理模拟装置和计算机数字仿真三种。

2.电力系统继电保护和安全自动装置

电力系统继电保护和安全自动装置是在电力系统发生故障或不正常运行情况时，用于快速切除故障、消除不正常状况的重要自动化技术和设备（装置）。电力系统发生故障或危及其安全运行的事件时，它们可及时发出警告信号或直接发出跳闸命令以终止事件发展。用于保护电力元件的设备通常称为继电保护装置，用于保护电力系统安全运行的设备通常称为安全自动装置，如自动重合闸、按周减载等。

3.电力系统自动化

电力系统自动化应用各种具有自动检测、反馈、决策和控制功能的装置，并通过信号、数据传输系统对电力系统各元件、局部系统或全系统进行就地或远方的自动监视、协调、调节和控制，以保证电力系统的供电质量和安全经济运行。

随着电力系统规模和容量的不断扩大，系统结构、运行方式日益复杂，单纯依靠人力监视系统运行状态、进行各项操作、处理事故等，已无能为力。因此，必须应用现代控制理论、电子技术、计算机技术、通信技术和图像显示技术等科学技术的最新成就来实现电力系统自动化。

三、电力电子技术

（一）电力电子技术的作用

电力电子技术是通过静止的手段对电能进行有效的转换、控制和调节，从而把能得到的输入电源形式变成希望得到的输出电源形式的科学应用技术。它是电子工程、电力工程和控制工程相结合的一门技术，它以控制理论为基础、以微电子器件或微计算机为工具、以电子开关器件为执行机构实现对电能的有效变换，高效、实用、可靠地把能得到的电源变为所需要的电源，以满足不同的负载要求，同时具有电源变换装置小体积、轻重量和低成本等优点。电力电子技术的主要作用如下：

1.节能减排

通过电力电子技术对电能的处理，电能的使用可达到合理、高效和节约，实现了电能使用最优化。当今世界电力能源的使用约占总能源的40%，而电能中有40%经过电力电子设备的变换后被使用。利用电力电子技术将电能变换后再使用，人类至少可节省近1/3的能源，相应地可大大减少煤燃烧而排放的二氧化碳和硫化物。

2.电力电子技术向高频化方向发展

实现最佳工作效率，将使机电设备的体积减小到原来的几分之一，甚至几十分之一，响应速度达到高速化，并能适应任何基准信号，实现无噪声且具有全新的功能和用途。例如，频率为20kHz的变压器，其重量和体积只是普通50Hz变压器的十几分之一，钢、铜等原材料的消耗量也大大减少。

3.提高电力系统稳定性，避免大面积停电事故

电力电子技术实现的直流输电线路，起到故障隔离墙的作用，发生事故的范围就可大大缩小，避免大面积停电事故的发生。

（二）电力电子技术的特点

电力电子技术是采用电子元器件作为控制元件和开关变换器件，利用控制理论对电力（电源）进行控制变换的技术，它是从电气工程的三大学科领域（电力、控制、电子）发展起来的一门新型交叉学科。

电力电子开关器件工作时产生很高的电压变化率和电流变化率。电压变化率和电流变化率作为电力电子技术应用的工作形式，对系统的电磁兼容性和电路结构设计都有十分重要的影响，概括起来，电力电子技术有如下几个特点：弱电控制强电；传送能量的模拟-数字-模拟转换技术；多学科知识的综合设计技术。

新型电力电子器件呈现出许多优势，它使得电力电子技术发生突变，进入现代电力电子技术阶段。现代电力电子技术向全控化、集成化、高频化、高效率化、变换器小型化和电源变换绿色化等方向发展。

（三）电力电子技术的研究内容

电力电子技术的主要任务是研究电力半导体器件、变流器拓扑及其控制和电力电子应用系统，实现对电、磁能量的变换、控制、传输和存储，以达到合理、高效地使用各种形式的电能，为人类提供高质量电、磁能量。电力电子技术的研究内容主要包括以下几个方面：①电力半导体器件及功率集成电路。②电力电子变流技术。其研究内容主要包括新型的或适用于电源、节能及电力电子新能源利用、军用和太空等特种应用中的电力电子变流技术；电力电子变流器智能化技术；电力电子系统中的控制和计算机仿真、建模等。③电力电子应用技术。其研究内容主要包括超大功率变流器在节能、可再生能源发电、钢铁、冶金、电力、电力牵引、舰船推进中的应用，电力电子系统信息与网络化，电力电子系统故障分析和可靠性，复杂电力电子系统稳定性和适应性等。④电力电子系统集成。其研究内容主要包括电力电子模块标准化，单芯片和多芯片系统设计，电力电子集成系统的稳定性、可靠性等。

1.电力半导体器件

电力半导体器件是电力电子技术的核心，用于大功率变换和控制时，与信息处理用器件不同，一是必须具有承受高电压、大电流的能力；二是以开关方式运行。因此，电力电子器件也称为电力电子开关器件。电力电子器件种类繁多，分类方法也不同。按照开通、关断的控制，电力电子器件可分为不控型、半控型和全控型三类。

在应用器件时，选择电力电子器件一般需要考虑的是器件的容量（额定电压和额定电流值）、过载能力、关断控制方式、导通压降、开关速度、驱动性质和驱动功率等。

2.电力电子变换器的电路结构

以电力半导体器件为核心，采用不同的电路拓扑结构和控制方式来实现对电能的变换和控制，这就是变流电路。变换器电路结构的拓扑优化是现代电力电子技术的主要研究方向之一。根据电能变换的输入/输出形式，变换器电路可分为交流-直流变换（AC/DC）、直流-直流变换（DC/DC）、直流-交流变换（DC/AC）和交流-交流变换（AC/AC）四种基本形式。

3.电力电子电路的控制

控制电路的主要作用是为变换器中的功率开关器件提供控制极驱动信号。驱动信号是根据控制指令，按照某种控制规律及控制方式而获得的。控制电路应该包括时序控制、保护电路、电气隔离和功率放大等电路。

（1）电力电子电路的控制方式

电力电子电路的控制方式一般按照器件开关信号与控制信号间的关系分类，可分为相控方式、频控方式、斩控方式等。

（2）电力电子电路的控制理论

对线性负荷常采用PI和PID控制规律，对交流电机这样的非线性控制对象，最典型的是采用基于坐标变换解耦的矢量控制算法。为了使复杂的非线性、时变、多变量、不确定、不确知等系统，在参量变化的情况下获得理想的控制效果，变结构控制、模糊控制、基于神经元网络和模糊数学的各种现代智能控制理论，在电力电子技术中已获得广泛应用。

（3）控制电路的组成形式

早期的控制电路采用数字或模拟的分立元件构成，随着专用大规模集成电路和计算机技术的迅速发展，复杂的电力电子变换控制系统，已采用DSP、现场可编程器件FPGA、专用控制等大规模集成芯片以及微处理器构成控制电路。

（四）电力电子技术的应用

电力电子技术是实现电气工程现代化的重要基础。电力电子技术广泛应用于国防军事、工业、能源、交通运输、电力系统、通信系统、计算机系统、新能源系统以及家用电器等。

1.工业电力传动

工业中大量应用各种交、直流电动机和特种电动机。近年来，由于电力电子变频技术的迅速发展，使得交流电动机的调速性能可与直流电动机的性能相媲美。

电力电子技术主要解决电动机的启动问题（软启动）。对于调速传动，电力电子技术不仅要解决电动机的启动问题，还要解决好电动机整个调速过程中的控制问题，在有的场合还必须解决好电动机的停机制动和定点停机制动控制问题。

2.电源

电力电子技术的另一个应用领域是各种各样电源的控制。电器电源的需求是千变万化的，因此电源的需求和种类非常多。例如，太阳能、风能、生物质能、海洋潮汐能及超导储能等可再生能源，受环境条件的制约，发出的电能质量较差，而利用电力电子技术可以进行能量存储和缓冲，提高电能质量。同时，采用变速恒频发电技术，可以将新能源发电系统与普通电力系统联网。

开关模式变换器的直流电源、DC/DC高频开关电源、不间断电源（UPS）和小型化开关电源等，在现代计算机、通信、办公自动化设备中被广泛采用。军事中主要应用的是雷达脉冲电源、声呐及声发射系统、武器系统及电子对抗等系统电源。

3.交通运输工程

电气化铁道已广泛采用电力电子技术，电气机车中的直流机车采用整流装置供电，交流机车采用变频装置供电。如直流斩波器广泛应用于铁道车辆，磁悬浮列车的电力电子技术更是一项关键的技术。

新型环保绿色电动汽车和混合动力电动汽车（EV/HEV）正在积极发展中。绿色电动车的电动机以蓄电池为能源，靠电力电子装置进行电力变换和驱动控制，其蓄电池的充电也离不开电力电子技术。飞机、船舶需要各种不同要求的电源，因此航空、航海也都离不开电力电子技术。

4.绿色照明

目前广泛使用的日光灯，其电子镇流器就是一个AC-DC-AC变换器，较好地解决了传统日光灯必须有镇流器启辉、全部电流都要流过镇流器的线圈，因而无功电流较大等问题，可减少无功和有功损耗。还有利用注入式电致发光原理制作的二极管叫发光二极管，通称LED灯。当它处于正向工作状态时（即两端加上正向电压），电流从LED阳极流向阴极时，半导体晶体就发出从紫外到红外不同颜色的光线，光的强弱与电流有关。另外，采用电力电子技术可实现照明的电子调光。

电力电子技术的应用范围十分广泛。电力电子技术已成为我国国民经济的重要基础技术和现代科学、工业和国防的重要支撑技术。电力电子技术课程是电气工程及其自动化专业的核心课程之一。

四、高电压工程

（一）高电压与绝缘技术的发展

高电压与绝缘技术是随着高电压远距离输电而发展起来的一个电气工程分支学科。高电压与绝缘技术的基本任务是研究高电压的获得以及高电压下电介质及其电力系统的行为和应用。人类对高电压现象的关注已有悠久的历史，但作为一门独立的科学分支是20世纪初为了解决高压输电工程中的绝缘问题而逐渐形成的。20世纪40年代以后，由于电力系统输送容量的扩大，电压水平的提高以及原子物理技术等学科的进步，高电压和绝缘技术得到快速发展，20世纪60年代以来，受超高压、特高压输电和新兴科学技术发展的推动，高电压技术已经扩大了其应用领域，成为电气工程学科中十分重要的一个分支。

（二）高电压与绝缘技术的研究内容

高电压与绝缘技术是以试验研究为基础的应用技术，主要研究高电压的产生，在高电压作用下各种绝缘介质的性能和不同类型的放电现象，高电压设备的绝缘结构设计，高电压试验和测量的设备与方法，电力系统过电压及其限制措施，电磁环境及电磁污染防护，以及高电压技术的应用等。

1.高电压的产生

根据需要人为地获得预期的高电压是高电压技术中的核心研究内容。这是因为在电力系统中，在大容量、远距离的电力输送要求越来越高的情况下，几十万伏的高电压和可靠的绝缘系统是支撑其实现的必备的技术条件。

电力系统一般通过高电压变压器、高压电路瞬态过程变化产生交流高电压，直流输电工程中采用先进的高压硅堆等作为整流阀把交流电变换成高压直流电。一些自然物理现象也会形成高电压，如雷电、静电。高电压试验中的试验高电压由高电压发生装置产生，通常有发电机、电力变压器以及专门的高电压发生装置。常见的高电压发生装置：由工频试验变压器、串联谐振实验装置和超低频试验装置等组成的交流高电压发生装置；利用高压硅堆等作为整流阀的直流高电压发生装置；模拟雷电过电压或操作过电压的冲击电压电流发生装置。

2.高电压绝缘与电气设备

在高电压技术研究领域内，不论是要获得高电压，还是研究高电压下系统特性或者在随机干扰下电压的变化规律，都离不开绝缘的支撑。

高电压设备的绝缘应能承受各种高电压的作用，包括交流和直流工作电压、雷电过电压和内过电压。研究电介质在各种作用电压下的绝缘特性、介电强度和放电机理，以便合理解决高电压设备的绝缘结构问题。电介质在电气设备中是作为绝缘材料使用的，按其物质形态，可分为气体介质、液体介质和固体介质三类。在实际应用中，对高压电气设备绝缘的要求是多方面的，单一电介质往往难以满足要求，因此，实际的绝缘结构由多种介质组合而成。电气设备的外绝缘一般由气体介质和固体介质联合组成，而设备的内绝缘则往往由固体介质和液体介质联合组成。

过电压对输电线路和电气设备的绝缘是个严重的威胁，为此，要着重研究各种气体、液体和固体绝缘材料在不同电压下的放电特性。

3.高电压试验

高电压领域的各种实际问题一般都需要经过试验来解决，因此，高电压试验设备、试验方法以及测量技术在高电压技术中占有格外重要的地位。电气设备绝缘预防性试验已成为保证现代电力系统安全可靠运行的重要措施之一。这种试验除了在新设备投入运行前在交接、安装、调试等环节中进行外，更多的是对运行中的各种电气设备的绝缘定期进行检查，以便及早发现绝缘缺陷，及时更换或修复，防患于未然。

绝缘故障大多因内部存在缺陷而引起，就其存在的形态而言，绝缘缺陷可分为两大类。第一类是集中性缺陷，这是指电气设备在制造过程中形成的局部缺损，如绝缘子瓷体内的裂缝、发电机定子绝缘层因挤压磨损而出现的局部破损、电缆绝缘层内存在的气泡等，这一类缺陷在一定条件下会发展扩大，波及整体。第二类是分散性缺陷，这是指高压电气设备整体绝缘性能下降，如电机、变压器等设备的内绝缘材料受潮、老化、变质等。

绝缘内部有了缺陷后，其特性往往要发生变化，因此，可以通过实验测量绝缘材料的特性及其变化来查出隐藏的缺陷，以判断绝缘状况。由于缺陷种类很多、影响各异，所以绝缘预防性试验的项目也就多种多样。高电压试验可分为两大类，即非破坏性试验和破坏性试验。

电气设备绝缘试验主要包括绝缘电阻及吸收比的测量，泄漏电流的测量，介质损失角正切的测量，局部放电的测量，绝缘油的色谱分析，工频交流耐压试验，直流耐压试验，冲击高电压试验，电气设备的在线检测等。每个项目所反映的绝缘状态和缺陷性质亦各不相同，故同一设备往往要接受多项试验，才能做出比较准确的判断和结论。

4.电力系统过电压及其防护

研究电力系统中各种过电压，以便合理确定其绝缘水平是高电压技术的重要内容之一。

电力系统的过电压包括雷电过电压（又称大气过电压）和内部过电压。雷击除了威胁输电线路和电气设备的绝缘外，还会危害高建筑物、通信线路、天线、飞机、船舶和油库等设施的安全。目前，人们主要是设法去躲避和限制雷电的破坏性，基本措施就是加装避雷针、避雷线、避雷器、防雷接地、电抗线圈、电容器组、消弧线圈和自动重合闸等防雷保护装置。避雷针、避雷线用于防止直击雷过电压。避雷器用于防止沿输电线路侵入变电所的感应雷过电压，有管型和阀型两种。现在广泛采用金属氧化物避雷器（又称氧化锌避雷器）。电力系统对输电线路、发电厂和变电所的电气装置都要采取防雷保护措施。

电力系统内过电压是因正常操作或故障等原因使电路状态或电磁状态发生变化，引起电磁能量振荡而产生的。其中，衰减较快、持续时间较短的称为操作过电压；无阻尼或弱阻尼、持续时间长的称为暂态过电压。

过电压与绝缘配合是电力系统中一个重要的课题，首先需要清楚过电压的产生和传播规律，然后根据不同的过电压特征决定其防护措施和绝缘配合方案。随着电力系统输电电压等级的提高，输变电设备的绝缘部分占总设备投资的比重越来越大。因此，采用何种限压措施和保护措施，使之在不增加过多的投资前提下，既可以保证设备安全使系统可靠地运行，又可以减少主要设备的投资费用，这个问题归结为绝缘如何配合的问题。

（三）高电压与绝缘技术的应用

高电压与绝缘技术在电气工程以外的领域得到广泛的应用，如在粒子加速器、大功率脉冲发生器、受控热核反应研究、磁流体发电、静电喷涂和静电复印等都有应用。下面作简单的介绍。

1.等离子体技术及其应用

所谓等离子体，指的是一种拥有离子、电子和核心粒子的不带电的离子化物质。等离子体包括几乎相同数量的自由电子和阳极电子。等离子体可分为两种，即高温和低温等离子体。高温等离子体主要应用有温度为 10^2 ~ 10eV（1 ~ 10亿摄氏度，1eV=11600K）的超高温核聚变发电。现在低温等离子体广泛运用于多种生产领域：等离子体电视；等离子体刻蚀，如计算机芯片中的刻蚀；等离子体喷涂；制造新型半导体材料；纺织、冶炼、焊接、婴儿尿布表面防水涂层、增加啤酒瓶阻隔性；等离子体隐身技术在军事方面还可应用于飞行器的隐身。

2.静电技术及其应用

静电感应、气体放电等效应用于生产和生活等多方面的活动，形成了静电技术，它广泛应用于电力、机械、轻工等高技术领域，如静电除尘广泛用于工厂烟气除尘，静电分选可用于粮食净化、茶叶挑选、冶炼选矿、纤维选拣等，静电喷涂、静电喷漆广泛应用于汽车、机械、家用电器，静电植绒，静电纺纱，静电制版，还有静电轴承、静电透镜、静电陀螺仪和静电火箭发电机等应用。

3.在环保领域的应用

在烟气排放前，可以通过高压窄脉冲电晕放电来对烟气进行处理，以达到较好的脱硫脱硝效果，并且在氨注入的条件下，还可以生成化肥。在处理汽车尾气方面，国际上也在尝试用高压脉冲放电产生非平衡态等离子体来处理。在污水处理方面，采用水中高压脉冲放电的方法，对废水中的多种燃料能够达到较好的降解效果。在杀毒灭菌方面，通过高压脉冲放电产生的各种带电粒子和中性粒子发生的复杂反应，能够产生高浓度的臭氧和大量的活性自由基来杀毒灭菌。通过高电压技术人工模拟闪电，能够在无氧状态下，用强带电粒子流破坏有毒废弃物，将其分解成简单分子，并在冷却中和冷却后形成高稳定性的玻璃体物质或者有价金属等，此技术对于处理固体废弃物中的有害物质效果显著。

4.在照明技术中的应用

气体放电光源是利用气体放电时发光的原理制成的光源。气体放电光源中，应用较多的是辉光放电和弧光放电现象。辉光放电用于霓虹灯和指示灯，弧光放电有很强的光通量，用于照明光源，常用的有荧光灯、高压汞灯、高压钠灯、金属卤化物灯和氙灯等气体放电灯。气体放电用途极为广泛，在摄影、放映、晒图、照相复印、光刻工艺、化学合成、荧光显微镜、荧光分析、紫外探伤、杀菌消毒、医疗、生物栽培等方面也都有广泛的应用。

此外，在生物医学领域，静电场或脉冲电磁场对于促进骨折愈合效果明显。在新能源领域，受控核聚变、太阳能发电、风力发电以及燃料电池等新能源技术得到飞跃发展。

五、智能电网

所谓智能电网，就是电网的智能化，它是建立在集成的、高速双向通信网络的基础上，通过先进的传感和测量技术、设备技术、控制方法以及先进的决策支持系统技术的应用，实现电网的可靠、安全、经济、高效、环境友好和使用安全的目标。

（一）智能电网的特征

智能电网包括八个方面的主要特征，这些特征从功能上描述了电网的特性，而不是最终应用的具体技术，它们形成了智能电网完整的景象。

1.自愈性

自愈性指的是电网把有问题的元件从系统中隔离出来，并且在很少或无须人为干预的情况下，使系统迅速恢复到正常运行状态，从而最小化或避免中断供电服务的能力。更具体地说，指的是电网具有实时、在线连续的安全评估和分析能力；具有强大的预警控制系统和预防控制能力；具有自动故障诊断、故障隔离和系统自我恢复的能力。从本质上讲，自愈性就是智能电网的“免疫能力”，这是智能电网最重要的特征。自愈电网进行连续不断地在线自我评估以预测电网可能出现的问题，发现已经存在的或正在发展的问题，并立即采取措施加以控制或纠正。基于实时测量的概率风险评估将确定最有可能失败的设备、发电厂和线路；实时应急分析将确定电网整体的健康水平，触发可能导致电网故障发展的早期预警，确定是否需要立即进行检查或采取相应的措施；和本地及远程设备的通信将有助于分析故障、电压降低、电能质量差、过载和其他不希望的系统状态，基于这些分析，采取适当的控制行动。

2.交互性

在智能电网中，用户将是电力系统不可分割的一部分。鼓励和促进用户参与电力系统的运行和管理是智能电网的另一重要特征。从智能电网的角度来看，用户的需求完全是另一种可管理的资源，它将有助于平衡供求关系，确保系统的可靠性；从用户的角度来看，电力消费是一种经济的选择，通过参与电网的运行和管理，修正其使用和购买电力的方式，从而获得实实在在的好处。在智能电网中，用户将根据其电力需求和电力系统满足其需求的能力的平衡来调整其消费。同时需求响应（DR）计划将满足用户在能源购买中有更多选择，减少或转移高峰电力需求的能力使电力公司尽量减少资本开支和营运开支，并降低线损和减少效率低下的调峰电厂的运营成本，同时产生大量的环境效益。在智能电网中，和用户建立的双向、实时的通信系统是实现鼓励和促进用户积极参与电力系统运行和管理的基础。实时通知用户其电力消费的成本、实时电价、电网的状况、计划停电信息以及其他服务的信息，同时用户也可以根据这些信息制订自己的电力使用的方案。

3.安全性

无论是电网的物理系统还是计算机系统遭到外部攻击时，智能电网均能有效抵御由此造成的对电网本身的攻击以及对其他领域形成的伤害，更具有在被攻击后快速恢复的能力。

在电网规划中强调安全风险，加强网络安全等手段，提高智能电网抵御风险的能力。智能电网能更好地识别并反映于人为或自然的干扰。在电网发生小扰动和大扰动故障时，电网仍能保持对用户的供电能力，而不发生大面积的停电事故；在电网发生极端故障时，如自然灾害和极端气候条件或人为的外力破坏，仍能保证电网的安全运行；二次系统具有确保信息安全的能力和防计算机病毒破坏的能力。

4.兼容性

智能电网将安全、无缝地容许各种不同类型的发电和储能系统接入系统，简化联网的过程，类似于“即插即用”，这一特征对电网提出了严峻的挑战。改进的互联标准将使各种各样的发电和储能系统容易接入。从小到大各种不同容量的发电和储能系统在所有的电压等级上都可以互联，包括分布式电源如光伏发电、风电、先进的电池系统、即插式混合动力汽车、燃料电池和微电网。商业用户安装自己的发电设备（包括高效热电联产装置）和电力储能设施将更加容易和更加有利可图。在智能电网中，大型集中式发电厂包括环境友好型电源，如风电和大型太阳能电厂、先进的核电厂，将继续发挥重要的作用。

5.协调性

与批发电力市场甚至是零售电力市场实现无缝衔接。在智能电网中，先进的设备和广泛的通信系统在每个时间段内支持市场的运作，并为市场参与者提供充分的数据，因此电力市场的基础设施及其技术支持系统是电力市场协调发展的关键因素。智能电网通过市场上供给和需求的互动，可以最有效地管理如能源、容量、容量变化率、潮流阻塞等参量，降低潮流阻塞，扩大市场，汇集更多的买家和卖家。用户通过实时报价来感受价格的增长从而降低电力需求，推动成本更低的解决方案，并促进新技术的开发。新型洁净的能源产品也将给市场提供更多选择的机会，并能提升电网管理能力，促进电力市场竞争效率的提高。

6.高效性

智能电网优化调整其电网资产的管理和运行以实现用最低的成本提供所期望的功能。这并不意味着资产将被连续不断地用到其极限，而是应用最新技术以优化电网资产的利用率，每个资产将和所有其他资产进行很好的整合，以最大限度地发挥其功能，减少电网堵塞和瓶颈，同时降低投资成本和运行维护成本。例如，通过动态评估技术使资产发挥其最佳的能力，通过连续不断地监测和评价其能力使资产能够在更大的负荷下使用。通过对系统控制装置的调整，选择最小成本的能源输送系统，提高运行的效率，达到最佳的容量、最佳的状态和最佳的运行。

7.经济性

未来分时计费、削峰填谷、合理利用电力资源成为电力系统经济运行的重要一环。通过计费差，调节波峰、波谷用电量，使用电尽量平稳。对于用电大户来说，这一举措将更具经济效益。有效的电能管理包括三个主要的步骤，即监视、分析和控制。监视就是查看电能的供给、消耗和使用的效率；分析就是决定如何提高性能并实施相应的控制方案；通过监测能够找到问题所在，控制就是依据这些信息做出正确的峰谷调整。最大化能源管理的关键在于将电力监视和控制器件、通信网络和可视化技术集成在统一的系统内。支持火电、水电、核电、风电、太阳能发电等联合经济运行，实现资源的合理配置，降低电网损耗和提高能源利用效率，支持电力市场和电力交易系统，为用户提供清洁和优质的电能。

8.集成性

实现电网信息的高度集成和共享，实现包括监视、控制、维护、能量管理、配电管理、市场运营等和其他各类信息系统之间的综合集成，并实现在此基础上的业务集成；采用统一的平台和模型；实现标准化、规范化和精细化的管理。

（二）智能电网的关键技术

1.通信技术

能实现即插即用的开放式架构，全面集成的高速双向通信技术。它主要是通过终端传感器将用户之间、用户和电网公司之间形成即时连接的网络互动，从而实现数据读取的实时、高速、双向的效果，整体性地提高电网的综合效率，只有这样才能实现智能电网的目标和主要特征。高速、双向、实时、集成的通信系统使智能电网成为一个动态的、实时信息和电力交换互动的大型的基础设施。当这样的通信系统建成后，它可以提高电网的供电可靠性和资产的利用率，繁荣电力市场，抵御电网受到的攻击，从而提高电网价值。

2.量测技术

参数量测技术是智能电网基本的组成部件，通过先进的参数量测技术获得数据并将其转换成数据信息，以供智能电网的各个方面使用。它们评估电网设备的健康状况和电网的完整性，进行表计的读取、消除电费估计以及防止窃电、缓减电网阻塞以及与用户的沟通。

未来的智能电网将取消所有的电磁表计及其读取系统，取而代之的是各种先进的传感器、双向通信的智能固态表计，用于监视设备状态与电网状态、支持继电保护、计量电能。基于微处理器的智能表计将有更多的功能，除了可以计量每天不同时段电力的使用和电费外，还能存储电力公司下达的高峰电力价格信号及电费费率，并通知用户实施什么样的费率政策。更高级的功能还有，由用户自行根据费率政策编制时间表，自动控制用户内部电力使用的策略。对于电力公司来说，参数量测技术给电力系统运行人员和规划人员提供更多的数据支持，包括功率因数、电能质量、相位关系、设备健康状况和能力、表计的损坏、故障定位、变压器和线路负荷、关键元件的温度、停电确认、电能消费和预测等数据。

3.设备技术

智能电网广泛应用先进的设备技术，极大地提高输配电系统的性能。未来的智能电网中的设备将充分应用最新的材料，以及超导、储能、电力电子和微电子技术方面的研究成果，从而提高功率密度、供电可靠性和电能质量以及电力生产的效率。

未来智能电网将主要应用三个方面的先进技术：电力电子技术、超导技术和大容量储能技术。通过采用新技术和在电网和负荷特性之间寻求最佳的平衡点来提高电能质量。通过应用和改造各种各样的先进设备，如基于电力电子技术和新型导体技术的设备，来提高电网输送容量和可靠性，这是解决电网网损的绝佳办法。配电系统中要引进许多新的储能设备和电源，同时要利用新的网络结构，如微电网。

4.控制技术

先进的控制技术是指智能电网中分析、诊断和预测状态，并确定和采取适当的措施以消除、减轻和防止供电中断和电能质量扰动的装置和算法。这些技术将提供对输电、配电和用户侧的控制方法，并且可以管理整个电网的有功和无功。从某种程度上说，先进控制技术紧密依靠并服务于其他几个关键技术领域。未来先进控制技术的分析和诊断功能将引进预设的专家系统，在专家系统允许的范围内，采取自动的控制行动。这样所执行的行动将在秒级水平上，这一自愈电网的特性将极大地提高电网的可靠性。

（1）收集数据和监测电网元件

先进控制技术将使用智能传感器、智能电子设备以及其他分析工具测量的系统和用户参数以及电网元件的状态情况，对整个系统的状态进行评估，这些数据都是准实时数据，对掌握电网整体的运行状况具有重要的意义，同时还要利用向量测量单元以及全球卫星定位系统的时间信号，来实现电网早期的预警。

（2）分析数据

准实时数据以及强大的计算机处理能力为软件分析工具提供了快速扩展和进步的能力。状态估计和应急分析将在秒级而不是分钟级水平上完成分析，这给先进控制技术和系统运行人员预留足够的时间来响应紧急问题；专家系统将数据转化成信息用于快速决策；负荷预测将应用这些准实时数据以及改进的天气预报技术来准确预测负荷；概率风险分析将成为例行工作，确定电网在设备检修期间、系统压力较大期间以及不希望的供电中断时的风险的水平；电网建模和仿真使运行人员认识准确的电网可能的场景。

（3）诊断和解决问题

由高速计算机处理的准实时数据可使专家诊断系统来确定现有的、正在发展的和潜在的问题的解决方案，并提交给系统运行人员进行判断。

（4）执行自动控制的行动

智能电网通过实时通信系统和高级分析技术的结合使得执行问题检测和响应的自动控制行动成为可能，它还可以降低已经存在问题的扩展，防止紧急问题的发生，修改系统设置、状态和潮流以防止预测问题的发生。

（5）为运行人员提供信息和选择

先进控制技术不仅给控制装置提供动作信号，而且也为运行人员提供信息。控制系统收集的大量数据不仅对自身有用，而且对系统运行人员也有很大的应用价值，而且这些数据可辅助运行人员进行决策。

5.决策支持技术

决策支持技术将复杂的电力系统数据转化为系统运行人员一目了然的可理解

的信息，因此动画技术、动态着色技术、虚拟现实技术以及其他数据展示技术可用来帮助系统运行人员认识、分析和处理紧急问题。

在许多情况下，系统运行人员做出决策的时间从小时缩短到分钟，甚至到秒，这样智能电网需要一个广阔的、无缝的、实时的应用系统和工具，以使电网运行人员和管理者能够快速地做出决策。

（1）可视化

决策支持技术利用大量的数据并将其处理成格式化的、时间段和按技术分类的最关键的数据给电网运行人员，可视化技术将这些数据展示为运行人员可以迅速掌握的可视的格式，以便运行人员分析和决策。

（2）决策支持

决策支持技术确定了现有的、正在发展的以及预测的问题，提供决策支持的分析，并展示系统运行人员需要的各种情况、多种的选择以及每一种选择成功和失败的可能性等信息。

（3）调度员培训

利用决策支持技术工具以及行业内认证的软件的动态仿真器将显著地提高系统调度员的技能和水平。

（4）用户决策

需求响应（DR）系统以很容易理解的方式为用户提供信息，使他们能够决定如何以及何时购买、储存或生产电力。

（5）提高运行效率

当决策支持技术与现有的资产管理过程集成后，管理者和用户就能够提高电网运行、维修和规划的效率和有效性。

第二节　电气工程自动化

一、电气工程及其自动化技术的概述

电气工程及其自动化技术与生活是息息相关的，已经渗透到我们生活的方方面面。

电气工程及其自动化是以电磁感应定律、基尔霍夫电路定律等电工理论为基础，研究电能的产生、传输、使用及其过程中涉及的技术和科学问题。电气工程中的自动化涉及电力电子技术、计算机技术、电机电器技术信息与网络控制技术、机电一体化技术等诸多领域，其主要特点是强弱电结合、机电结合、软硬件结合。电气工程及其自动化技术主要以控制理论、电力网理论为基础，以电力电子技术、

计算机技术则为其主要技术手段，同时也包含了系统分析、系统设计、系统开发以及系统管理与决策等研究领域。控制理论是在现代数学、自动控制技术、通信技术、电子计算机、神经生理学诸学科基础上相互渗透，由维纳等科学家的精炼和提纯而形成的边缘科学。它主要研究信息的传递、加工、控制的一般规律，并将其理论用于人类活动的各个方面。将控制理论和电力网理论相结合，应用于电气工程中，有利于提高社会生产率和工作效率，节约能源和原材料消耗，同时也能减轻体力、脑力劳动，改进生产工艺等。

在实际的电气工程及其自动化技术的设计中，应该从硬件和软件两个方面来进行考虑。通常情况下，都是先进行硬件的设计，根据实际的工业控制需要，针对性地选择电子元器件。首先应该设置一个中央服务器，并采用先进的计算机作为系统的核心，然后选择外围的辅助设备，如传感器、控制器等，通过线路的连接，组建成一个完整的系统。在实际的设计时，除了要遵循理论上的可行外，还应该注意现实中的可行性。由于生产线是已经存在的，自动化控制系统的设计，必须在不改变生产型的基础上进行，对硬件设备的安装有很高的要求，如果设备的体积较大，就可能影响正常的加工，要想使设计的控制系统能够稳定地工作，设计人员必须进行实地的考察，然后结合实际的情况，对设备的型号进行确定。在硬件设计完成之后，还要进行软件系统的设计，目前市面上有很多通用的自动化控制系统软件，但是为了最大程度地提高自动化水平，企业通常都会选择一些软件公司，根据硬件安装和企业生产的情况等，进行针对性的软件设计。

二、电气工程及其自动化的应用分析

（一）电气工程及其自动化技术应用理论

电气工程及其自动化技术是随着工业的发展，而逐渐形成的一门学科，从某种意义上来说，电气工程及其自动化技术，是为了满足实际生产的需要，在传统的工业生产中，采用的主要是人工的方式，虽然机械设备出现后，人们可以操控机器来进行生产，极大地提高了生产效率。但是经济的发展速度更快，对产品的需求量越来越大，在这种背景下，仅仅依靠操作机器的生产方式，已经无法满足市场的需要，必须进一步提高生产效率。为了达到这个目的，很多企业都实行了二十四小时生产，通过实际的调查发现，采用这样的生产方式，机器可以不停地运转，操作人员却需要足够的时间休息，因此必须增加企业的员工，这样就提高了生产的成本。在市场竞争越来越激烈的今天，企业要想获得更多的效益，必须对生产的成本进行控制，于是有人提出了让机器自行运转的概念，这就是自动化技术。

（二）强化电气工程及其自动化的应用措施

1.强化数据传输接口建设

在应用电气工程自动化系统的时候，数据传输功能发挥着至关重要的作用，一定要进行高度的重视。只有提高系统数据传输的稳定性、快捷性、高效性与安全性，才可以保证系统运行的有效性。在进行数据传输强化的时候，一定要重视数据传输接口的建设，这样才可以保证数据传输的高效、安全。在建设数据传输接口的时候，一定要重视其标准化，利用现代技术处理程序接口问题，并且在实际操作中进行程序接口的完美对接，降低数据传输的时间与费用，提高数据传输的高效性与安全性，实现电气工程自动化的全面落实。

2.强化技术创新，建立统一系统平台，节约成本

电气工程自动化是一项比较综合化的技术，要想实现其快速发展，就一定要加强对技术的投入，突破技术瓶颈，确保电气工程自动化的有效实现。所以，在进行建设与发展电气工程自动化的时候，一定要加强系统平台的建设，结合不同终端用户的需求，对自身运行特点展开详细的分析与研究，在统一系统平台中展开操作，满足不同终端用户的实际需求。由此可以看出，建立统一系统平台，是建设与发展电气工程自动化的首要条件，也是必要需求。

3.加强通用型网络结构应用的探索

在电气工程自动化建设与发展过程中，通用型网络结构发挥着举足轻重的作用，占据了十分重要的地位，可以有效加强生产过程的管理与技术监控，并且对设备进行一定的控制，在统一系统平台中，可以有效提高工作效率，保证工作可以更加快捷地完成，同时增强工作安全性。

三、电气工程自动化节能环保技术

当前，各领域运用电气工程自动化技术均取得了一定的成就，如能够有效减少人工劳动数量和人力成本，从根本上减少人为操作误差，全面提升单位时间内的工作效率等，这些均极大促进了企业建设经济价值的提升。对此，若能将环保节能技术与电气工程自动化技术结合到一起，以此形成新的自动化节能环保技术，势必更让电子工程自动化技术的优势最大化，继而助力节能环保技术更好地推广。

（一）电气工程自动化节能环保技术的应用作用

当前电气工程自动化系统逐步被应用到现代社会的各个领域中。对此，若能在使用电气工程自动化系统的同时融入节能环保技术的优势，便能够有效降低电力资源的消耗，有效保障电力资源的供应需求，从而为现代人们创造更好的生产环境和生活环境同时，在电气工程自动化系统中引入节能环保技术，还能为各个

设备运行的安全及可靠性提供保障，继而在节约电气工程自动化运行的成本同时也能帮助电力企业获取更高的经济收益。

1.有利于更好地满足环保节能的实际要求

对于电气工程项目建设而言，绿色环保建设主要是为了更好地满足宏观的政策性要求，全面提升电气工程建设的质量。通常在电气工程自动化建设的过程中，通过充分发挥绿色环保技术的作用，保证施工建设人员充分利用不同的环保设备，这样才能够保证电气工程在不断运行的过程中更好地满足绿色环保的要求。

2.有利于资源能源得到充分利用

电气工程项目在建设过程中的主要目标就是让资源和能源得到充分利用。因此，为了有效保证电气运行的质量，通过将节能环保技术合理地应用到电气工程自动化运行过程中，有效减少电气工程的能源和资源应用量，让电子设备功率及相关系统在单位时间内的运行效率得到全面提升。不仅如此，电气工程项目建设过程中非常关键的一个技术，通过分析自动化系统的运行状态我们还可得知，其运行过程主要依仗多元化的能力及资源。对此，若能将节能环保技术的优势发挥出来，势必能进一步增强电气自动化系统的运行稳定性，继而也让电气化自动技术的优势得以充分凸显。

3.有利于加大对系统运行的安全保障力度

要想进一步提升电气自动化系统的运行效率，最重要的前提需是为当前电子工程自动化系统运行的稳定性提供保障。因此，保障电子工程自动化系统的运行安全将是促进技术发展的首要之务。而为切实增强电子工程自动化系统的运行安全及稳定，合理引用绿色环保的技术及设备当是关键。因此，为促进电子工程自动化系统的有效发展，加大对节能环保技术的探索亦具有重大的现实意义。例如，在电气工程自动化系统中合理引入节能环保技术，通过优化电压器设备，让这个设备的节能环保作用能够充分发挥出来，切实增强自动化设备的应用效果，有效保证自动化设备的安全性和稳定性。此外，根据无功补偿原理的内容，合理地对有限的能源消耗状态进行调配，保证自动化系统安全运行，从而最大限度提升电气工程自动化系统的能源利用效率。

（二）电气工程自动化节能技术的应用措施

1.设计无功补偿设备

通常，在电气工程自动化设备运行过程时都将面临这样一大问题，即配电系统的能源消耗问题十分严重，且因大量无功功率的形成而需要人员来实时进行电压控制，这样才能规避自动化系统内所出现的无功功率。与此同时，在整个配电系统运行时，因前期设计所遵循原理为电子感应，故为保证旋转磁场的运行稳定，也要根据实际情况构建完善的旋转磁场。这样转子在稳定运行的过程中，让电动机真正完成机械运动网。至于无功补偿配电系统的具体组成则主要包含了电力负荷、配输电线路、升降变压器几个重要部分。

在电子工程自动化系统实际运行过程中，变压器的主要作用便是能获取到对应的电压，以便做到多变压器的有效控制。倘若变压器的运行过程缺少了无功功率的作用，则会导致变压器真正成为变压操作，进而导致系统运行过程无法有效控制变压器，以致对整个电网的运行带来严重的负面影响。因此，为避免出现无功倒送及震荡隐患等问题，对客观方面内容的研究亦十分有必要，若能清楚指挥导致无功功率下降的原因，则能将所有的电抗器并联到一起，再通过对投切参数的明确并选择对应的无功功率的标准，便可轻松达成以上目标，继而保障电子工程自动化系统整体的运行安全。

2.降低运输过程能源消耗

通过将绿色环保技术合理的引入电气工程的自动化系统运行过程中，便能够更好地满足社会宏观方面的环保节能要求，有效提升整个电气工程的建设质量。其中，施工建设人员需针对工程项目自动化系统在整个运行阶段中的实际情况合理应用环保设备，这样便能够保证电气工程在运行的过程中符合绿色环保的要求，让电气工程项目建设的作用更好地发挥出来。

电能在实际传输中，内阻将导致部分电能被消耗，而电能消耗的过程又是以导向为主要的能源消耗设备。因此，在导线电阻数值越高的情况下，其所消耗的能源也便越多。对此，要想减少导向内阻对能源的消耗，可从加大导线内阻与传导输出点之间的距离入手，这样便能让电压数值呈现出逐步下降的趋势。同时，为避免出现因电压下降而导致电能传导内标准功率及电压耗损的情况出现，电力企业还应从导线电阻率入手，通过提升导线的横截面来让导线材料的电阻降低。而若导线与设备之间的距离较远，则应尽量选择距离最短的导线来缩短电路的距离，从而真正实现降低能源消耗的目标。

3.合理选择变压器

通常变压器在选择的过程中应该尽量选择合适的，避免所选择的变压器过大或者是过小。当选择变压器的负荷系数之后，下一步便是要根据实际确定变压器的额定功率比值。而考虑到电子工程自动化系统的运行过程，最主要的能耗来源便是变压器，而材料内容又将直接影响到能耗的具体数值。因此，为让变压器性能发挥到极致，具体运用时还需根据现实需求来对两种不同的变压器类型作出合理选择，也便是在电气变压器与特殊变压器中选择其一。当然，在此过程中，必须根据电子感应原理来合理调整交流电压装置，尤其是线圈、铁芯几个重要组成部分，因其直接关系到变压器的电压转变及电流转换两大性能，故必须引起高度

重视

例如，为保障所选变压器设备能够最大限度满足电子工程自动化系统的运行要求，除了要选择具备节能功能的变压器产品外，变压器的质量负载能力亦是重要的参考标准之一。若还能同时满足成本控制的要求，也便有了更为广阔的运用范围。除此之外，对变压器的选择还有一审视重点，那便是其对电流指标的控制状况，必须要做好对电流平衡状态的良好维持，方能减轻能源消耗，从而在实现电流平衡的状态下更好地保护变压器设备，真正达到节能环保的目标。

4.设置滤波器

滤波器属于一种就波开展的过滤器件。其在电子工程自动化系统的运用功能亦是能让系统的能源消耗问题得以降低。因此，需要将滤波器合理地应用到系统中。波属于是一种广泛的物理概念，所以在电子技术领域的发展过程中，波的具体运用也十分多样化。诸如从狭义的角度来看，波可作为不用物理量数值及时间转变过程的具体表现形式，而有了具体的表现形式，也便能借助不同类型的传感器来获取具体的电压及电流时间等数值。基于此，波也通常被视作衡量不同类型物理量的信号。对此，若能将滤波器的作用在电子工程自动化系统中充分发挥出来，非但能够减轻谐波对电气设备的影响，且电气设备运行时出现传输错误指令的概率也能全面降低，继而在提升电气设备的运行实效性同时也能促进节能环保目标的顺利实现。

综上所述，将滤波器合理运用到电子工程自动化系统之中，不仅能最大限度减少电子设备运行时出现指令错误、传输问题的出现概率，也能让谐波对设备的负面影响得以有效降低。不仅如此，谐波器的合理使用还能避免设备出现运行误差，继而提升电气设备的运行效率，同时也能让电气工程自动化系统的节能环保作用得以全面增强，继而切实满足绿色、环保的大环境发展要求。

5.加强送电线路维护

维护送电线路主要包含了几项重要工作，分别是巡视送电线路、清理线路物污渍以及接地电阻测量。对此，为保证良好的送电线路维护效果，除了需确保送电线路的运行规范外，相关单位也要及时根据反馈信息履行相关职责，这样便能够对电气工程的自动化应用效果产生具有显著性的影响。同时，相关部门还需要定期对电路进行检测与维修，以此保证电气工程自动化系统在环保效果的基础上能够有效提升电气工程的工作效率。

6.合理应用可再生能源

可再生能源主要指的是自然界中存在的一些永续可应用的不断再生能源。通常可再生能源具有取之不尽用之不竭的特点，如太阳能、风能、水能、地热能和海洋能等。尤其是当前广大人民对能源的需求量呈现出不断提高的趋势背景下，通过全面开发可再生资源便能够更好地满足广大人民的能源需求。一般可再生能源对环境所造成的影响比较小，但关于资源的划分比较广泛，非常适合进行开发利用。因此，通过在电气工程自动化系统中合理地应用可再生能源，便能够推动环保工作有序开展，从而有效提升现代社会经济的发展水平。

7.加强照明设备的节约用电

通常，在照明设备运行时亦极有可能出现能耗过高的状况，所以为了能够更好地满足节能环保的要求，合理引进照明设备亦是维护电子工程自动化系统高效运行所必须关注的要点，这样才能全面落实节能环保理念，保证照明设备设计的合理性，进而最大限度降低电气工程自动化系统的运行成本。尤其是根据相关的调查内容，一般大型工程在引入节能设备之后，将能使自身的能源消耗数量显著减少。同时，在照明设备的实际选择过程中，当灯具的节能环保标准与国家的标准内容相符合的情况下，则可以尽量选择一些功耗较小的灯具，这样才能够最大限度降低电气工程自动化系统的运行成本。

四、电气工程自动化中智能感知技术的应用

（一）智能感知技术概述

在电气工程中，特别是电气工程自动控制系统中，智能技术的应用就是将智能化和信息化紧密结合，利用计算机终端实现电气设备的自动化控制、诊断、决策、运行。智能感知技术在电气工程中的应用价值主要有以下几个方面。

1.数据获取更方便、全面

电气工程中设备种类繁多，工作条件复杂，数据获取困难，利用先进传感器及传感网络可以方便、准确、全面地获取系统各项数据。

2.数据处理能力得到根本性突破

电气工程系统中的数据比较复杂，而且数据之间的关系的处理也比较难以让人理解。智能感知中的数据融合技术能够高效、准确地处理数据关系。

3.电气工程系统实现自动调控

在电气工程中引入机器视觉等智能感知技术能够实现电气工程操作的自适应，也就是说能够根据外界环境的变化而对操作做出调整，以此来适应变化发展的环境。比如智能控制系统中通过布置温度传感器及相应的自动控制系统能够对系统温度进行调节，当机器操作到一定阶段后会造成机器的升温，智能系统则会自动调控电气设备中的散热装置，当温度降低到适宜数据时又会自动关闭散热装置。

4.电气工程系统实现自我决策

智能感知技术还能够根据外界的刺激反应不同而自我生成不同的决策行为，

从而具有一定的决策能力。在电气工程自动控制系统中，智能感知技术自我决策最突出的表现便是故障的诊断。电气故障是电气工程系统中必然会出现的一个局面，我们不能保证零故障，但我们能够运用智能化技术实现故障的最快诊断。利用智能化技术，能够及时发现电气设备中的故障源，及时对故障的原因进行分析，并自我决策，做出解决故障的命令。

（二）多传感器数据融合技术在变压器故障诊断中的应用

在电力系统中，大型变压器运行出现异常的情况时有发生，对电网的安全运行造成了严重威胁。变压器故障诊断是根据故障现象确定其产生原因，通过检测信息，判断故障类型和故障程度，为状态维修提供智能化的决策。新的理论和方法应用于电力设备故障诊断的研究越来越多。

1.变压器故障诊断

变压器故障诊断：对要发生或已发生的故障进行预报和分析、判断，确定故障的性质和类型。变压器故障诊断是根据状态监测所获得的信息，结合已知的参数、结构特性和环境条件获得的信息。故障诊断方法很多，气体色谱分析法、绝缘监测法及低压脉冲响应、脉冲频谱和扫频频谱法等，这些方法在实际应用中不断地完善。

2.故障诊断与数据融合的关系

对于故障监测、报警与诊断系统，数据层的融合包括多传感器系统反映的直接数据及其必要的预处理或分析等过程，如信号滤波、各种谱分析、小波分析等。特征层包括对数据层融合的结果进行有效的决策，大致对应各种故障诊断方法。决策层对应故障隔离、系统降额使用等针对诊断结果所做的各种故障对策。

传感器系统（或分布式传感器系统）获得的信息存入数据库，进行数据采集，并进行检测层的数据融合，实现故障监测、报警等初级诊断功能。特征层融合需要检测层的融合结果及变压器诊断知识的融合结果。诊断知识包括各种先验知识及数据采掘系统得到的有关对象运行的新知识。结合诊断知识融合结果和检测层的数据融合结果，进行特征层数据融合，实现故障诊断系统中的诊断功能。

决策层融合的信息来源是特征层的数据融合结果和对策知识融合的结果，根据决策层数据融合的结果，采取相应的故障隔离策略，实现故障检测、故障诊断等。故障诊断系统的最终目的就是故障状态下的对策。

3.变压器故障诊断系统结构

变压器故障诊断系统包括数据融合、知识融合及由数据到知识的融合。先融合处理来自多传感器的数据，将融合后的信息及来自变压器本体和其他方面的信息，按照一定的规则推理，即进行知识融合，同时将有关信息存入数据库系统，为利用数据采掘技术发现知识做必要的数据储备。然后利用大量的数据，从中发现潜在而未知的新知识，并根据现有的运行状态来修正原有的知识，实现更迅速、准确、全面的故障监测、报警和诊断。

监测诊断系统在使用中时常发生虚警、误报、漏报等情况，除了在监测原理和设备硬件方面可能存在缺陷外，另一原因是对监测信息缺乏综合统一的分析和判断。这种对监测信息处理不当的主要表现是：①设备状态或故障的信息群出现了矛盾；②信息处理方法与信息数据之间的不匹配；③存在环境及其变化的干扰信息。从对信息的获取、变换、传输、处理、识别的整个过程来看，缺少“融合”环节，所获取的信息源越多，发生信息矛盾及信息熵增的可能性越大，所以必须进行信息融合。

根据变压器故障以及信息融合技术的特点，在变压器故障诊断系统中，采用信息融合故障诊断模型。由于变压器监测的实时性要求，在模型中，应遵循时域快速特征提取准则进行特征提取，有效表述状态的特征数据，形成统一的特征表述，以便数据匹配和特征关联的一致性，保证信息融合的成功。特征信息与变压器故障信息间存在一定的关联性质，它依赖于故障机理等内在因素。采用匹配知识规则，引入模糊推理进行决策融合和故障诊断。

引起变压器故障原因的多样性、交叉性，仅根据单一的原因或征兆，采用一种方法和参数难以对故障进行可靠准确的诊断，多传感器能提供变压器多方面的信息，向多传感器信息融合发展是必然之路。信息融合技术应用于变压器故障诊断，将对提高诊断结果的可靠性和准确性发挥重要作用。

（三）机器视觉在包装印刷中的应用

1.机器视觉印刷检测系统概述

随着现代科技和信息技术的发展，人们在日常生活和工作中越来越离不了各种印刷品，例如书刊、报纸、杂志、生活中的产品包装以及纸币，人们的生活和这些印刷品息息相关。伴随着社会的进步，人们对印刷品质量和印刷效率有了更高的要求。然而，在印刷过程中，由于印刷工艺及机械精度等原因，印刷品常会出现这样或那样的缺陷，从而导致印刷次品的出现。常见的印刷品缺陷主要有：飞墨、针孔、偏色、漏印、黑点、刮擦、套印不准等。这些缺陷的检测以前普遍采用的是人工目测的手段，劳动强度大，费时费力，检测标准不统一。特别是随着印刷速度的提高，已逐渐无法满足生产的需求。因此，印刷品缺陷的自动检测逐渐成为行业的趋势。一般印刷品的质量有以下几个控制要素：①颜色：颜色是产品质量的基础，直接决定了产品质量的优劣；②层次：即阶调，指图像可辨认的颜色浓淡梯级的变化，它是实现颜色准确复制的基础；③清晰度：指的是图像的清晰程度，包括三个方面：图像细微层次的清晰程度、图像轮廓边缘的清晰程度以及图像细节的清晰程度；④一致性：一方面指同一批次的印刷品不同部位，即不同墨区的墨量的一致程度，一般用印刷品纵向和横向实地密度的一致程度来衡量，它反映了同一时间印刷出来的印刷品不同部位的稳定性；另一方面指的是不同批次的印刷品在同一个部位的密度的一致程度，它反映了印刷机的稳定性。

机器视觉印刷检测系统根据待测图像中像素的灰度值或灰度分布特征等与对应的标准图像进行对比，判定待测图像中是否存在色差、斑点、条痕、套印偏差等印刷缺陷。

在实际检测过程中，印刷缺陷检测的精确度很难达到100%，这主要受检测工艺、图像处理算法、外界环境以及机器视觉硬件设备的影响。在实际应用中，只要检测精度在一定误差范围内，便可认为待测产品为合格产品，也就是说只要待测产品表面在色度或灰度上与标准图像相比较时的差异保持在一定程度之内，便认为待测图像不存在缺陷。在处理算法中通常采用规定色度或灰度差阈值的办法，设定误差允许范围，该阈值大小可根据检测精度的要求和订单客户的要求决定，也可通过对采集的待测图像进行离线实验分析来进行标定。

2.系统设计

通过飞达装置递送纸张，通过传送装置在输纸台上匀速传送纸张，由编码器根据传输速度控制相机曝光时间，并由光源、相机设备、图像采集卡等图像采集设备实时采集输纸台上传输的印品图像，之后由PC机中开发的检测系统实现对印品图像质量的分析与检测，判定印品是否存在缺陷，若印品存在缺陷，由分拣装置分离有缺陷的印品，若印品无缺陷，则继续传送，最后由收纸装置收纸，完成整个印品的质量检测操作。

硬件系统的设计涉及硬件设备的选型与结构方案的设计。机器视觉硬件系统的设备主要有工业镜头、相机、图像采集卡与工业光源等。硬件设备的性能决定了图像采集单元采集图像的质量、采集速度、精度与稳定性。适当地选择光源与设计照明方案，使图像的目标信息与背景信息得到最佳分离，可以大大降低图像处理算法分割、识别的难度，同时提高系统的定位、测量精度，使系统的可靠性和综合性得到提高。

（四）机器视觉在工业机器人工件自动分拣中的应用

随着机器人与自动化技术不断向前发展，越来越多的工业机器人被应用于搬运、装配、分拣、码垛、喷涂等工业现场，代替人类完成那些危险、枯燥或者繁重的工作。然而，目前工厂实际应用的工业机器人绝大部分仍是以示教——再现的工作方式运行，缺乏对外部信息的了解，无法根据外部条件变化实时地调整其运动轨迹，缺乏灵活性和适应性。

1.系统设计

基于机器视觉的工业机器人工件自动分拣系统首先利用机器视觉技术获得工件的几何中心、形状、颜色和旋转角度信息，然后规划出最优抓取顺序和最优路径，最后根据上述信息驱动工业机器人抓取工件，并移动到目标位置放下工件。首先由工业相机采集工件的静态图像，然后由PC对其进行预处理，包括灰度变换、二值变换、形态学及多目标分块，接着检测出工件的几何中心、形状、颜色和旋转角度，PC得到上述信息后对路径进行优化，得到最优的抓取路径，最后通过TCP通信来控制工业机器人完成工件的分拣操作。

本系统的实验平台由内圆和外环两部分组成，材质均为硬塑料。内圆有9个孔位，正三角形、正五角星形和圆形各3个。其中外环是可旋转的，而内圆是固定不动的。工件共有9个，正三角形、圆形、五角星形各3个，每种形状的工件又有蓝色、黄色和橙色各1个。所有工件由上、下两部分构成：上半部分分为三棱柱、圆柱和上下底面为正五角星形的柱体，材质均为铁磁体；下半部分均为底面积较小的圆柱体，材质为硬塑料。

分拣任务描述：初始状态下，9个工件均放置于外环上，摆放顺序是任意的，同时由于外环不固定，所以外环上工件的朝向与内圆相应孔位存在一定的夹角。分拣任务是利用机器人在最短时间内抓取9个工件，并放回到内圆中颜色、形状匹配的位置。

2.算法设计

（1）摄像机标定

摄像机标定是建立像素点与场景点之间对应关系的求解过程。通过标定可从图像坐标中还原出其在三维场景中的物理位置。视觉系统主要由摄像机、图像采集卡及计算机组成。

（2）图像预处理

一般情况下，受采集环境及设备的影响，图像采集装置获取的图像往往含有各种各样的噪声，不能直接用于图像识别。图像预处理是图像识别过程的一个必要环节，目的是最大限度地消除图像中无关的信息，以便于更准确地提取图像有用信息，其效果的好坏对特征提取和识别结果有着至关重要的影响。图像预处理主要包括灰度变换、二值变换、形态学处理和多目标分块处理四个环节。

相机获取的图像一般为RGB彩色图像，由R、G、B三个分量表示，若每个分量是8bits，那么表示一个像素点需要24bits，因此彩色图像的信息量较大，不利于图像的后续处理。结合系统的实时性需求，本案例需对彩色图像进行灰度变换，即将彩色图像转化为灰度图像。为了在灰度图像中可以区分不同颜色的工件，采用文献的方法将彩色图像转化为灰度图像，使灰度图像保留彩色图像的亮度、色度和饱和度信息。

（3）图像识别

①几何中心识别。

在工件的分拣操作中，工件的位置信息通常采用质心坐标来表示，从而方便机械手臂抓取目标工件。首先保存每个目标的外接矩形四个顶点坐标，然后针对单一目标采用如下公式得到质心坐标。

②颜色识别。

针对红、黄、蓝三种颜色工件的识别，本案例首先在图像预处理和几何中心识别的基础上，得到各个工件的几何中心，然后在未预处理的彩色图像中，找到这些几何中心所对应的像素点，最后将几何中心处像素点的颜色作为当前目标的颜色。

③形状识别。

形状是人类视觉系统分析与识别物体的基础。本案例采用基于边界的边缘曲线等价方法来识别规则几何工件的形状。边缘等价曲线不受形状旋转或畸变的影响，故这种方法具有较好的鲁棒性。通常情况下，形状边界上的点用笛卡尔坐标表示，由于形状边缘一般为封闭曲线，所以也可以用极坐标表示。

④旋转角度识别。

工件形状识别完成后，下一步需计算工件的旋转角度，而角点是最适合计算工件旋转角度的特征。由于Harris算法具有旋转不变性、尺度不变性与准确性高等优点，因此本案例采用Harris算法来计算工件的旋转角度。尽管Harris算法是一种经典的角点检测算法，应用非常广泛，但在实际应用中，受光照、对比度等因素的影响，该算法容易检测出伪角点或漏检角点，因此仅仅依靠Harris算法并不能准确地得出规则几何工件的旋转角度。在前述形状识别的基础上，本案例首先选取位于目标工件外接矩形上的角点（此角点为正确角点），然后分别计算各角点与几何中心连线的偏转角度，最后取各旋转角度的平均值作为此工件的旋转角度，从而使其不受伪角点或者漏检角点的影响。

3.路径规划

为了减少工业机器人工件分拣的时间，提高分拣效率，需要对机器人的分拣进行合理的路径规划，即获取最优路径。本案例采用的工业机器人其运行速度固定，并按直线运动，机械手从原点出发，需要遍历所有工件一次并返回原点，因而，该路径优化问题就转换为典型的旅行商问题。

第六章　电气自动化控制技术与应用

第一节　电气自动化控制技术

一、电气自动化控制技术发展

（一）电气自动化控制技术发展的意义

随着我国人民生活水平的不断提高，人们越来越重视电气自动化控制系统的应用。电气自动化控制技术具有很多优点，比如智能化、节约化、信息化等。电气自动化技术给人们的生活和工作带来了极大的便利，对社会经济的不断发展发挥着非常重要的作用。时代在进步，社会在发展，因此，为了跟上市场发展的需求，我国政府应该加大对电气自动化控制系统的投入力度，使电气自动化控制系统功能变得更加强大，保证电气自动化控制系统朝着开放化、智能化方向发展。

（二）电气自动化控制系统的发展趋势

随着经济社会的发展、信息技术的进步以及网络技术的进一步发展，计算机在未来电气工程发展中的作用日益突出。与此同时，Internet技术、以太网以及服务器体系结构等引发了电气自动化的一场场革命。市场需求的不断增大使得自动化与IT平台不断融合，电子商务也不断普及，这又促使这一融合不断加快。在当前信息时代，多媒体技术以及Internet技术在自动化领域中具有非常广泛的应用前景。电气企业的管理人员可以通过标准化的浏览器来存取企业中重要的管理数据，而且也可实时监控生产过程中的动态画面，从而及时了解准确而全面的生产信息。除此之外，视频处理技术以及虚拟现实技术的应用对将来的电气自动化产品，比如说设备维护系统以及人机界面的设计产生非常重要的影响。这就使得相应的通信能力、软件结构以及组态环境的重要性日益突出，电气自动化控制系统中软件的重要性也逐渐提高。电气自动化控制系统将从过去单一的设备逐渐朝着集成的系统方向转变。

1.注重开放化发展

在电气自动化控制系统研究中，相关研究人员应该注重开放化发展。目前，随着我国计算机技术水平的不断发展，相关研究人员都把电气自动化与计算机技术有效地结合在一起，促进了计算机软件的不断开发，使得电气自动化控制技术朝着集成化方向发展。与此同时，随着我国企业的运营管理自动化的不断发展，ERP系统集成管理理念被引起了广泛的关注。ERP系统集成管理主要指的就是把所有的控制系统和电气控制系统互相连接起来，从而实现对系统信息数据的有效收集和整理。另外，电气自动化控制系统还有很多的优点，不仅能够实现信息资源的共享性，还能提高企业的工作效率，这在一定程度上体现了电气自动化控制的全面开放化发展。最后，以太网技术也给电气自动化控制系统带来了很大的改变，从而使得电气自动化控制系统在多媒体技术和网络的共同参与下拥有了更多的控制方式。

2.加快智能化发展

电气自动化控制系统的广泛应用，给人们的生活和工作带来了很大的便利。随着以太网传输速率的提高，电气自动化控制系统面临着更大的挑战和机遇。因此，为了保证电气自动化控制系统的可持续发展，相关研究人员应该重视电气自动化控制系统的研究，加快智能化发展，从而满足市场的发展需求。与此同时，现在很多PLC生产厂家都在研究和开发故障检测智能模块，这在一定程度上降低了设备故障发生的概率，提高了系统的可靠性和安全性。总之，很多自动化控制厂商也都开始认识到了自动化控制技术的重要性，从而促进了电气自动化控制向着智能化的方向发展，为我国社会经济的不断发展奠定了坚实的基础。

3.加强安全化发展

对于电气自动化控制系统来说，安全控制是应该重点研究的方向。为了保证电气用户能够在安全的情况下进行产品生产，相关的研究人员应该重点加强安全与非安全系统控制的一体化集成，尽量减少成本，从而保证电气自动化控制系统的安全运行。除此之外，从我国电气自动化控制系统的发展现状来看，系统安全已经逐步从安全级别需求最大的领域向其他危险级别较低的领域转变，同时，相关技术研究人员也应该重视电气自动化控制系统的网络设施发展，将硬件设备向软件设备方向发展，提高网络技术水平，从而保证网络的安全性和稳定性。

4.实现通用化发展

为了真正实现自动化系统的通用化，应该对自动化产品进行科学的设计、适当的调试，并不断提高对电气自动化产品的日常维护水平，从而满足客户的需求。除此之外，很多电气自动化控制系统普遍在使用标准化的接口，这样做的目的是保证办公室和自动化系统资源数据的共享，摒弃以往电气接口的独立性，实现通用化，从而为用户带来更大的便利。

QPC技术的出现以及Windows平台的广泛应用，使得未来的电气技术的结合，计算机日益发挥着不可替代的作用。市场的需求驱动着自动化和IT平台的融合，电子商务的普及将加速这一过程。电气自动化控制系统的高度智能化和集成化，决定了研发制造人员技术专业性要强；同时，也对电气自动化控制系统相关岗位的操作人员有专业性的要求。对岗位的操作人员培训尤其需要加强。对于电气自动化控制系统这一现代化技术装备，在进行安装的过程中就应该安排岗位人员进行培训，让他们在安装过程中熟悉整个系统的安装流程，加深技术人员对于自动化系统的认知。特别是对于从未接触过这一新设备、新技术的企业和人员，显得更为重要。并且企业应该注重对员工的技术操作水平的提升，让技术员工必须掌握操作系统的硬件，软件的相关实际技术要点和保养维修知识，避免人为降低系统工程的安全与可靠性。

二、电气自动化控制技术系统

（一）电气自动化控制技术系统的含义

电气自动化控制系统指的是不需要人为参与的一种自动控制系统，可以通过监测、控制、保护等仪器设备实现对电气设施的全方位控制。电气自动化控制系统主要包括供电系统、信号系统、自动与手动寻路系统、保护系统、制动系统等。供电系统为各类机械设备提供动力来源；信号系统主要采集、传输、处理各类信号，为各项控制操作提供依据；自动和手动寻路系统可以借助组合开关实现自动和手动的切换；保护系统通过熔断器、稳压器保护相关线路和设备；制动系统可以在发生故障或操作失误时进行制动操作，以减少损失。

（二）电气自动化控制技术系统的分类

电气自动化控制系统可以从多个角度进行分类，从系统结构角度分析，电气自动化控制系统可以分为闭环控制系统、开环控制系统和复合控制系统；从系统任务角度分析，电气自动化控制系统具体分为随动系统、调节系统和程序控制系统；从系统模型角度进行分类，电气自动化控制系统主要包括线性控制系统和非线性控制系统，还可以分为时变和非时变控制系统；从系统信号角度进行分类，电气自动化控制系统可以分为离散系统和连续系统。

（三）电气自动化控制技术系统工作的原则

电气自动化控制系统的工作过程中，不是连接单一设备，而是多个设备相互连接同时运行，并对整个运行过程进行系统性调控，同时，需要应用生产功能较完善的设备进行生产活动控制，并设置相关的控制程序，对设备的运行数据进行显示和分析，从而全面掌握系统的运行状态。电气自动化控制系统需要遵循的工作原则主要包括以下几点：

1.具备较强抗干扰能力

由于是多种设备相互连接同时运行，不同设备之间会产生干扰，电气自动化控制系统要通过智能分析使设备提高排除异己参数的抗干扰能力。

2.遵循一定的输入和输出原则

结合工程的实际应用的特点及工作设备型号，技术人员需调整好相关的输入与输出设置，并根据输入数据对输出数据进行转化，通过工作自检避免响应缓慢问题，并对设定的程序进行漏洞修补，从而实现定时、定量的输入和输出。

（四）电气自动化控制技术系统的应用价值

随着科技的进步和工业的发展，电气自动化生产水平也得到提高，因此，加强系统的自动化控制尤其重要。电气自动化控制系统可以实现过程的自动化操控及机械设备的自动控制，从而降低人工操作难度，进一步提高工作效率，其应用价值主要体现在以下几点：

1.自动控制

电气自动化控制系统的一个主要应用功能就是自动控制，例如，在工业生产中的应用，只需要输入相关的控制参数就可以实现对生产机械设备的自动控制，以缓解劳动压力。电气自动化控制系统还可以实现运行线路电源的自动切断，还可以根据生产和制造需要设置运行时间，实现开关的自动控制，避免人工操作出现的各种失误，极大地提高生产效率和质量。

2.保护作用

工业生产的实际操作中，会受到各种复杂因素的影响，例如生产环境复杂、设备多样化、供电线路连接不规范等，极易造成设备和电路故障。传统的人工监测和检修难以全面掌控设备的运行状态，导致各种安全隐患问题出现。通过应用电气自动化控制系统，在设备出现运行故障或线路不稳定时，可以通过保护系统实现安全切断，终止运行程序，避免了安全事故和经济损失，保障电气设备的安全运行。

3.监控功能

监控功能是电气自动化控制系统应用价值的重要体现，在计算机控制技术和信息技术的支持下，技术人员可以通过应用报警系统和信号系统，对系统的运行电压、电流、功率进行限定设置，但超出规定参数时，可以通过报警装置和信号指示对整个系统进行实时监控。此外，电气自动化控制系统还可以实现远程监控，将各系统的控制计算机进行有效连接，通过识别电磁波信号，在远程电子显示器中监控相关设备的运行状态，从而实现数据的实时监测和控制。

4.测量功能

传统的数据测量主要通过工作人员的感官进行判断，例如眼睛看、耳朵听，从而了解各项工作的相关数据。电气自动化控制系统具有对自身电气设备电压、电流等参数进行测量的功能，在应用过程中，可以实现对线路和设备的各种参数进行自动测量，还可以对各项测量数据进行记录和统计，为后期的各项工作提供可靠的数据参考，方便工作人员的管理。

三、电气自动化控制技术系统的特点

（一）电气自动化控制技术系统的优点

说起电气自动化控制技术，不得不承认现如今经济的快速发展是和工业电气自动化控制技术有关的，电气自动化控制技术可以完成许多人无法完成的工作，比如一些工作是需要在特殊环境下完成的，辐射、红外线、冷冻室等这些环境都是十分恶劣的，长期在恶劣的环境下工作会对人体健康产生影响，但许多环节又是需要完成的，这时候机器自动化的应用就显得尤为重要，所以工业电气自动化的应用可以给企业带来许多方便，它可以提高工作效率，减少人为因素造成的损失，工业自动化为工业带来的便利不容小觑。

一个完整的变电站综合自动化系统除了在各个控制保护单元中存有紧急手动操作跳闸以及合闸的措施之外，别的单元所有的报警、测量、监视以及控制功能等都可以由计算机监控系统来进行。变电站不需要另外设置一些辅助设备，计算机监控系统可以使得遥控、遥测、遥调以及遥信等功能与无人值班的需要得到满足。就电气自动化控制系统的设计角度而言，电气自动化控制系统具有以下优点。

1.集中式设计

电气自动化控制系统引用集中式立柜与模块化结构，使得各控制保护功能都可以集中于专门的控制与采集保护柜中，全部的报警、测量、保护以及控制等信号都在保护柜中予以处理，将其处理为数据信号之后再通过光纤总线输送到主控室中的监控计算机中。

2.分布式设计

电气自动化控制系统主要应用分布式开放结构以及模块化方式，使得所有的控制保护功能都分布于开关柜中或者尽可能接近于控制保护柜之上的控制保护单元，全部报警、测量、保护以及控制等信号都在本地单元中予以处理，将其处理为数据信号之后通过光纤的总线输送到主控室的监控计算机中，各个就地单元之间互相独立。

3.简单可靠

因为在电气自动化控制系统中用多功能继电器来代替传统的继电器，能够使得二次接线得以有效简化。分布式设计主要是在主控室和开关柜间进行接线，而集中式设计的接线也局限在主控室和开关柜间，因为这两种方式都在开关柜中进行接线，施工较为简单，别的接线能够在开关柜与采集保护柜中完成的特点，操作较为简单而可靠。

4.具有可扩展性

电气自动化控制系统的设计可以对电力用户未来对电力要求的提高、变电站规模以及变电站功能扩充等进行考虑，具有较强的可扩展性。

5.兼容性较好

电气自动化控制系统主要是由标准化的软件以及硬件所构成，而且配备有标准的就地 VO 接口与穿行通信接口，电力用户能够根据自己的具体需求予以灵活的配置，而且系统中的各种软件也非常容易与当前计算机计算的快速发展相适应。

当然，电气自动化控制技术的快速发展与它自身的特点是密切相关的，例如每个自动化控制系统都有其特定的控制系统数据信息，通过软件程序连接每一个应用设备，对于不同设备有不同的地址代码，一个操作指令对应一个设备，当发出操作指令时，操作指令会即刻到达所对应设备的地址，这种指令传达得快速且准确，既保证了即时性，又保证了精确性。与工人人工操作相比，这种操作模式对于发生操作错误的概率会更低，自动化控制技术的应用保证了生产操作快速高效地完成。除此之外，相对于热机设备来说，电气自动化控制技术的控制对象少、信息量小，操作频率相对较低，且快速、高效、准确。同时，为了保护电气自动化控制系统，使得其更稳定，数据更精确，系统中连带的电气设备均有较高的自动保护装置，这种装置对于一般的干扰均可使其降低或消除，且反应能力迅速，电气自动化系统的大多设备有连锁保护装置，这一系列的措施能满足有效控制的要求。

作为一种新兴的工艺和技术，电气自动化解决的最主要的问题是很多人力不能完成的工作，因为环境的恶劣而没有办法解决的问题也顺利完成，比如在温度极高或者极低的条件下工作或者有辐射的环境下工作，劳动者的身体也会在一定时间里受到不同程度的损害，甚至这种职业病将会对他们一生带来影响，但有的重要部分是不可省去的。电气自动化技术就可以通过控制机器，来完成这些需要在特定环境下完成的工作，很大程度上节省了人力物力，同时使工人的健康得到保障，工作效益也进一步提高，企业也会减少一些损失。

显而易见，电气自动化控制技术给企业带来的益处数不胜数。电气自动化控制技术的特点与它的飞速发展是紧密联系的，比如说，每一个控制系统都不是随随便便建立的，它有其自身相关的数据信息，每一台设备都和相应的程序连接，地质代码也会因为设备的不同而有所差异，操作指令发出后会快速地传递到相应的设备当中，及时并且是准确的。电气自动化控制系统的这种操作大大降低了由于工人大意而造成的误差，并且在一定程度上提高了工作效率。

电气自动化控制技术的应用是顺应社会发展而带来的新技术、新工艺。电气自动化控制技术的发展与应用，使得很多人工劳动难以完成的工作项目得以完成，对于恶劣环境下无法完成的劳动内容也得到完成，例如在有辐射的工作区域、冻室、高温室等工作区域，这些条件都十分恶劣，劳动者长期在此环境下操作会对健康造成极坏的影响，甚至得无法治愈的职业病，而很多工作环节又是不可替代的，必须完成的，电气自动化控制技术的应用就很好地解决了这个问题，通过设备自动化控制与操作，使人们降低了在恶劣环境中操作的机会，提高了人体健康水平，同时，也提高了工作效率，给企业的技术操作带来便利，降低了人为操作因素带来的损失，电气自动化技术的应用对于企业发展进步提供的便利是不言而喻的。

（二）电气自动化控制技术系统的功能

电气自动化控制技术系统具有非常多的功能，基于电气控制技术的特点，电气自动化控制技术系统要实现对发电机——变压器组等电气系统断路器的有效控制，电气自动化控制技术系统必须具有以下基本功能：发电机——变压器组出口隔离开关及断路器的有效控制和操作；发电机——变压器组、励磁变压器、高变保护控制；发电机励磁系统励磁操作、灭磁操作、增减磁操作、稳定器投退、控制方式切换；开关自动、手动同期并网；高压电源监测和操作及切换装置的监视、启动、投退等；低压电源监视和操作及自动装置控制；高压变压器控制及操作；发电机组控制及操作；LPS、直流系统监视；等等。

电气自动化控制系统中的控制回路主要是确保主回路线路运行的安全性与稳定性。控制回路设备的功能主要包括：

1.自动控制功能

就电气自动化控制系统而言，在设备出现问题的时候，需要通过开关及时切断电路从而避免安全事故的发生，因此，具备自动控制功能的电气操作设备是电气自动化控制系统的必要设备。

2.监视功能

在电气自动化控制系统中，自变量电势是最重要的，其通过肉眼是无法看到的。机器设备断电与否，一般从外表是不能分辨出来的，这就必须借助传感器中的各项功能，对各项视听信号予以监控，从而实时监控整个系统的各种变化。

3.保护功能

在运行过程中，电气设备经常会发生一些难以预料的故障问题，功率、电压以及电流等会超出线路及设备所许可的工作限度与范围，因此，这就要求具备一套可以对这些故障信号进行监测并且对线路与设备予以自动处理的保护设备，而电气自动化控制系统中的控制回路设备就具备这一功能。

4.测量功能

视听信号只可以对系统中各设备的工作状态予以定性的表示，而电气设备的具体工作状况还需要通过专业设备对线路的各参数进行测量才能够得出。

电气自动化控制技术系统具有如此多的功能，给社会带来了许多的便利，电气控制技术自动化给人们带来了社会发展的稳定与进步和现代化生产效率的极大提高，因此，积极探讨与不断深入研究当前国家工业电气自动化的进一步发展和战略目标的长远规划有着十分深远的现实意义。

四、电气自动化控制技术系统的设计

（一）电气自动化控制系统的作用

在企业进行工业生产时，利用电气自动化控制技术可以对生产工艺实现自动化控制。新时期的电气自动化控制技术，使用的是分布式控制系统，能在工业生产过程中，有效地进行集中控制。而且电气自动化控制技术还可以进行自我保护，当控制系统出现问题时，系统会自动进行检测，然后分析系统出现故障的原因，确定故障位置，并立刻中断电源，使故障设备无法继续工作。这样可以有效避免因为个别设备出现问题，而影响产品质量的情况出现，从而降低企业因为个别故障设备而造成的成本损失。所以，企业利用电气自动化控制技术来进行生产时，可以提高整个生产工艺的安全性，从某种程度上降低企业的成本。而且，现在大部分企业中应用的电气自动化控制系统，都可以实现远程监控，企业可以通过电气自动化控制技术，来远程监控生产工艺中不同设备的运行状况。假如某个环节出现故障，控制中心就会以声光的形式来发出警告，通过电气自动化控制的远程监控功能，减少个别故障设备所造成的损失，并且当故障出现时，可以尽快被相关工作人员察觉，从而避免损失的扩大。

现在，在企业中应用的电气自动化控制系统，还可以在工作过程中分析生产过程中涉及设备工作情况，将设备的实际数据与预设数据比较，当某些设备出现异常时，电气自动化控制系统还可以对设备进行调节，因此企业采用电气自动化控制技术能提高生产线的稳定性。

（二）电气自动化控制技术系统的设计理念

电气自动化控制系统有三种监控方式，分别是现场总线监控、远程监控与集中监控。这三种方案依次可实现远程监测、集中监测与针对总线的监测。

集中监控的设计尤为简单，要求防护较低的交流措施，只用一个触发器进行集中处理，可以方便维护程序，但是对于处理器来说较大的工作量会降低其处理速度，如果全部的电气设备都要进行监控就会降低主机的效率，投资也因电缆数量的增多而有所增加。还有一些系统会受到长电缆的干扰，如果生硬地连接断路器的话也会无法正确地连接到辅助点，给相应人员的查找带来很大的困难，也会产生一些无法控制的失误。远程监控方式同样有利有弊，电气设备较大的通信量会降低各地通信的速度。它的优点也有很多，比如灵活的工作组态、节约费用和材料并且相对来说可靠性更高。但是总体来说远程监控这一方式没有很好地体现出来电气自动化控制技术的特点，经过一系列的试验和实地考察，现场总线监控结合了其余两种设计方式的优点，并且对其存在的缺点进行有效改进，它成为最有保障的一种设计方式，电气自动化控制系统的设计理念也随之形成。设计理念在设计过程中的体现主要有以下几个方面：①电气自动化控制技术实行集中检测时，可以实现一个处理器对整个控制的处理，简单灵活的方式极大地方便了运行和维护。②电气自动化控制技术远程监测时，可以稳定地采集和传输信号，及时反馈现场情况，依据具体情况来修正控制信号。③电气自动化控制技术在监测总线时，集中实现控制功能，从而来实现高效的监控。从电气自动化控制技术的整体框架来说，在许多实际应用中都体现出电气自动化控制技术系统设计理念，也获得了许多的成绩，所以进行电气自动化控制技术设计时，依据自身情况选择合理的设计方案。

（三）电气自动化控制技术系统的设计流程

在机电一体化产品中，电气自动化控制系统具有非常重要的作用，其就相当于人类的大脑，用来对信息进行处理与控制。所以，在进行电气自动化控制系统的设计时一定要遵循相应的流程。依照控制的相关要求将电气自动化控制系统的设计方案确定下来，然后将控制算法确定下来，并且选择适当的微型计算机，制定出电气自动化控制系统的总体设计内容，最后开展软件与硬件的设计。虽然电气自动化控制系统的设计流程较为复杂，但是在设计时一定要从实际出发，综合考虑集中监测方式、现场总路线监控方式以及远程监控方式，唯有如此才能够将与相关要求相符的控制系统建立起来。

（四）电气自动化控制技术系统的设计方法

电气自动化控制系统中应用的主要设计思想有三种，分别是集中监控方式、远程监控方式以及现场总线监控方式，这三种设计思想各有其特点，其具体选用应该根据具体条件而定。

使用集中监控的自动化控制系统时，中央处理器会分析生产过程中所产生的数据并进行处理，可以很好地控制具体的生产设备。同时，集中监控控制系统设计起来比较简单，维护性较强。不过，因为集中监控的设计方式会将生产设备的所有数据都汇总到中央处理器，中央处理器需要处理分析很多数据，因此电气自动化控制系统运行效率较低，出现错误的概率也相对高。采用远程监控设计方式设计而成的电气自动化控制系统，相对灵活，成本有所降低，还能给企业带来很好的管理效果。远程监控电气自动化控制系统在工作过程中，需要传输大量信息，现场总线长期处于高负荷状态，因此应用范围比较小。以现场总线监控为基础设计出的监控系统应用了以太网与现场总线技术，既有很强的可维护性，也更加灵活，应用范围更广。现场总线监控电气自动化控制系统的出现，极大地促进了我国电气自动化控制系统智能化的发展。工业生产企业往往会根据实际需要，在这三种监控设计方式之中选取一种。

1.现场总线监控

随着经济社会的发展、科学技术的进步，当前智能化电气设备有了较快的发展，计算机网络技术已经普遍应用在变电站综合自动化系统中，我们也积累了丰富的运行经验。这些都为网络控制系统应用于电力企业电气系统奠定了良好的基础。现场总线以及以太网等计算机网络技术已经在变电站综合自动化系统中得以较为广泛的应用，而且已经积累了较为丰富的运行经验，同时智能化电气设备也取得了一定的发展，这些都给在发电厂电气系统中网络控制系统的应用奠定了重要的基础。在电气自动化控制系统中，现场总线监控方式的应用可以使得系统设计的针对性更强，由于不同的间隔，其所具备的功能也有所不同，因此能够依照间距的具体情况来展开具体的设计。现场总线监控方式不但具备远程监控方式所具备的一切优点，同时还能够大大减少模拟量变送器、I/O卡件、端子柜以及隔离设备等，智能设备就地安装并且通过通信线和监控系统实现连接，能够省下许多控制电缆，大大减小了安装维护的工作量以及投入资金，进而使得所需成本得以有效降低。除此之外，各装置的功能较为独立，装置间仅仅经由网络来予以连接，网络的组态较为灵活，这就使得整个系统具有较高的可靠性，每个装置的故障都只会对其相应的元件造成影响，而不会使系统发生瘫痪。所以，在未来的发电厂计算机监控系统中，现场总线监控方式必然会得到较为广泛的应用。

2.远程监控

最早研发的自动化系统主要是远程控制装置，主要采用模拟电路，由电话继电器、电子管等分立元件组成。这一阶段的自动控制系统不涉及软件。主要由硬件来完成数据收集和判断，无法完成自动控制和远程调解。它们对提高变电站的自动化水平，保证系统安全运行，发挥了一定的作用，但是由于这些装置相互之间独立运行，没有故障诊断能力，在运行中若自身出现故障，不能提供告警信息，有的甚至会影响电网安全。远程监控方式具有节约大量电缆、节省安装费用、节约材料、可靠性高、组态灵活等优点。由于各种现场总线的通信速度不是很高，而电厂电气部分通信量相对又比较大，所以这种方式适应于小系统监控，而不适应于全厂的电气自动化系统的构建。

3.集中监控

集中监控方式主要在于运行维护便捷，系统设计容易，控制站的防护要求不高。但基于此方法的特点是将系统各个功能集中到一个处理器进行处理，处理任务繁重致使处理速度受到影响。此外，电气设备全部进入监控，会随着监控对象的大量增加导致主机冗余的下降，电缆树立增加，成本加大，长距离电缆引入的干扰也会影响到系统的可靠性。同时，隔离刀闸的操作闭锁和断路器的连锁采用硬接线，通常为隔离刀闸的辅助接点经常不到位，造成设备无法操作，这种接线的二次接线变得复杂，查线不方便，增加了维护量，并存在因为查线或传动过程中由于接线复杂造成误操作的可能。

电气自动化控制系统的设计思想一定要将各环节中的优势予以较好的把握，并且使其充分地发挥出来，与此同时，在电气自动化控制系统的设计过程中一定要坚持与实际的生产要求相符，切实确保电气行业的健康可持续发展。在电气自动化控制系统的不断探索中，需要相关工作人员认识当前存在的不足，并且通过不断学习新技术、新方法等，不断提高自己，从而不断推动我国电气自动化控制系统的发展。

五、电气自动化控制设备可靠性测试与分析

（一）加强电气自动化控制设备可靠性研究的重要意义

伴随着电气自动化的提高，控制设备的可靠性问题就变得非常突出。电气自动化程度是一个国家电子行业发展水平的重要标志，同时自动化技术又是经济运行必不可少的技术手段。电气自动化具有提高工作的可靠性、提高运行的经济性、保证电能质量、提高劳动生产率、改善劳动条件等作用。

电气自动化控制设备可靠性对企业的生产有着直接的影响。所以在实际使用过程中，作为专业技术人员，必须切实加强对其可靠性的研究，结合影响因素，采取针对性的措施，不断地强化其可靠性。

1.可靠性可以增加市场份额

随着国家经济的高速发展，人们对于产品的要求也越来越高，用户不仅要求产品性能好，更重要的是要求产品的可靠性水平高。随着电气自动化控制设备自动化程度、复杂度越来越高，可靠性技术已成为企业在竞争中获取市场份额的有力工具。

2.可靠性提高产品质量

产品质量就是使产品能够实现其价值、满足技术要求的特点。只有可靠性高，发生故障的次数才会少，那么维修费用也就随之减少；相应的安全性也随之提高。因此，产品的可靠性是非常重要的，是产品质量的核心，是每个生产厂家努力追求的目标。

（二）提升电气自动化控制设备可靠性的必要性分析

由于电气自动化控制设备属于现代电气技术的结晶，其具有较强的专业性，所以为了确保其更好地为生产提供服务，促进生产效率的提升，在实际工作中，作为电气专业技术人员，必须充分意识到提升其可靠性的必要性。具体来说，主要体现在以下几个方面：

1.提升其可靠性能够使生产环节安全高效地开展

现代企业为了满足消费者的需要，在产品生产过程中往往需采取电气自动化控制设备的应用，这主要得益于其有助于生产效率的提升，提高产品的技术含量。因而只有提升其可靠性，才能确保始终处于最佳的状态服务生产，从而确保企业的各项任务安全高效地开展。

2.提升其可靠性能够使产品质量提升

产品质量就是生命，企业要想在竞争日益激烈的市场环境中占有一席之地，就必须在实际生产过程中注重产品质量的提升，而提升产品质量离不开现代科学技术的支持，尤其是电气自动化控制技术设备的支持，只有提高其可靠性，才能确保所生产的产品质量的高效性，从而在提高产品质量的同时促进企业核心竞争力的提升。

3.提升其可靠性有助于有效地降低企业生产成本

企业经济效益的高低源自自身成本控制的好坏，而在企业生产中，如果电气自动化控制设备的可靠性不足，势必会增加维修成本，因而只有加强对其维护和保管，促进其可靠性的提升，才能更好地实现生产和降低成本的目标。

（三）影响电气自动化控制设备可靠性的因素

既然提高电气自动化控制设备的可靠性具有十分强烈的必要性，那么为了更好地采取有效的措施提升其可靠性，就必须对影响电气自动化控制设备可靠性的因素有一个全面的认识，具体来说，主要有以下几点。

1.内在因素

内在因素主要是指电气自动化控制设备本身的元件质量较为低下，因此难以在恶劣的环境下高效运行，同时也难以抵抗电磁波的干扰。这主要是因为生产企业在生产过程中偷工减料，为了降低成本而降低其生产工艺质量，导致电气自动化控制设备元件自身的可靠性和质量下降，加上很多电气自动化控制设备需要在恶劣环境下运行这就会导致可靠性降低，而电磁波干扰又难以避免，所以会影响其正常的运行。

2.外在因素

外在因素主要是指人为因素，在电气自动化控制设备使用和管理工作中，工作人员没有完全履行自身的职责，导致电气自动化控制设备长期处于高负荷的运行状态，电气自动化控制设备出现故障后难以得到及时修复，加上部分操作人员在实际操作中难以按照规范进行操作，导致其性能难以高效地发挥。

（四）电气自动化控制设备可靠性测试方法的确定

确定电气自动化控制设备可靠性测试方法，需要对实验场所、实验环境、待测验产品以及具体的实验程序等因素进行全面的考察和分析：

1.实验场地的确定

电气自动化设备可靠性测试实验场地的选择，需要结合设备可靠性测试的具体目标来进行。如果待测试的电气自动化控制设备的可靠性高于某一特定指标，就需要选取最为严格的实验场所进行可靠性测试；如果只是测试电气自动化控制设备在正常使用状况下的可靠性，就需要选取最具代表性的工作环境作为开展测试实验的场所；如果进行测试的目的只是获取准确的可比性数据资料，在进行实验场所选择时需要重点考虑与设备实际运行相同或相近的场所。

2.实验环境的选取

因为对于电气自动化控制设备而言，不同的产品类型所对应的工况也有所不同，所以，在进行电气自动化控制设备可靠性测试时，选取非恶劣实验环境，这样被测试的电气自动化控制设备将处于一般性应力之下，由此所得到的设备自控可靠性结果更加客观和准确。

3.实验产品的选择

在选择电气自动化控制设备可靠性测试实验产品时，要注意挑选比较具有代表性、具有典型特点的产品。所涉及的产品的种类比较多，例如造纸、化工、矿井以及纺织等方面的机械电控设备等。从实验产品规模上分析，主要包括大型设备以及中小型设备；从实验设备的工作运行状况来分析，主要可以分为连续运行设备以及间断运行设备。

4.实验程序

开展电气自动化控制设备可靠性实验需要由专业的现场实验技术人员严格按照统一实验程序操作，主要涉及测试实验开始及结束时间、确定适当的时间间隔、收集实验数据、记录并确定自控设备可靠性相关指标、相应的保障措施以及出现意外状况的应对措施等方面的规范。只有严格依据规范进行自控设备可靠性实验操作，才可以确保通过实验获取的相关数据的可靠性及准确性。

5.实验组织工作

开展电气自动化控制设备可靠性测试实验最为重要的内容就是实验组织工作，必须组建一个高效、合理且严谨的实验组织机构，主要负责确定实施自控设备可靠性实验的主要参与人员，协调相关工作、对实验场所进行管理，组织相关实验活动，收集并整理实验数据，分析实验结果，对实验所得到的数据进行全面深入分析，并在此基础上得出实验结论。除此之外，实验组织机构还需要负责组织协调实验现场工程师、设备制造工程师以及可靠性设计工程师相互之间的关系与工作。

（五）提高控制设备可靠性的对策

要提高电气自动化控制设备的可靠性，必须掌握控制设备的特殊性能，并采用相应的可靠性设计方法，从元器件的正确选择与使用、散热防护、气候防护等方面入手，使系统可靠性指标大大提高。

1.从生产角度来说

设备中的零部件、元器件，其品种和规格应尽可能少，应该尽量使用由专业厂家生产的通用零部件或产品。在满足产品性能指标的前提下，其精度等级应尽可能低，装配也应简易化，尽量不搞选配和修配，力求减少装配工人的体力消耗，便于厂家自动进行流水生产。

2.电子元器件的选用规则

根据电路性能的要求和工作环境的条件选用合适的元器件。元器件的技术条件、性能参数、质量等级等均应满足设备工作和环境的要求，并留有足够的余量；对关键元器件要进行用户对生产方的质量认定；仔细分析比较同类元器件在品种、规格、型号和制造厂商之间的差异行进择优选择。要注意统计在使用过程中元器件所表现出来的性能与可靠性方面的数据，作为以后选用的依据。

3.电子设备的气候防护

潮湿、盐雾、霉菌以及气压、污染气体对电子设备影响很大，其中潮湿的影响是最主要的。特别是在低温高湿条件下，空气湿度达到饱和时会使机内元器件、印制电路板上产生凝露现象，使电性能下降，故障上升。

4.在控制设备设计阶段

首先，研究产品与零部件技术条件，分析产品设计参数，研讨和保证产品性能和使用条件，正确制订设计方案；其次，根据产量设定产品结构形式和产品类型。全面构思，周密设计产品的结构，使产品具有良好的操作维修性能和使用性能，以降低设备的维修费用和使用费用。

5.控制设备的散热防护

温度是影响电子设备可靠性最广泛的一个因素。电子设备工作时，其功率损失一般都以热能形式散发出来，尤其是一些耗散功率较大的元器件，如电子管、变压管、大功率晶体管、大功率电阻等。另外，当环境温度较高时，设备工作时产生的热能难以散发出去，将使设备温度升高。

综上所述，保证电气设备的可靠性是一个复杂的涉及广泛知识领域的系统工程。只有在设计上给予充分的重视，采取各种技术措施，同时，在使用过程中按照流程操作、及时保养，才会有满意的成果。

六、电气工程自动化控制中智能化技术的运用

（一）电气工程自动化控制中智能化技术的重要价值

1.降低电气自动化控制难度

电气工程的运行管理与控制工作是否达到快捷与简便的实施效果，在根本上取决于企业现有的电气基础设备管理技术手段。智能化的现代技术手段可以确保电气自动化的工程系统运行控制难度得到明显降低，有益于电气工程的管理人员实现更高层次的电气系统基础设备安全监测与管理实践效益目标。电气工程系统表现为庞大的系统规模与复杂的电气设备组成，需要电气系统的值守管理人员针对现有电气设备展开综合性的安全监管。系统管理人员倾向于针对电气设备进行人工故障的排查，就会导致产生较高的电气运行监测控制经费。建立在智能化技术手段支撑基础上的电气基础设备安全监测方法更加体现为实时性，确保电气系统的值守人员准确排查现有电气安全风险。

智能化技术手段目前能够被用来全面检测排查电气性能隐患，对于保障电气安全使用性能将会产生不可忽视的实践作用。工程管理技术人员正在积极探索与采纳自动化的温感控制仪器，包含智能化与自动化特征的温感控制设备可以借助

红外线的基本功能来准确查找现有的电气故障，以得到更加精准的电气系统湿度与温度检测数据。智能化技术的现代化控制手段可以简化电气传感监测的操作，全面节约电气控制资源。工程系统的值守管理人员只要通过观测现有的智能化仪器系统显示界面，系统值守人员就可以准确排查电气基础设备现有的运行风险，因此体现为电气自动化运行控制的最佳实践工作效率目标。

2.优化电气设备系统性能

电气系统的设备使用性能目前亟待得到全面的整改优化，通过引进智能化的电气设备系统性能优化技术手段来合理改善现有的电气使用性能。网络智能化的技术管理实践方法手段有益于降低电气工程的系统安全风险等级，通过进行综合平衡与自动调节的模式来准确分配电气系统结构中的设备运行负荷。从上述电气工程实践角度来讲，全面完善与优化电气基础设备的安全使用性能必须要建立在智能化操作控制模式的前提下，确保达到提升电气运行控制精度与缩小电气运行控制误差的目的，优化电气工程系统的安全性、节能性与稳定性。

建立在一体化自动控制前提下的远程监控仪器可以连接于电气系统的各个重要部件，确保远程控制装置可以做到实时监测电气运行中的异常因素，发出相应的报警提示数据。智能化的电气设备体系结构有益于全面消除电气安全隐患，促进了集成化的电气网络系统运行控制模式形成。智能化地应用电子技术手段可以保障电气设备的操作人员安全，防止电气操作与使用人员发生人身伤害。电气工程系统的组成元素具有规格多样性，工程电气设备的使用功能具有明显差异。电气系统中的基础设备之间主要通过电气线路来进行连接，在发生电气故障的情况下就会造成整个电气系统的运行停机。电气工程系统的操作使用技术人员如果没有做到快速与妥善处理电气运行故障，则系统操作人员有可能会受到人身安全伤害。保障电气系统的安全运行使用具有显著的必要性，具有一体化自动监测控制功能的远程操控设备已经全面运用于保障电气系统安全。

3.缩小电气运行参数误差

电气工程的最大化效益目标是否得到完整的实现，主要决定于电气元件的运行参数设计过程。但是在人工进行电气基础设备的元件运行参数设计模式下，工程设计人员通常无法确保电气元件的基础设备各项运行参数达到最优的标准。目前，由于受到智能化的现代技术仪器辅助影响，电气元件的系统运行参数会更加准确与科学。电气工程运行控制的成本较高，电气工程系统的基本组成部分都必须要得到实时性的监管。智能化技术手段在根本上突破了电气运行过程中的人工控制模式缺陷，确保电气运行的系统控制监管实践成本得到更好的优化。工程运行管理的技术人员对于电气运行中的参数错误现象可以做到准确进行识别，有助于全面防范电气安全使用故障风险工程管理人员在网络大数据的平台技术手段保障基础上，管理技术人员对于电气系统的安全预警数据信息能够做到准确筛选，确保电气系统的值守管理人员可以提前妥善消除电气网络的大规模故障，对于电气系统的运行控制管理资源进行了更大限度的优化配置。技术人员在网络自动化的电气控制模式前提下可以确保全面收集与获取现有的电子仪器设备安全运行使用状况。智能化技术的网络信息化仪器可以准确收集各项电气功耗信息、电气能效比、电气运行的时间，各项电气设备参数都要得到实时性的准确判断。

（二）电气工程自动化控制中的智能化技术运用实施措施

1.诊断电气系统故障

现阶段，电气工程基础设备系统普遍具有庞大的系统规模特征，电气工程中的现有电气设备组成结构也表现为烦琐复杂的状态。在此种情况下，电气系统中的关键组成部件如果突然表现为电气运行故障，那么与之相关联的电气基础元件也会导致中断运行的后果，进而引发了电气系统的停机后果或者短路严重事故。由此可见，准确排查与诊断电气工程的网络系统故障点具有显著的必要性。工程管理的技术人员针对智能化的自动诊断仪器装置应当进行操作使用，确保结合智能化的电气故障诊断排查仪器来识别现有的电气故障产生区域部位。电气工程的系统管理人员在准确收集自动化的装置仪器反馈数据基础上，应当可以明显缩短电气故障的诊断排查时间长度，进而有益于电气故障的排查处理效率得到优化提高。

目前，现有的关键技术方法手段体现在增设过载保护的自动控制模块，过载保护的自动检测系统模块对于实时性的电流参数值能得到准确识别，启用短路保护仪器或者熔断器的技术手段来避免电气元件损坏。电气工程系统的元件设备在频繁操作使用之后，电气元件很难避免产生磨损与过度腐蚀老化的现象。

电气系统电压如果存在瞬时增加那么快速升高的电气系统温度将会灼烧电气，引发电气系统的短路，破坏供电设备与集成电路板等关键部位。智能化过载保护的自动仪器设备会触发断相保护的系统组成部分，达到有效切断电路的目的。智能化的系统过流保护技术手段重点针对电流控制器或者供电电源的异常事故。若系统电流瞬时过大，系统结构中的电气元件就会存在较大的损毁破坏风险，造成过度消耗电气元件的不良后果。智能化系统过流保护的技术实施方法有助于妥善保护系统电气基础设备，防止瞬时强度过大的电流给系统设备带来明显损失。系统过流保护的自动控制装置对于超出预警数值的系统电流能够进行准确的检测，对于现有的电流转换率实施必要的调整，对于原有的供电线路运行方式予以转变。

2.保养维护电气基础设备

电气系统经过长期使用运行之后，电气基础元件很难避免会存在磨损与腐蚀等多种安全隐患。因此，电气工程的系统值守管理人员针对电气基础设备的保养维护工作必须要加强重视。具体而言，在目前的电气基础设备保养运维实践视角下，电气工程的管理负责人员对于智能化与立体化模型应当进行准确的构建，依靠智能化的自动建模技术手段来确保电气设备的运维保养效率优化。工程管理人员对于现有的电气设备部件应当给予必要的更换检测处理，准确记录电气基础设备的运行使用状况，合理延长电气工程的安全使用年限。

运用智能化的电气工程制动停车控制操作方法更加可以确保电气系统的完整性，避免出现制动延迟。电气工程系统的自动信号回路可以在任何时段内完整采集实时性的电气控制数据，有助于系统管理工作人员形成科学的电气安全控制决策。电气信号回路的系统设计总体方案在于同时布置两个自动回路，能够达到整合自动回路与手动回路的系统控制。工程系统设计人员对于传感器可以进行内置或者外置的安装，对于监测控制电气系统风险的实践操作水平进行了显著的优化。电气短路故障将会产生非常明显的电气损坏，可能会造成电气网络系统的整体运行风险。目前，针对电气短路的突发故障，工程管理技术人员应当进行科学准确的排查，运用智能化的短路保护装置来实现上述效果。严格实施智能化电气安全防护措施的关键应当体现在实时启用系统现有的低压断路器或者熔断保护设备，达到全面优化电气短路自动化保护设计的目标。电气低压断路的保护装置仪器可以达到全面预防系统电气运行风险的效果，进而对于短路故障的产生频率进行严格控制。

3.PLC自动控制技术

在电气工程的自动化运行控制实践领域中，PLC的自动控制手段目前已经得到全面的推广。PLC的自动控制技术需要依赖于智能软件设备才能予以实现，确保达到远程监测与控制电气系统线路、电气开关、电气仪表及其他电气设备的效果。失电压保护的自动控制监测仪器可以防止产生间歇性的电气运行不良影响，对于电气元件的停滞运行或者延迟运行状态进行有效预防。

在自动控制监测的开展实施中，电气自锁的系统回路设备应当连接于失电压保护的装置，确保高压的电流冲击能够得到瞬时的排除。近年来，企业技术人员正在探索结合运用DCS模式及其他的自动智能化电气控制模式，达到实时性更强的电气安全监测与控制成效性。建立在开放式控制系统软件支撑前提下的电气运行控制管理系统更加有利于合理优化电气设备性能，充分保证工程电气基础设备的正常功能得到发挥。

4.电气系统的优化设计

电气系统的整体结构具有庞大与复杂的显著特征，电气系统的合理优化设计具有非常关键的意义。在目前的状态下，电气工程设计人员针对智能化软件应当用来辅助完成电气优化设计工作，确保针对关键性的电气系统组成部分予以必要的优化整改。智能化的制动停车回路不会产生系统运行延迟，促进了电气制动的运行效率提高。目前，智能化的制动停车控制回路设备已经普遍适用于电气元件的安全监测控制，体现了制动停车回路装置的自动化控制效果。例如：对于神经网络的智能控制技术、专家系统技术、模糊处理技术都可以运用于现有的电气工程设计实践工作。电气系统的工程设计技术人员对于立体化的电气工程组成结构模型应当进行准确构建，确保达到实时收集与检测电气元件故障的效果。

（三）电气工程自动化控制中的智能化技术发展前景

在目前的情况下，电气工程的自动化与智能化管理控制技术手段正在日益得到普遍的推广适用。企业技术人员对规模庞大、组成结构复杂的电气工程系统实现完整的控制，进而对于电气工程的人工控制时间成本与经济成本实现更大限度地节约利用目标。然而从总体角度来讲，企业技术人员目前现有的电气自动化运行管理网络设备系统并未达到最佳的完善水准，那么技术人员针对电气工程的智能化运行监测技术手段仍需给予必要的优化整改。

未来在电气工程的智能化控制管理实践工作开展前提下，企业技术人员针对高精度、矢量化与嵌入式的全新工程管理控制手段应当进行重点的尝试探索。例如：近年来，企业技术人员正在重点针对人工智能的电气运行控制手段进行深入探究，结合运用人工智能的电气工程管理实施模式来确保达到电气运行监测资源节约的目标。人工智能手段具有合理平衡电气系统资源的效果，有利于潜在性的电气安全隐患数据信息得到完整的识别，进而实现妥善预防电气基础设备安全故障风险的目的。

七、电气自动化控制技术的发展

（一）电气自动化控制技术的发展特点

电气自动化系统是适应未来社会的发展而出现的，新时期生产发展属于它的特点，可以促进经济发展，属于现代化所需要的系统。当今的企业之中，有许许多多的用电设施，不仅其工作量巨大，并且其过程也十分复杂，一般电气设施的工作周期都是很长，能够维持在一个月至数个月。而且，电气设施工作的速度还是挺快的，必须有比较高的装置来确保电气设施允许的稳定安全。结合电气设施所具有的特点，电气自动化系统和电气设施之间可以进行融合，管理的企业厂房效果会非常好。而且，企业运用了电气自动化平台以后，其电气设施的工作效率也相应高。尽管电气自动化系统的优越性有很多，但现今的电气自动化系统研究还不是很成熟，还具有许多的问题，还应对其进行完善。所以加强电气自动化方面的研究，给予电气自动化足够的重视，提高劳动的生产率。

1.电气自动化信息集成技术应用

信息集成技术应用于电气自动化技术里面主要是在两个方面：第一，信息集成技术应用在电气自动化的管理之中。如今，电气自动化技术不只是在企业的生产的过程得到应用，在进行企业生产管理的时候也会应用到。采用信息集成技术进行管理企业管理生产运营记录的所有数据，并对其进行有效的应用。集成信息技术能够对生产过程所产生的数据有效地进行采取、存储、分析等。第二，可以利用信息集成技术有效地管理电气自动化设备，而且通过对信息技术的利用，使设备自动化提高，它的生产效率也会提高。

2.电气自动化系统检修便捷

如今，很多的行业都采用了电气自动化设备，尽管它的种类很多，但应用系统还是比较统一的，现今主要用的电气自动化系统是Windows NT以及IE，形成了标准的平台。而且也应用了PLC控制系统，进行管理电气自动化系统的时候，其操作是比较简便的，非常适用在生产活动当中。通过PLC系统和电气自动化系统两者的结合，使得电气自动化智能水平提高了许多，其操作界面也走向人性化，若是系统出现问题则可在操纵过程中及时发现，还有自动回复功能，大大减轻了相应的检修和维护的工作，可避免设备故障而影响到生产，并且电气自动化设备应用效率也会提高。

3.电气自动化分布控制技术的广泛应用

电气自动化技术的功能非常多，而且它的系统分为很多部分。一般控制系统主要分为两种：①设备的总控制部分，通过相应的计算机信息技术实行控制整个电气自动化设备。②电气设备运行状况监督与控制部分，这属于总控制系统的一个分支，靠它来完成电气自动化系统的正常运行。总控制和分支控制两者的系统主要是通过线路串联，总控制系统能够有效进行控制。同时，分支控制系统也能够把收集的信息传递于总控制系统，可以有效地对生产进行调整，确保生产可以顺利地进行。

（二）电气自动化控制技术的发展趋势

电气自动化控制技术的发展趋势应该是分布式、开放化和信息化。分布式的结构是一种能确保网络中每个智能的模块能够独立工作的网络，达到系统危险分散的概念；开放化则是系统结构具有与外界的接口，实现系统与外界网络的连接；信息化则是使系统信息能够进行综合处理能力，与网络技术结合实现网络自动化和管控一体化。在开创“电气自动化”新局面的时候，要牢牢地把握向“中国制造”“中国创造”的转变。在保持产品价格竞争力的同时，中国企业需要寻找一条更为健康的发展道路，“电气自动化”企业要不断吸收高新技术的营养，才能为开创“电气自动化”的新局面增添动力。要全面把握“科学发展观”的基本内涵和精神实质，结合本地区、本部门、本行业的客观实际，按照“以人为本、全面协调可持续发展的要求”，认真寻找差距，总结经验教训，转变发展观念，调整发展思路，切实把思想和行动统一到“科学发展观”的要求上来，把科学发展观贯彻到改革开放和我国“电气自动化”进一步实现现代化、国际化和全球化的过程上来。

1.不断提高自主创新能力（智能化）

电气自动化控制技术正在向智能化方向发展。随着人工智能的出现，电气自动化控制技术有了新的应用。现在很多生产企业都已经应用了电气自动化控制技术，减少了用工人数，但是，在自动化生产线运行过程中，还要通过工人来控制生产过程。结合人工智能研发出的电气自动化控制系统，可以再次降低企业对员工的需要，提高生产效率，解放劳动力。

在市场中，电气自动化产品占的份额非常大，大部分企业选用电气自动化产品。所以电气自动化的生产商想要获得更大的利益，就要对电气自动化产品进行改进，实行技术创新。对企业来说，加大对产品的重视度是非常有必要的，要不断提高企业的创新能力，进行自主研发，时时进行电气自动化开发。而且，做好电气自动化系统维护对电气自动化产品生产来说有极大的作用，这就要求生产企业做好系统维护工作。

2.电气自动化企业加大人才要求（专业化）

随着电气行业的发展，我国也逐渐加大了对电气行业方面的重视，要求的电气企业员工综合素质也越来越高。而且企业想让自己的竞争力变强，就要要求员工具备很高的技能。所以，企业要经常对员工进行电气自动化专业培养，重点是专业技术的培养，实现员工技能与企业同步。但在我国，电气自动化专业人才存在面临就业问题，国家也因此进行了一些整改，拓宽它的领域。尽管如此，但电气行业还是发展快速，人才需求量还有很大的缺口。所以高等院校要加大电气专业人才的培养，以填补市场上专业性人才的缺口。

针对自动化控制系统的安装和设计过程，时常对技术员工进行培训，提高了技术人员的素质，扩大培训规模也会让维修人员的操作技术变得更加成熟和完善，自动化控制系统朝着专业化的方向大踏步前进。随着不断增多的技术培训，实际操作系统的工作人员也必将得到很大的帮助，培训流程的严格化、专业化，提高了他们的维修和养护技术，同时也加快了他们今后排除故障、查明原因的速度。

3.逐渐统一电气自动化的平台（集成化）

电气自动化控制技术除了向智能化方向发展外，还会向高度集成化的方向发展。近年来，全球范围内的科技水平都在迅速提高，使得很多新的科学技术不断地与电气自动化控制技术结合，为电气自动化控制技术的创新和发展提供了条件。未来电气自动化控制技术必将集成更多的科学技术，使电气自动化控制系统功能更丰富，安全性更高，适用范围更广。同时，还可以大大减小设备的占地面积，提高生产效率，降低企业生产成本，推进控制系统一致性标志着控制系统的发展改革，一致性对自动化制造业有极大的促进作用，会缩短生产周期。并且统一养护和维修等各个生产环节，时刻立足于客观现实需要，有助于实现控制系统的独立化发展。将来，企业对系统的开发都将使用统一化，在进行生产的过程中每个阶段都进行统一化，能够减少生产时间，其生产的成本也得到降低，将劳动力的生产率进行提高。为了让平台能够统一化发展，企业需要根据客户的需求，进行开发时采用统一的代码。

4.电气自动化技术层次的突破（创新化）

在电气自动化的企业当中，数据的共享需要网络来实现，然而我国企业的网络环境还不完善。不仅如此，共享的数据量很大，若没有网络来支持，而数据库出现事故时，就会致使系统平台停止运转。为了避免这种情况发生，加大网络的支持力度尤为重要。随着电力领域技术的不断进步，电气工程也在迅猛发展，技术环境日益开放，在接口方面自动化控制系统朝着标准化飞速前进，标准化进程对企业之间的信息沟通交流有极大的促进作用，方便不同的企业进行信息数据的交换活动，能够克服通信方面出现的一些障碍问题还有，由于科学技术得到较快发展，也将电气技术带动起来，目前我国电气自动化生产已经名列前茅，在某些技术层次上也处于很高的水平。

通过我国的自动化所发展情况进行分析，将来我国在这方面的水平会不断提高，慢慢赶上发达国家，逐渐提高我国在世界上的知名度，让我国的经济效益更高。整个技术市场大环境是开放型快速发展的，面对越来越残酷的竞争，各个企业为了适应市场，提高了自动化控制系统的创新力度，并且特别注重培养创新型人才，下大力气自主研发自动化控制系统，取得了一定的成绩。企业在增强自身的综合竞争实力的同时，自动化控制系统也将不断发展创新，为电气工程的持续发展提供了技术层次的支撑和智力方面的保障。

5.不断提高电气自动化的安全性（安全化）

电气自动化要很好地发展，不只是需要网络来支持，系统运行的安全的保障更加重要，然而对系统进行维护以及保养非常重要。如今，电气自动化行业越来越多，大多数安全系数比较高的企业都在应用其电气自动化的产品，因此，我们需要重视产品安全性的提高。现在，我国的工业经济正在经历着新的发展阶段，在工业发展中，电气自动化的作用越来越重要，新型的工业化发展道路是建立在越来越成熟的电气自动化技术基础上的。自动化系统趋于安全化能够更好地实现其功能。通过科学分析电力市场发展的趋势，逐渐降低市场风险，防患于未然。

同时，电气自动化系统已经普及我们的生活中，企业需要重视其员工的整体素质。为使得电气自动化的发展水平得到提高，对系统进行安全维护要做到位，避免任何问题的出现，保证系统正常工作。

第二节　电气自动化控制技术的应用

一、电气自动化控制技术在工业中的应用

电气自动化控制技术可以在更多的领域中实现价值。现阶段的电气自动化控制技术集成了现代很多高端的科学技术，包括信息技术、电子技术、计算机技术、智能控制等，新时期的电气自动化控制技术，有效地将这些先进技术融于一体，将具有更多的功能，而且操作简便、更加安全可靠。新时期的电气自动化控制技术可以应用在更多领域，比如军事工业、建筑业、生产企业等。计算机技术的不断成熟与发展，为电气自动化控制技术水平的提高创造了条件，计算机技术可以使电气自动化控制系统进行最优化控制，监控管理生产设备，提高当代企业的自动化程度。

在电子信息技术、互联网智能技术的发展影响下，工业电气自动化技术初步应用于社会生产管理中，经过半个多纪的发展，工业电气自动化技术的发展日臻成熟，逐渐应用于社会生产、生活的方方面面，对于电子信息时代的发展具有至关重要的时代意义。进入信息化时代以来，人们的生产、生活观念同步变化，对工业电气行业的发展提出更高的要求，工业电气系统不得不进行与时俱进的改革。同时，随着电气自动化技术水平的日益提高，电气自动化技术在工业电气系统的发展已成为必然趋势，具有跨时代的研究价值，对于社会经济的发展有着十分重要的推动意义，可以进一步促进国家的繁荣昌盛。

（一）电气自动化控制工业应用发展现状

工业电气自动化的应用能够促进现代工业的发展，它可以有效节约资源，降低生产成本，为我国带来更大的经济效益和社会效益。工业电气自动化技术能够有效提升我国电气化技术的使用水平，有效缩短我国在工业电气自动化方面与国外发达国家之间的差距，促进我国国民经济的快速发展。在工业电气自动化领域，电气自动化技术的应用为工业领域添加了新活力，我们可以通过现场总线控制系

统连接自动化系统和智能设备，解决系统之间的信息传递问题，对工业生产具有重大的意义。现场总线控制系统与其他控制系统相比具有很多优势和特点，如智能化、互用性、开放性、数字化等，已被广泛应用于生产的各个层面，成为工业生产自动化的主要方向。

1.科技的不断发展推动了电气自动化的快速发展

使得电气自动化被广泛应用于工业生产中，各类自动化机械正逐步替代人工进行工作，或是做着一些由于环境危险而人工无法完成的工作，节约了生产成本和时间，提升了工作效率，为企业带来了更大的经济效益。同时，工业电气自动化技术也被广泛应用于人们的日常活动中。为了给社会培养更多电气自动化人才，我国很多高校都开设了电气自动化专业。我国电气自动化专业最早出现于20世纪50年代，各高校开展电气自动化专业仅经过半个多世纪的发展就取得了显著的成就，再加上电气自动化有专业面宽、适用性广的特点，经过国家几次大规模调整，电气自动化技术仍然具有美好的发展前景。近年来，电子科技的不断发展，推动了工业电气自动化技术在各个工业生产领域和人们日常活动中的应用，并取得了显著成效。纵观工业电气自动化的发展历程，信息技术的快速发展决定了工业电气的自动化发展，并为工业电气自动化的发展提供了基础，同时，也推动了工业电气自动化技术的应用。大规模的集成电路为工业电气自动化的应用提供了设备依赖，使物理科学固体电子学对工业电气自动化的发展产生了重要影响。

2.电气自动化控制工业具体应用

随着时代的发展，工业电气自动化推动了现代工业的发展，提升了我国电气自动化技术的水平，增强了我国工业实力。可以实现现场总线控制系统与智能设备、自动化系统的连接，以此解决各个系统之间信息传递存在的问题。对工业生产具有重要影响。例如，数字化、开放性、互用性、智能化的电气自动化发展方向，逐渐在工业生产中实现，在对其系统结构设置时也广泛应用到生产活动的各个层面。

设备与化工厂之间的信息交流在现场总线控制系统建立的基础上逐渐加强，为它们之间的信息交流提供了便利，现场总线控制系统还可以根据具体的工业生产活动内容设定，针对不同的生产工作需求，建立不同的信息交流平台。

（二）电气自动化控制工业应用发展策略

1.统一电气自动化控制系统标准

电气自动化工业控制体系的健全和完善，与拥有有效对接服务的标准化系统程序接口是分不开的，在电气自动化实际应用过程中，可以依据相关技术标准规范、计算机现代化科学技术等，推动电气自动化工业控制体系的健康发展和科学运行，不仅能够节约工业生产成本、缩短电气自动化运行的时间、减少工业生产过程中相关工作人员的工作量，还能够简化电气自动化在工业运行中的程序，实现生产各部之间数据传输、信息交流、信息共享的畅通。例如，在有效对接相同企业的Ems实践系统、E即体系的过程中，可以通过自动化技术与计算机平台科学处理生产活动中的各类问题，统一办公环境的操作标准，另外在统一电气自动化控制系统标准还能够推动创建自动化管理的标准化程序的进程，解决不同程序结构之间的信息传输问题，因此，可以将其作为电气自动化控制工业的未来发展应用主体结构类型。

2.架构科学的网络体系

架构科学的网络体系，有利于推动电气自动化控制工业的健康化、现代化、规范化发展，发挥积极的辅助作用实现现场系统设备的良好运行，促进计算机监控体系与企业管理体系之间交叉数据、信息的高效传递。同时企业管理层还可以借用网络控制技术实现对现场系统设备操作情况的实时监控，提高企业管理效率。而且随着计算机网络技术的发展，在电气自动化控制网络体系中还要建立数据处理编辑平台，营造工业生产管理安全防护系统环境，因此，建立科学的网络体系，完善电气自动化控制工业体系，发挥电气自动化的综合运行效益。

3.完善电气自动化系统工业应用平台

完善电气自动化系统工业应用平台则需建立健康、开发、标准化、统一的应用平台，对电气自动化控制体系的规范化设计、服务应用具有重要作用和影响。良好的电气自动化系统工业应用平台能够为电气自动化控制工业项目的应用、操作提供支撑保障，并在系统运行的各项工作环节中发挥积极的辅助作用，有效地缓解工业生产中电气自动化设备的实践、应用所消耗的经济成本，同时还可以提升电气设备的服务效能和综合应用率，满足用户的个性化需求，实现独特的运行系统目标。在实际应用中，可以根据工业项目工程的客户目标、现实状况、实际需求等运行代码，借助计算机系统中CE核心系统、操作系统中的NT模式软件实现目标化操作。

（三）工业电气自动化控制技术的意义与前景

工业电气自动化技术在工业电气领域的应用，其意义通常在于对市场经济的推动作用和生产效率的提升效果两方面。在市场经济的推动作用方面，工业电气自动化技术的应用在实现各类电器设备最大化使用价值的同时，有效强化工业电气市场各个部门之间的衔接，保证工业电气管理系统的制度性发展，以工业电气管理系统制度的全面落实确保工业电气系统的稳定快速发展，切实提升工业电气市场的经济效益，进而促进整体市场经济效益的提升。在生产效率的提升效果方面，工业电气自动化技术的应用可以提升工业电气自动化管理监督的监控力度，进行市场资源配置的合理优化和工业成本的有效控制，同时给生产管理人员提供更加精确的决策制定依据，在降低工业生产人工成本的同时，提升工业生产效率，促使工业系统的长期良性循环发展。

通过工业电气自动化的发展，可以有效地节约在现代工业、农业及国防领域的资源，降低成本费用，从而取得更高的经济和社会效益。随着我国工业自动化水平的提高，我们可以实现自主研发，缩短与世界各国之间的距离，从而推动国民经济的发展。我国的工业电气自动化企业应完善机制和体制，确立技术创新为主导地位，通过不断地提高创新能力，努力研发出更好的电气自动化产品和控制系统。通过加强我国电气自动化的标准化和规范化生产，以科学发展观为指导思想，以人为本，学习先进的技术和经验，充分发挥人的积极性，从而使企业加快转变经济增长方式，使我国的工业电气自动化技术和水平得到发展和提高。

随着我国工业电气自动化技术的发展，社会各界对其的关注度不断提高。为了实现工业电气自动化生产的规模化和规范化，应当不断规范我国电气传动自动化技术领域的相关标准。同时，为了进一步推动我国工业电气自动化技术的发展，提升我国工业电气自动化技术的自主研发能力，应当进一步完善相关体制、机制和环境政策，为企业自主研发电气自动化系统和产品提供发展空间，通过不断地提高我国工业电气自动化技术的创新能力，推动工业电气自动化生产企业经济增长方式的改变和工业电气自动化技术科学发展的新局面。通过相关的分析可知，我国工业电气自动化会不断朝着分布式信息化和开放式信息化的方向发展。

（四）工业电气自动化技术的应用

在工业电器系统的发展中，工业电气自动化技术的应用改革关键在于计算机互联网技术的应用和可编程逻辑控制器技术的应用。在工业电气自动化的计算机互联网技术应用中，计算机互联网技术的关键作用在于控制系统的高效性，进行工业电气配电、供电、变电等各个环节的全面系统性控制，实现工业电气配电、供电、变电等的智能化开展，配电、供电、变电等操作的效益更加高效，工业电气系统的综合效益得以有效提高。同时，工业电气自动化技术的应用可以实现工业电气电网调度的自动化控制，进行电网调度信息的智能化采集、传送、处理和运作等环节，工业电气系统的智能化效果更加显著，最大化经济效益得以实现。在工业电气自动化的PLC技术的应用中，借由PLC技术的远程自动化控制性能，自动进行工业电气系统工作指令的远程编程，有效地过滤工业电气系统的采集信息，快速高效地进行工业电气过滤信息的处理和存储，在工业电气系统的温度、压力、工作流等方面的控制效果明显，可以进行工业电气系统性能的全面完善，提高工业电气系统的工作效益，进而实现市场经济效益的全面提升，加快我国国民经济和社会经济的发展进程。

二、电气自动化控制技术在电力系统中的应用

随着科学技术不断发展，电气自动化技术对电力系统的作用也越来越重要。虽然我国对应用于电力系统中的电气自动化技术研究起步比较晚，但近年来还是取得了一定的成绩。当然，目前国内的这些技术与国外先进水平相比，仍存在比较大的差距。所以，对应用在电力系统中的电气自动化技开展与研究已经迫在眉睫。显而易见，电气自动化控制技术在监测、管理、维修电力系统的步骤都有着很大的影响，它能通过计算机了解电力系统实时的运行情况并有效解决电力系统在监测、报警、输电等过程中存在的问题，扩大了电力系统的传输范围，让电力系统输电和生产效率得到了很大的提高，让电力系统的运营获得了更高的经济价值，进而促进了电气自动化控制在我国电力系统的实施。

科学技术的日益进步和信息化的快速发展是电力系统不断前进的根本推动力。随着计算机技术在电力系统中不断向前发展，近年来，电力行业突飞猛进，电气自动化控制技术的发展已成为我国电力系统发展的主要问题。在这种趋势下，传统的运行模式已满足不了人们日益增长的需求，为了解放劳动生产力、节约劳动时间、降低劳动成本和促进资源的合理利用，电气自动化控制技术便应运而生，而传统的模式便退出舞台。电气自动化就成为电力行业的霸主。电气自动化主要是利用现如今最先进的科技成果和顶尖的计算机技术对电力系统的各个环节和进程进行严格的监管和把控，从而保证电力系统的稳定和安全。电气自动化技术已应用至各个领域，所以对电气自动化技术的深入了解和分析对国民经济的发展有划时代意义。

（一）电力系统中应用电气自动化控制技术的应用概述

1.电力系统中应用电气自动化控制技术的发展现状

伴随着我国经济社会发展进程的日益推进，各行各业和家庭生活中对于电力的需求量与日俱增，我国电网系统的规模也在日趋扩大，传统的供变电和输配电控制技术必然无法满足现阶段日益增高的电力生产和配送的要求。由于电气自动化控制技术具有高效、快捷、稳定、安全等优势，符合我国电力系统的发展更多元、更复杂、更广泛的特点，能够切实降低电力生产成本、提高电力生产和配送效率、保障电力供应安全稳定，进而对提升电力企业的竞争力和企业价值具有非常重要的促进作用，因而电气自动化控制技术在我国电力系统中得到了非常广泛的应用。我国的电力系统中对于电气自动化控制技术的应用已日趋成熟和完善。

2.电力系统中电气自动化控制技术的作用和意义

近些年来，我国科学技术日益进步，尤其是在计算机技术领域和PLC技术领域不断取得崭新的科技成果，使得我国的电气自动化技术也获得了飞速发展。

其中，计算机技术称得上电力系统中电气自动化技术的核心。其重要作用在供电、变电、输电、配电等电力系统的各个核心环节均有体现。正是得益于计算机技术的快速发展，我国涉及各个区域、不同级别的电网自主调动系统才得以实现。同时，正是依赖于计算机技术，我国的电力系统才实现了高度信息化的发展，大大提高了我国电力系统的监控强度。

PLC技术是电气自动化控制技术中的另一项至关重要的技术。它是对电力系统进行自动化控制的一项技术，使得对于电力系统数据信息的收集和分析更加精确、传输更加稳定可靠，有效降低了电力系统的运行成本，提高了运行效率。

3.电力系统中电气自动化控制技术的发展趋势

现阶段，电气自动化控制技术极大地提高了电力系统的工作效率还有安全性，改变了传统的发电、配电、输电形式，减少了电力工作人员的负荷，并对其安全起到了积极的作用。同时，该技术改变了电力系统的运行，让电力工作人员在发电站内就可以监测整个电力网络的运行并可以实时采集运行数据。以后的电气自动化控制会在一体化方面有所突破，现阶段的电力系统只能实现一些小故障的自主修理，对于一些稍微大一点的故障计算机还是束手无策。在人工智能化逐渐提高的未来，相信这一难题也会被我们攻克。将电力系统的检测、保护、控制功能三位一体化，我们的电力系统将会更加安全和经济。

随着经济的日益发展，电气自动化控制技术在电力系统中得到了越来越广泛的应用。随着我国科技的不断进步，电气自动化控制技术也将向水平更高、技术更多元的方向发展，诸如信息通信技术、多媒体信息技术等科学技术，也将被纳入电气自动化的应用范畴。具体说来，可大致分为以下几个方面：

第一，我国电力系统中电气自动化技术的发展已趋于国际标准化。我国电力行业为了更好地与国际接轨、开拓国际市场，也对我国的电气自动化的技术研发实施了国际统一标准。

第二，我国电力系统中电气自动化技术的发展已趋于控制、保护、测量三位一体化。在电力系统的实际运行中，将控制、保护、测量三者的功能进行有效的组合和统一，能够有效提高系统的运行稳定性和安全性，简化工作流程、减少资源重复配置、提高运行效率。

第三，我国电力系统中电气自动化技术的发展已趋于科技化。随着电气自动化在我国电力系统中的应用范围的不断拓宽，其对计算机技术、通信技术、电子技术等科学技术的要求也不断提高。将先进的科学技术成果，不断应用到电力系统的实际工作中，将是电气自动化技术在我国电力系统中发展的另一大趋势。

（二）电气自动化控制技术在电力系统中的具体应用

1.电气自动化控制的仿真技术

我国的电气自动化控制技术不断和国际接轨。随着我国科技的进步和自主创新能力的增强，电力系统中关于电气自动化技术的研究逐渐深入，相关科研人员已经研究出了达到国际标准的可直接利用的仿真建模技术，大大提高了数据的精确性和传输效率。仿真建模技术不仅能对电力系统中大量的数据信息进行有效的管理，还能够构建出符合实际状况的模拟操作环境，进而有助于实施对电力系统的同步控制。同时，针对电气设备产生的故障，还能够有效地进行模拟分析，从而排除故障，提高系统的运行效率。另外，该项技术还有利于对电力系统中电气设备进行科学合理的测试。

仿真技术在实际的应用中需要诸多技术的支持，其核心技术是信息技术，以计算机及相关的设备作为载体，综合应用了系统论、控制论等一系列的技术原理，实现对系统的仿真，从而实现对系统的仿真动态试验。应用仿真技术能够有效地对不同的环境进行模拟，从而在正式的试验之前预先进行仿真试验，进一步确保电力系统运行的稳定与可靠。通常情况下，仿真试验会作为项目可行性论证阶段的试验，只有确保仿真试验通过以后才能够正式地进行实验室试验。采用仿真技术，电力系统就可以直接通过计算机的TCP/IP协议对电力系统运行中的信息和数据进行采集，然后通过网络传送到发电厂的数据信息终端中，具备一定仿真模拟技术的智能终端设备就可以快速地对电力系统运行过程中的各项信息数据进行审核评估。通过将仿真技术应用电力系统运行当中，电力系统在运行中可以直接采集运行的信息和数据并做出判断，确保电力系统在运行过程中能够及时地发现故障。

2.电气自动化控制的人工智能控制技术

人工智能是以计算机技术为基础，通过对程序运行方式进行优化，从而让计算机实现对数据的智能化收集与分析，通过计算机来模拟人脑的反应与操作，从而实现智能化运行的一种技术。人工智能技术最主要的核心技术还是计算机技术，其在运行的过程中依赖于先进的计算机技术与数据处理技术，其在电力系统中的应用能够提高电力系统的运行水平。通过人工智能技术应用到电力系统中，大大提高了设备和系统的自动化水平，实现了对电力系统运行的智能化、自动化和机械化的操作和控制。电力系统中采用人工智能技术主要是对电力系统中的故障进行自动检查并将故障信息进行反馈，从而使电力系统发生故障时能够得到及时的维修。当电力系统出现故障后其主要工作方式是由人工智能技术中的馈线安装自动化终端会通过对电力系统故障进行分析，并将故障数据信息通过串口232或485和DTU的终端进行连接。最后检查中心在较短的时间内对故障数据信息进行检测从而发现发生故障的原因，进而能够及时地对电网系统进行维修。

人工智能控制技术极大地促进了我国电力系统的安全性、稳定性和可控性。对于复杂的非线性系统而言，智能控制技术具有无法替代的重要作用。电力系统中智能控制技术的应用，不但提高了系统控制的灵活性、稳定性，还能增强系统及时发现和排除故障的能力。在实际运行中，只要电力系统的某个环节出现故障，智能控制系统都能及时发现并做出相应的处理。同时，工作人员还能够利用智能控制技术对电网系统进行远程控制，这大大提高了工作的安全性，增强了电力系统的可控性，进而提高了电力系统整体的工作效率。

3.电气自动化控制的多项集成技术

电力系统中运用电气自动化的多项集成技术，对系统的控制、保护与测量等工程进行有机的结合，不仅能够简化系统运行流程，提高运行效率，节约运行成本，还能够提高电力系统的整体性，便于对电力系统的环节进行统一管理，从而更好地满足不同客户的用电需求，提升电力企业的综合竞争力。

4.电气自动化控制技术在电网控制中的应用

电网的正常运行对于电力系统输配电的质量有着关键性的作用。电气自动化控制技术能够实现对电网运行状况的实时监控，并能够对电网实行自动化调度。在保障输配电效率的同时，促进了电力企业改变传统生产和配送模式，不断走向现代化，提高了企业的生产和经营效率。电网技术的发展离不开计算机技术和信息化技术的飞速进步。电网技术包括对电力系统中的各个运行设备进行实时监测，在提高对电力系统运行数据信息的收集效率、使得工作人员能够实时掌控设备运行情况的同时，更能够自动、便捷地排除故障设备，并且已经可以自动维修一些故障设备，大大提高了对电气设备的检修、维护的效率，加快了电力生产由传统向智能化转变的进程。

5.计算机技术的应用

从技术层面来分析，电气自动化控制技术取得成功最重要的就是和计算机技术结合并在电力系统中得到广泛的利用。电子计算机技术被应用在电力系统的运行检修、报警、分配电力、输送电力等重要环节中，它可以实现控制系统的自动化，计算机技术中应用最广泛的就是智能电网技术了，运用计算机技术我们可以利用复杂的算法对各个电网分配电力。智能电网技术代替了人脑对配电等需要高强度计算的作业，被广泛应用在发电站和电网之间的配电和输电过程中，减轻了电力工作人员的负担而且降低了出错的概率。电网的调度技术在电力系统中也是一个很重要的应用，它直接关系到电力系统的自动化水平，它的主要工作是对各个发电站和电网进行信息收集，然后对信息进行分类汇总，让各个发电站和电网之间实现实时沟通联系，进行线上交易，它还可以对我们的电力系统和各个电网的设备进行匹配，提高设备的利用率，降低电力的成本。它还有记录数据的功能，可以实时查看电力系统的各项运行状态。

6.电力系统智能化

就现在的科技水平而言，我们已经在电力系统设备的主要工作原件、开关、警报等设备方面实现了智能化。这意味着我们能通过计算机控制危险设备的开关、对主要的发电设备进行实时监测并实现报警功能。智能化技术在运行过程中可以收集设备的运行数据，方便我们对电力系统的监控和维护，而且可以通过数据分析出设备存在的问题，起到预防的作用。在以后的智能化实验中，我们着力研究输电、配电等设备的智能化。

传统的电力系统需要定期指派人员进行检测和检修工作，在电气自动控制之后，我们的电力系统可以实现实时在线监控，记录设备运行过程中的每一个数据，并且能够有效地跟踪故障因素，通过对设备记录数据的研究和分析及时发现设备存在的隐患，并鉴别故障的程度，如果故障程度较低可以实现自我修复，如果较高可以起到警报作用。这一技术不仅提高了电力系统的安全性，而且还降低了电力设备的检修成本。

7.变电站自动化技术的应用

电力系统中最重要的一环就是变电站，发电站和各个电网之间的联系就是变电站。变电站的自动化主要是在计算机技术应用的基础上。要实现电力系统整体的电气控制自动化，不可缺少的环节就是实现变电站自动化。在变电站自动化中，不仅一次设备比如变压器、输电线或者光缆实现了自动化、数字化，它的二次设备也部分实现了自动化，比如某些地区的输电线已经升级为计算机电缆、光纤来代替传统的输电线。电气自动控制技术可以在屏幕上模拟真实的输电场景，并记录每个时刻输电线中的电压，不仅对输电设备进行了监控，还对输电中的数据进行了实时记录。

8.数据采集与监视控制系统的应用

数据采集与监视控制系统的简称为SCADA系统，是以计算机为基础的分布控制系统与电力自动化监控系统，在电网系统生产过程实现调度和控制的自动化系统。其主要是对在电网运行过程中对电网设备进行监视和控制，进而实现对电网系统的采集、信号的报警、设备的控制和参数的调节等功能，在一定程度上促进了电网系统安全稳定运行。在电网系统中加入SCADA系统，不仅能够保障电力调度工作，还能够使电网系统的运行更加智能化和自动化。SCADA系统的应用，能够降低电力工作人员的工作强度，保障电网的安全稳定运行，从而促进电力行业的发展。

三、电气自动化控制技术在楼宇自动化中的应用

在现代的城市建筑中，随着科学技术和建筑行业的高速发展，城市建筑的质量和性能都得到了大幅度提升，并且随着信息技术在社会各领域中的广泛应用，从而大幅度提高了现代建筑的性能。其中电气自动化就是现代城市建筑中应用最为广泛的技术，该技术能够大幅度提高建筑的性能，从而提高人们的生活质量，与此同时，在电气自动化的不断应用过程中，其本身也得到了相应的发展，从而使得电气自动化的水平得到了大幅度提高。然而就我国电气自动化在现代建筑自控系统中应用的实际情况而言，其中还存在一些较为严峻的问题，这些问题不仅影响到建筑的质量和性能，甚至还可能留下极大的安全隐患，进而威胁到建筑用户的生命财产安全。因此，为了提高楼宇自控系统的水平，加大对电气自动化的分析研究力度就显得尤为重要。

（一）楼宇自动控制系统概述

所谓的自控系统其实就是建筑设备的一种自动化控制系统，而建筑设备通常则是指那些能够为建筑所服务或者能够为人们提供一些基本生存环境所必须用到的设备，在现代的房屋建筑中，随着人们生活水平的不断提高，这些设备也越来越多，在居民家中通常都会应用到空调设备和照明设备以及变配电设备等，而这些设备都能够通过一定的科学技术和手段来自动化控制这些设备，从而更加合理利用这些设备，与此同时，对这些设备实行自动化管理不仅能够节省大量的能源资源以及人力物力，还能够使这些设备更加安全稳定地运行。而随着科学技术的高速发展，在现代的建筑领域中，各种建筑理论和建筑技术都得到了快速发展，并且各种先进的建筑理论和建筑技术也层出不穷，从而为现代建筑实现电气自动化创造了有利条件。

楼宇自控系统是建筑设备自动化控制系统的简称。建筑设备主要是指为建筑服务的、那些提供人们基本生存环境（风、水、电）所需的大量机电设备，如暖通空调设备、照明设备、变配电设备以及给排水设备等，通过实现建筑设备自动化控制，以达到合理利用设备，节省能源、节省人力，确保设备安全运行之目的。

前些年人们提到楼宇自控系统，主要所指仅仅是建筑物内暖通空调设备的自动化控制系统，近年来已涵盖了建筑中的所有可控的电气设备，而且电气自动化已成为楼宇自控系统不可缺少的基本环节。在楼宇自控系统中，电气自动化系统设计占有重要的地位。最近几年，随着社会经济的发展，人们的生活水平不断提高，因此人们对现代的建筑也提出了更高的要求，因此在现代建筑中楼宇自控系

统应运而生，然而在之前所谓的楼宇自控系统通常只是局限于建筑物内的一些空调设备的，因此，为了提高楼宇自控系统的水平，加大对电气自动化的分析研究力度不仅意义重大，而且迫在眉睫。

（二）电气接地

在建筑物供配电设计中，接地系统设计占有重要的地位，因为它关系到供电系统的可靠性，安全性。尤其近年来，大量的智能化楼宇的出现对接地系统设计提出了许多新的内容。目前的电气接地主要有以下几种方式。

1.TN-S系统

TN-S是一个三相四线加PE线的接地系统。通常建筑物内设有独立变配电所时进线采用该系统。TN-S系统的特点是，中性线N与保护接地线PE除在变压器中性点共同接地外，两线不再有任何的电气连接。中性线N是带电的，而PE线不带电。该接地系统完全具备安全和可靠的基准电位。只要像TN-C-S接地系统，采取同样的技术措施，TN-S系统可以用作智能建筑物的接地系统。如果计算机等电子设备没有特殊的要求时，一般都采用这种接地系统。

在智能建筑里，单相用电设备较多，单相负荷比重较大，三相负荷通常是不平衡的，因此在中性线N中带有随机电流。另外，由于大量采用荧光灯照明，其所产生的三次谐波叠加在N线上，加大了N线上的电流量，如果将N线接到设备外壳上，会造成电击或火灾事故；如果在TN-S系统中将N线与PE线连在一起再接到设备外壳上，那么危险更大，凡是接到PE线上的设备，外壳均带电；会扩大电击事故的范围；如果将N线、PE线、直流接地线均接在一起除会发生上述的危险外，电子设备也将会受到干扰而无法工作。因此智能建筑应设置电子设备的直流接地，交流工作接地，安全保护接地，及普通建筑也应具备的防雷保护接地。此外，由于智能建筑内多设有具有防静电要求的程控交换机房，计算机房，消防及火灾报警监控室，以及大量易受电磁波干扰的精密电子仪器设备，所以在智能楼宇的设计和施工中，还应考虑防静电接地和屏蔽接地的要求。

2.TN-C-S系统

TN-C-S系统由两个接地系统组成，第一部分是TN-C系统，第二部分是TN-S系统，分界面在N线与PE线的连接点。该系统一般用在建筑物的供电由区域变电所引来的场所，进户之前采用TN-C系统，进户处做重复接地，进户后变成TN-S系统。TN-C系统前面已做分析。TN-S系统的特点是：中性线N与保护接地线PE在进户时共同接地后，不能再有任何电气连接。该系统中，中性线N常会带电，保护接地线PE没有电的来源。PE线连接的设备外壳及金属构件在系统正常运行时，始终不会带电，因此TN-S接地系统明显提高了人及物的安全性。同时只要我们采取接地引线，各自都从接地体一点引出，及时选择正确的接地电阻值使电子设备共同获得一个等电位基准点等措施，因此TN-C-S系统可以作为智能型建筑物的一种接地系统。

（三）电气保护

1.交流工作接地

工作接地主要指的是变压器中性点或中性线（N线）接地。N线必须用铜芯绝缘线。在配电中存在辅助等电位接线端子，等电位接线端子一般均在箱柜内。必须注意，该接线端子不能外露；不能与其他接地系统，如直流接地、屏蔽接地、防静电接地等混接；也不能与PE线连接。在高压系统里，采用中性点接地方式可使接地继电保护准确动作并消除单相电弧接地过电压。中性点接地可以防止零序电压偏移，保持三相电压基本平衡，这对于低压系统很有意义，可以方便使用单相电源。

2.安全保护接地

安全保护接地就是将电气设备不带电的金属部分与接地体之间作良好的金属连接。即将大楼内的用电设备以及设备附近的一些金属构件，用PE线连接起来，但严禁将PE线与N线连接。

在现代建筑内，要求安全保护接地的设备非常多，有强电设备、弱电设备，以及一些非带电导电设备与构件，均必须采取安全保护接地措施。当没有做安全保护接地的电气设备的绝缘部分损坏时，其外壳有可能带电。如果人体触及此电气设备的外壳就可能被电击伤或造成生命危险。我们知道在一个并联电路中，通过每条支路的电流值与电阻的大小成反比，即接地电阻越小，流经人体的电流越小，通常人体电阻要比接地电阻大数百倍经过人体的电流也比流过接地体的电流小数百倍。当接地电阻极小时，流过人体的电流几乎等于零。实际上，由于接地电阻很小，接地短路电流流过时所产生的电压很小，所以设备外壳对大地的电压是不高的。人站在大地上去碰触设备的外壳时，人体所承受的电压很低，不会有危险。加装保护接地装置并且降低它的接地电阻，不仅是保障智能建筑电气系统安全，有效运行的有效措施，也是保障非智能建筑内设备及人身安全的必要手段。

3.屏蔽接地与防静电接地

在现代建筑中，屏蔽及其正确接地是防止电磁干扰的最佳保护方法。可将设备外壳与PE线连接；导线的屏蔽接地要求屏蔽管路两端与PE线可靠连接；室内屏蔽也应多点与PE线可靠连接。防静电干扰也很重要。

在洁净、干燥的房间内，人的走步、移动设备，各自摩擦均会产生大量静电。例如，在相对湿度10%～20%的环境中人的走步可以积聚3.5万伏的静电电压、如果没有良好的接地，不仅仅会产生对电子设备的干扰，甚至会将设备芯片击坏。将带静电物体或有可能产生静电的物体（非绝缘体）通过导静电体与大地构成电气回路的接地叫防静电接地。防静电接地要求在洁净干燥环境中，所有设备外壳及室内（包括地坪）设施必须均与PE线多点可靠连接。智能建筑的接地装置的接地电阻越小越好，独立的防雷保护接地电阻应≤4Ω；独立的安全保护接地电阻应≤4Ω；独立的交流工作接地电阻应≤4Ω；独立的直流工作接地电阻应≤4Ω；防静电接地电阻一般要求≤100Ω。

4.直流接地

在一幢智能化楼宇内，包含有大量的计算机，通信设备和带有电脑的大楼自动化设备。在这些电子设备进行输入信息，传输信息，转换能量，放大信号，逻辑动作，输出信息等一系列过程中都是通过微电位或微电流快速进行，且设备之间常要通过互联网络进行工作。因此为了使其准确性高，稳定性好，除了需有一个稳定的供电电源外，还必须具备一个稳定的基准电位。可采用较大截面的绝缘铜芯线作为引线，一端直接与基准电位连接，另一端供电子设备直流接地。该引线不宜与PE线连接，严禁与N线连接。

5.防雷接地

智能化楼宇内有大量的电子设备与布线系统，如通信自动化系统、火灾报警及消防联动控制系统、楼宇自动化系统、保安监控系统、办公自动化系统、闭路电视系统等，以及他们相应的布线系统。这些电子设备及布线系统一般均属于耐压等级低，防干扰要求高，最怕受到雷击的部分。不管是直击、串击、反击都会使电子设备受到不同程度的损坏或严重干扰。因此智能化楼宇的所有功能接地，必须以防雷接地系统为基础，并建立严密，完整的防雷结构。

智能建筑多属于一级负荷，应按一级防雷建筑物的保护措施设计，接闪器采用针带组合接闪器，避雷带采用25×4（mm）镀锌扁钢在屋顶组成10×10（m）的网格，该网格与屋面金属构件作电气连接，与大楼柱头钢筋作电气连接，引下线利用柱头中钢筋，圈梁钢筋，楼层钢筋与防雷系统连接，外墙面所有金属构件也应与防雷系统连接，柱头钢筋与接地体连接，组成具有多层屏蔽的笼形防雷体系。这样不仅可以有效防止雷击损坏楼内设备，而且还能防止外来的电磁干扰。

第七章　电气工程及自动化的运行维护、检修及交验

第一节　电器修理程序、工艺要点

一、小型电器的修理

（一）常用易换备品备件及工具

各种开关触头、线圈，中小型电机常用漆包线、绝缘漆、绝缘纸及垫、轴承、润滑油脂、电刷、螺栓、竹条、常用引出线及端子等。

常用维修工具、焊烙铁及焊锡、拔轮器、烘箱、三相及单相调压器、电池及蓄电池、短路侦察器、断条侦察器、电工常用检测仪表、塞尺、温度计、消防器材、转子平衡校检器、绕线机、放线器、油桶、汽油或洗涤剂、酒精、常用电器手册及资料等。

（二）修理程序及规则

①判断或寻找故障部位，并拆除故障部位。

②装配备品备件。

③修整并手动合闸，测试并调整触头吸合断开程度。

④测试绝缘电阻及更换部位电气参数。

⑤通电试验，测试参数（包括短路，过载试验）。

⑥连续通电吸合、断开5次应无故障。

二、电机及变压器的修理

①解体电动机或变压器，判断寻找故障部位，准备修理器材及工具。

②拆除故障部位线圈、记录原始数据（圈数、线径、周长及各类绝缘衬垫等）。

③绕制新线圈。

④清理拆除部位，放置绝缘材料。

⑤放置新线圈，摇测绝缘。

⑥接线、摇测绝缘。

⑦判断、确定并测试接线是否正确。

⑧烘干、浸漆、测试。

⑨装配，测试相关数据。

⑩通电试验，测试相关数据。

⑪记录修理过程及各参数、存档。

三、修理过程测试及管理

①修理用到的材料、元件、备品、备件必须是合格品，生产商应具有生产制造许可证，使用前应对其进行检测、测试。

②修理工艺的每个步骤完毕后都应进行相关数据的测试，并保证其合格，否则不得进入下一个步骤。

③拆除故障部位时，每个步骤都应详细记录相关数据和原有状态，必要时应画图或照相，否则将会给修理带来麻烦。

④设备较大、故障复杂时应编制修理方案，详细阐述修理步骤和注意事项。

⑤修理过程中的测试、修理完毕后的试验应按图像标准规范进行。

⑥设备较大、故障复杂时应按工艺岗位责任制分清责任，下一道工序负责人是上一道工序的质量检查员，确保每道工序合格。

⑦修理过程和数据应全程记录，记录应存档。

⑧拆下的部件应妥善处理，不得影响环境。

四、电气设备的检修程序分析

由于电能不能大量储存，因此，其生产、输送、分配和消费必须在同一时刻完成。在运行过程中，电力系统的每个环节出现故障都会破坏对用户的正常供电，甚至影响到电力系统的运行。

为了保证电力系统对用户的可靠性，首先要保证每个设备和元件运行可靠。为此除了要求在设计时对设备进行合理的选择，运行中严格按照国家的有关规定进行精心操作以外，还必须对设备进行必要的维修和检修。

（一）电气设备检修的目的

电气检修是发挥设备潜力，提高与保持设备健康水平，确保安全与经济运行的重要措施，也是搞好安全生产的基础。

为了搞好设备的检修，一切检修工作应认真执行部颁有关规程导则、工艺标准，并贯彻“预防为主”的原则。根据被检修设备的制造厂家与出厂年代，结合运行经验及事故教训，确定科学的检修周期（即两次同类型检修的间隔时间）及检修项目，做到“应修必修”。检修中则注意严格掌握工艺，坚持验收制度，达到“修必修好”以及预期改善性能的目的。

电气设备检修后应达到以下目的：①消除设备缺陷、排除隐患，使设备能安全运行。②保持或恢复设备的铭牌出力，延长设备的使用年限。③改善或保持设备的性能，提高设备的利用率。

检修工作在达到上述目的的前提下，还应努力做到：①维持对用户的供电，做到安全、可靠、经济运行。②检修工期要短，耗用工时尽可能要少。③必须确保检修周期内安全经济运行。④器材消耗尽量越少越好，修旧利废好。

（二）电气设备检修的分类

检修电气设备的工作按照检修的内容不同，可分为大修、小修、事故检修这三种主要类型。

1.电气设备的大修

对电气设备进行比较全面的检查、清扫、修理、试验或有时加上部分改进。时间比较长。

2.电气设备的小修

电气设备的小修属于维护性的一般检查。重点检查容易损坏的部件，并进行必要的处理、清扫和试验，消除运行中发现的一般缺陷。其时间较短。对各种设备大修和小修的周期，在检修工艺导则及现场检修规程中都有明确的规定。

3.电气设备的事故检修

电气设备的事故检修指电气设备本身发生事故或与其相连或相邻的电气设备发生事故波及本身而被迫停止运行，对易损部件经检查修理或更换后才能恢复运行的电气设备检修。这种类型的检修通常以尽快使受损设备恢复运行为目的。没有非常统一的要求。检修的内容和项目由有关技术负责人确定。

（三）电气设备的检修程序

在现场中对于电气设备的检修一般都应该严格按照以下所列程序进行。

1.电气设备检修前期的准备工作

主要电气设备设大修前期的准备工作：①首先进行编制大修项目表格，根据年度检修计划、设备缺陷及运行和试验中所发现的问题，结合上次大修或者总结、小修记录并且考虑采用先进经验需要改进和完善的项目，在对设备进行现场查对分析然后做好必要的设计和鉴定，落实检修内容、重点内容、重点项目和技术措施；②准备好所需要的工具、施工材料、施工设备配件等并做好场地布置；③认真讨论落实任务，做好人力和施工进度的安排；④准备好施工用交流电源、直流电源，检修记录表格等；⑤了解设备运行方式，办理工作票手续，做好现场安全措施。

上述准备工作完成后，还需要具备下列条件才能开始工作：①重大特殊项目的施工技术措施已经批准；②检修的项目、进度、技术措施、质量、标准检修人员已掌握；③主材料和备用配件已经准备好；④施工工具、安全用具和试验设备已检查试验合格。小修前的准备只是准备必要的工具材料。虽然工作简单，但也不可忽视，特别是在大修前的一次小修，迎接下一次大修的要求，有目的地详细检查设备、核实设备的技术状况（包括有关技术数据、几何尺寸、规范等），进行必要的测绘、试验，为下一次大修提供符合实际的依据，为施工顺利进行打好基础。

2.电气设备检修中的组织和管理

电气设备检修施工期间是检修工作高度集中的阶段，必须做好各项组织管理工作。为了集中力量，更好更快地完成检修任务，施工中应抓好下列工作：①贯彻安全工作规程，确保人力和设备的安全；②严格执行质量标准、操作规程和岗位责任制，确保检修质量；③及时掌握进度，保证按期完工；④节约设备材料，防止材料的浪费；④及时做好技术记录，包括设备技术状况，系统或结构改变、测试数据等。记录应做到正确、完整、简明、实用。

电气设备检修时必须要严格遵循的原则有如下要点：①先切断电源然后再检修。检修时，必须先自己亲自断开电源，并且挂上警示标牌后通知周围的同事，然后才能开始维修。很多很多的事故都是在沟通上出了问题，多年经验得知，断电上电必须自己亲自完成。②先询问然后再动手检修。对有故障的电气设备，不要急于动手拆卸，应该先询问产生经过及故障现象。对生疏的设备，应该先熟悉电路原理和结构。拆卸前要熟悉每个电气部件的功能、位置、连接方式以及与周围其他电器部件的关系，在没有图纸的情况下，应边拆卸边画草图，并标记。③先检查设备的外部然再检查设备后内部。首先检查设备有无明显裂痕、缺损，了解其维修历史、使用年限等，然后再对设备内部进行检查。拆设备前应先排除周边的故障因素，确为设备内部故障才能拆卸，切不可盲目拆卸。④先查电气设备的机械部分然后再查设备的电路部分。先确定电气设备的机械零件无故障后，再进行电气部分的检查。利用检测仪器查找故障部位，确认无接触不良故障后，再有针对性地查看线路与机械的运作关系。⑤先查看设备静态情况然后再通电查看动态。在设备未通电时，查看电气设备按钮、接触器、热继电器以及保险丝的好坏，判定故障所在。通电试验，听声音、测参数、判故障，后维修。⑥先清洁电气设备然后再维修故障。对污染较重的电气设备，先对其按钮、接线点、接触点进行清洁，检查外部控制键是否失灵。许多故障都是由脏污及导电尘块引起的，一经清洁，故障往往会排除。⑦先检查设电源部分然后再检查设备部分。电源部分故障率在设备中占比很高，所以先检修电源可以事半功倍。⑧先查看外围电路然后再更换电气设备的内部部件。先不要更换损坏的电气部件，在确认外围设备电路正常后，再考虑更换损坏的电气部件。⑨先查直流然后再查交流。电气设备检修时，必须先检查直流回路静态工作点，再检查交流回路动态工作点。⑩先排除故障然后调试。调试和故障都有的电气设备，必须先排除设备的故障部分，然后再进行调试。

（四）提升电力电气设备检修水平的策略

对传统的检修方式进行改变。基于现阶段很多企业在进行电力电气设备检修的过程中仍然采用计划性检修方式，由此而引起的资源浪费以及检修效率低等相关问题，我们有必要应用状态检修方式对这种传统检修方法进行替代。状态检修方式是充分结合电力电气设备在运营过程中的相关状态实施情况作为检修基础，结合设备的维修保养需求对设备进行针对性的检修。状态检修基于电力电气设备的日常运行参数作为依据，通过参数的变化趋势对相关零部件的应用情况进行预测，以此作为设备检修方案的制订基础。通过这种状态检修方式能够充分结合相应设备的每一个零部件，制定有针对性的检修策略，使各项检修工作都具有一定的针对性，也使各项检修工作都能够按照预期取得相应的检修效果。状态检修相比于传统的计划性检修方式，其工作开展更加灵活，工作形式也更加多样，重要的是通过状态检修能够充分满足针对性和周密性的相关特点，使得电力电气设备能够得到科学有效的保养，始终处于良好的运行状态。通过这种方式可以有效降低人力、财力、物力等相关成本的投入，同时也有效保障检修质量和检修效率，促进电力电气设备良好稳定运营。

全面提升常规保养工作质量。电力电气设备的正常运转离不开常规的保养工作，常规的保养是由电力电气设备检修人员每日按照相应的工作程序针对电力电气设备进行的各项养护工作。包括对灰尘污垢的清理、对设备的清洁、添加润滑油、每日抄写并记录设备运行参数、及时发现设备运行过程中出现的异常现象等，日常的维修保养工作是维持电力电气设备良好运行状态的基础。通过常规的保养，使电力电气设备始终处于最良好的运行状态，有利于延长电力电气设备的使用寿命。同时也能够及时发现电力电气设备出现的异常情况，从而给予及时的养护措施，尽可能消除电力电气设备的异常运行状态，达到对电力电气设备进行保养的目的。

做好对电力电气设备状态的监测。电力电气设备状态的监测结果是电力电气设备检修工作开展的基础，通过对电力电气设备运行过程中的不同情况，采取科学的监测方案和装置，对设备信息和状态进行有效收集，时刻掌握电力电气设备的健康状态，对风险和缺陷进行分析，从而对各项检修工作进行计划。例如对于电力电气设备的发电机、变压器、电缆断路器等常规主要设备，采用常规运行状态下的电压下测量特征量，能够获得准确性更高的特征参数，这些参数是随时反映设备运行状态的基础，也是对电力电气设备进行系统管理的基础。

做好检修预防和准备工作。电力电气设备的运行主要为工业生产提供动力来源，一旦电力电气设备出现异常，停止运转就会严重影响到生产效率，对人们的生产生活造成重大损失。在提高电力电气设备检修水平的过程中，做好对电力电气设备的检修预防和准备工作，使电力电气设备在需要接受检查维修相关工作时，能够获得更高的效率和更良好的工作质量，能够及时有效地针对电力电气设备产生的故障进行排除，从而使电力电气设备在需要检修时能够按照计划顺利地完成检修，缩短检修时间，从而提高检修效率，使得相应设备能够快速投入到生产中使用。

提高检修人员工作水平。为了使电力电气设备的检修水平得到提升，对电力电气设备检修人员进行培训，从专业知识和技能方面使电力电气设备检修人员的综合能力得到全面提高，满足工作的使用需求，是提高检修水平的重要措施。一方面应通过专业知识和技能培训，使所有检修人员能够充分结合电力电气设备的故障，采用正确有效的措施进行检查维修。另一方面应该引导检修人员不断学习新知识新技能，满足电力电气设备更新换代的技术需求，在充分发挥自身检修经验的过程中也借助于新知识新技术的完善，充分满足现代化电力电气设备的检修需要，保障电力电气设备检修工作顺利开展与实施。

第二节　电气工程检修程序、工艺要点

电气工程的检修是保证电气装置、线路、控制及监测系统、电气系统安全保护装置正常安全运行，保证电气系统功能正常实现最基本的技术手段。为了保证电气系统的安全运行，电气工程检修应遵守电气工程检修程序技术规则。电气工程检修程序技术规则分两部分内容。

一、电气工程检修技术管理

第一，电气工程的检修必须符合国家现行标准规范的要求，并按批准的检修周期、检修项目内容进行。较为复杂、难度较大的检修工程应编制检修方案。

第二，承接电气工程检修的人员必须是合格电工并具有相应的技术等级，管理人员应具备工程师资质，并有电气检修的实践经验。

第三，电气工程检修选用的产品（材料、辅件、配件、小型设备、元件）的生产商必须是取得相应产品生产制作许可证的单位，产品应配有相应的技术文件及合格证。

第四，承接电气工程检修的人员应做好以下工作。

①熟悉图样的检修现场，统计检修工作量，预测检修作业时间和期限，确定现场作业条件、运输条件和安全条件。拟定吊装、运输、试验、调试方案。

②编制常用备品备件及材料计划、进度计划、质量计划、机具和常用检修仪表计划、调试用仪器仪表计划、人力计划、预算书、安全方案、环境管理方案、应急预案、检修方案、安装方案等技术文件。

③组织检修班子，建立管理体系、确定人员、组织检修队伍。进行人力资源分工，确定安全员、质检员和巡视员，并确定职责。

④绘制预制加工图样，委托或自行加工制作，并派质检员跟踪预制加工全过程。

⑤办理相关停电、送电手续；办理动火证及动火期限；办理停机手续，清除生产线余料；张贴告示，临时用电方案，说明检修期现场用电、用水方法等。

⑥设置安全设施，落实安全与有关事宜。

⑦电气工程检修是按规定的周期进行的，每次检修应保存完整的检修记录。更换元件、设备及变更技术参数时，除完整记录外，必须出具相应的图纸及技术文件，并标注在原图样上，写明变更日期及变更人姓名。

⑧召开检修开工及动员大会，宣布检修纪律，明确进度和质量要求，明确后勤部门的服务和供应工作要求。

二、检修实施及现场管理

（一）总体要求及规则

第一，组织检修人员学习和讨论检修方案、安全方案、应急预案、环境方案、质量计划、安装方案和检修电气系统图样，确定关键部位、重点部位，进行检修技术交底、安全交底。

第二，按安全规程中停电程序和要求拉闸停电：①断开所有低压负荷的断路器。②断开电源低压侧总断路器。③断开高压负荷和电源高压侧断路器。④断开电源高压侧隔离开关或跌落熔断器。⑤验电（低压试电笔，高压验电器）。⑥放电（主要指变压器、电容器、大型电动机等）。⑦挂接接地线（指电源侧第一接线点开关的下闸口）。

第三，设置临时用电线路，设置临时配电箱。

第四，检查安全设施及安全用具。

第五，检查检修部件、部位，关键部位、重点部位和隐蔽部位至少由两人进行，隐蔽部位要详细记录。

第六，清洗或拆除检修部位、部件。

第七，安装更换部件（安装前要进行检测），隐蔽部位要有质检员在场。

第八，试验、测试、调整（至少由两人进行，并且有质量检查员在场）。

第九，记录清洗、拆除、更换、安装、试验、测试、调整全过程及相关数据。

第十，质量检查及验收。核对机具、仪表、人员无误。

第十一，试送电（同电气工程安装及调试程序规则）。

第十二，拆除安全设施、临时接地线、临时用电设施及其他检修用临时设施。

第十三，系统全面检查无误。

第十四，正式送电。

（二）检修项目细则

1.高压配电装置的检修

（1）检修的周期

高压配电装置的检修分小修、大修两种，其周期应按设备存在的缺陷和实际运行条件现状确定。

高压断路器应每年小修一次，每3年大修一次，设备状况良好且使用条件较好的可放宽到小修2年一次，大修5年一次，但必须随时利用停电机会检修主要部件。新投入运行的断路器，一年后应进行一次大修，以后按周期进行；故障掉闸三次以上或断路器严重故障应立即停电检修。

高压隔离开关、负荷开关、跌落式熔断器的检修，应结合停电清扫与检查进行，一般应每年至少进行一次。

电流、电压互感器的检修周期，应根据历年预防性试验的结果，经绝缘分析来确定。一般常利用互感器检定时的替换期进行检修，同时用两只互感器轮换使用，既延长了使用寿命，又便于检修、检定。

（2）油断路器小修项目

①操动机构的全面检修，并经试验合格。

②电动操作机构的直流接触器的低电压和返回电压试验及分闸线圈的低电压试验；其他低压电器的试验和检查。

③测量全行程、接触行程、压缩行程及三相同期性。

④检查并修复动触头及固定触头的烧伤情况。

⑤清扫检查或更换灭弧室。

⑥检查绝缘筒有无损坏及其绝缘电阻。

⑦检查导电管及提升杆应符合要求。

⑧检查定位间隙应符合产品说明的要求。

⑨检查传动机构应灵活无卡阻。

⑩检查绝缘子、瓷套管和绝缘拐臂并测量绝缘电阻。

⑪检查升降装置及钢丝绳有无阻卡锈蚀。

⑫检查分、合闸缓冲器和分闸弹簧的性能应符合要求。

⑬紧固各部位螺母，并检查接地线。

⑭处理油截门、油标尺、桶皮等渗、漏油处。

⑮摇测套管式电流互感器和其二次回路的绝缘电阻。

(3) 油断路器大修项目

①修前检查、数据测量和性能试验。

②操作机构各部件的检修和调整。

③传动机构的检修调整。

④更换有缺陷的套管和更换套管中的油。

⑤灭弧室解体检修。

⑥动触头、静触头的打磨或更换。

⑦行程及三相同期性的调整。

⑧更换渗油、漏油的截门、油标管，并检查排气管等附件。

⑨摇测套管式电流互感器及其二次回路的绝缘电阻或更换不合格的电流互感器及二次回路。

⑩对分合闸速度、时间及低电压跳闸、其他性能进行试验。

⑪修复外观不妥并对外壳刷漆防腐。

⑫按规程或说明书处理其他缺陷和特殊项目的检修。

⑬修理后进行全部项目的试验。

⑭其他类型断路器和高压开关装置可参照上述项目进行检修。

2.电力变压器的检修

变压器的检修分小修和大修两种，其周期一般是根据历年来预防性试验结果和运行实际情况经分析后确定的。

(1) 变压器的小修

①周期的规定。第一，对35kV及以上的变压器，每半年一次。第二，对10kV及以下的变压器，每一年一次。第三，对10kV及以下的杆上变压器，每两年一次。

②小修项目内容。第一，经修理消除巡查中发现的缺陷。第二，测量绝缘电阻时，与上次测量的数值在同一温度下而降低30%～50%时，应做绝缘油试验，对10kV及以下者做耐压试验，对35kV及以上者，应做绝缘油的简化试验及变压器泄漏电流、介质损耗角正切值试验。第三，清扫瓷套管和外壳，瓷套管破裂或耐油胶垫老化应更换为合格品，若漏油应拧紧螺钉或换垫。第四，检查引出线接头，如有烧伤应用砂布擦光后接好。第五，补油或滤油。第六，清除储油柜集泥器中的水和污垢。第七，检查吸湿器和出气瓣是否堵塞，并清除污垢。第八，检查并摇测气体继电器引出线是否合格，侵蚀者应更换。第九，检查各部位油截门是否堵塞、是否严密渗漏、是否灵活。第十，熔丝是否完好合格。第十一，对杆上变压器，应检查杆是否有裂纹、歪斜、金属构架铁皮脱落，结构是否松动等。第十二，接地是否可靠完好，一、二次接线是否正确紧固完好等。外壳、瓷套管和接线端子有无变色过热迹象。

(2) 变压器的大修

①周期的规定。第一，35kV及以上的变压器在投入运行5年后应大修一次，以后每5～10年大修一次。第二，10kV及以下的变压器，如不经常过负荷运行，则每10年左右大修一次；经常过负荷的每3～5年大修一次。第三，35kV及以上的变压器，当承受出口短路后，应考虑提前大修或做吊心检查。

②大修项目内容。第一，吊出变压器器身，检查线圈及其绝缘层和铁心。第二，检修并清洗铁心、线圈、分接开关及引出线。第三，检修顶盖、储油柜、防爆管、散热器、测温计、潜油泵、油门、吸湿器及套管等。第四，检修冷却装置及系统和油再生装置。第五，清扫壳体和内腔，必要时外壳应重新刷油。第六，检查控制测量仪表、信号和保护装置。第七，滤油或换油。第八，干燥处理。第九，装配变压器。第十，进行规定的测量和试验。

3.电容器清扫、检修及试验

①电容器组每季清扫一次，时间与定期停电检查同时进行。

②清扫内容有电容器构架及绝缘部分，电容器组的放电装置，电容器室的通风装置及通风孔，电容器回路的其他电气元件。

③电容器组进行清扫、检修、试验时，应先将电容器的电源开关断开，然后进行人工放电。

④更换有缺陷的电容器时，应根据备用电容器的记录资料，检查电容器的电容值及绝缘电阻是否合格，电容器是否漏油、渗油，有无缺陷。不能用的电容器，必须进行掩埋，掩埋深度应大于1m。

⑤对套管和外壳有渗漏油的电容器进行小修时，可采用锡焊或涂环氧树脂等方法补漏。补修时，室内必须通风。

⑥对外壳破裂、内部元件已损坏的氯化联苯电容器不应再进行检修而应及时处理。一般处理方法是集中统一销毁、并深埋残骸。处理时，应避免皮肤与其直接接触，处理中使用过的棉纱、手套等物应随同一起销毁掩埋。

⑦电容器安装前，应进行交接电气试验。

4.各种低压电器的清扫检修项目、周期及要求

①低压断路器故障掉闸后，应及时检修触头及灭弧栅，清除内部灰尘、金属细末及炭质，同时复核其过流整定是否正确，传动装置是否灵活，动作是否可靠。必要时应做电流试验。

②带负荷投切的闸刀开关，每半年应检查一次触头，有无烧坏或接触不良，修复打磨后并在刀闸口涂以中性凡士林油。

③频繁操作的交流接触器，每季至少检查一次触头并清扫灭弧栅，测量吸合线圈的直流电阻是否符合规定值及线圈是否发热及噪声等，同时检查次回路及磁力系统有无卡阻。

④低压断路器和接触器的主触头压力弹簧是否因过热失效，否则应更换。三相主触头的接触电阻是否达到零，是否三相平衡。

⑤低压断路器，接触器的动、静触头是否与中线一致，三相是否同步，并调节触头弹簧使三相一致。摇测相与相间的绝缘电阻，应符合要求。并紧固触头接线、二次回路接线点的螺母，使其达到安全运行的要求。

⑥测量低压断路器、接触器触头接触压力，测试开关断开时动静触头的距离，应符合规定。

⑦低压断路器、接触器触头的磨损或烧伤情况，如磨损厚度大于1mm时，应更换；电弧烧伤严重者应予磨平打光，磨平时应注意三相应一致，并保证其吸合紧密度一致。

⑧低压断路器、接触器电磁线圈的吸合情况是否良好，有无噪声、过热或错位现象。短路环是否完好、松动、脱落；线圈的绝缘有无损伤，摇测是否合格；接线端是否接触良好。

⑨校验接触器的吸合线圈的吸合电压，在额定电压的85%～105%时能否可靠工作；当电压低于额定值的40%时，能否可靠释放。当吸力不足时，可将静铁心垫高减小气隙，保证吸合。

⑩校验低压断路器的分励脱扣器及失压脱扣线圈的吸合电压，在额定电压的75%～105%时，能否可靠工作；当电压低于额定值的40%时，能否可靠释放。同样可采用上述垫高的方法。

⑪无填料式熔断器，每月应作一次紧固插座刀口和熔丝接线点的检查并吹除尘土，插座刀口应涂中性凡士林油；熔断器事故动作后，应检查熔断器内部烧损情况，清除积炭，必要时应更换。同时应检查导线与其连接的情况。

⑫三相或单相胶盖闸、瓷插式熔断器、快速螺旋式熔断器等应安装正确并与环境相符。每周应检查一次电源线及负荷线与开关或熔断器的接点、熔丝两端的接点是否松动，并紧固一次，同时检查熔丝的选择与实际负荷是否匹配，然后吹除尘土。

⑬检查低压电器的辅助接点和继电器接点有无烧伤、卡阻、接线脱落或接触不良的现象，通过的电流有无超过额定值，并吹除尘土，紧固所有接点。

⑭检查空气开关和接触器、起动器热元件的连接点处有无过热或松脱现象，有无变色或烧坏，热元件的环境温度与被保护设备的环境温度是否一致，热元件的规格是否与负荷相匹配，并吹除尘土，紧固接点。

⑮利用停电机会或定期检修时，摇测低压配电装置的母线绝缘电阻，不应低于100MΩ；空开、刀闸、接触器、互感器、起动器的绝缘电阻，不应低于10MΩ；二次线对地绝缘电阻不应低于2MΩ。

⑯变压器二次总开关采用断路器或低压配电装置的进线采用断路器时，检修时应做动作试验、传动试验和升流试验，并核定整定值，应与上一级保护装置匹配。

⑰装有联锁的低压电器和继电器，应做传动试验，检查其动作的可靠性和正确性，并检查其接线是否牢固。

5.电动机的检修及试验

（1）电动机的检修

电动机的检修应根据安装场所的环境条件、电动机的型号及运行情况确定。正常条件下，小修周期为半年到一年；大修周期为1～2年。使用环境良好的场所，周期可适当延长一年。

（2）小修项目内容

①空载试验，测量空载电流，并测量负载电流、三相应基本相同。

②检查电机外观，风扇叶及安装情况，联轴器皮带等。

③清除电机外部灰迹及油垢，清除外壳风道的杂物。

④检查轴承前后、上下左右框量及其润滑情况，补或换润滑油，或更换轴承。

⑤检查集电环和换向器，调整或更换电刷。

⑥紧固各部螺钉，如接线端子、地线端子及与基础地脚螺栓。

⑦遥测相与相、相与外壳（地）的绝缘电阻。

⑧检查引出线的连接及包扎捆绑绝缘情况是否良好。

⑨检查和清扫起动控制设备，检查操作标志字样是否清楚，起动程序及动作是否正常，元件有无损坏或缺陷等。

⑩清除电动机内部积灰油污，检查定子和转子有无不妥等。

⑪检查拖动负载是否有变化或被卡住或盘车费力。

（3）大修项目内容

①小修各项目内容应符合要求及小修不能解决的问题。

②电机解体，清洗内部污垢油渍并检查接线情况。

③检查定子线圈、磁极线圈的绝缘情况，槽楔是否松动，线圈匝间有无短路或烧毁痕迹，短路或烧毁的应更换绕组。遥测相与相、相与外壳（地）的绝缘电阻。

④检查铁心有无松动及与转子有无摩擦痕迹，检查轴承（上、下、左、右、前、后）框量更换轴承。

⑤检查转子或线圈有无断裂或烧毁，转子平衡块及风扇是否松动完好。做动平衡试验。

⑥绕组绝缘处理、刷漆、干燥、焊接、绑扎、紧固等。

⑦检查通风、冷却、润滑系统是否符合要求。

⑧电动机组装、喷漆防腐。

⑨测量电动机线圈及起动装置的直流电阻，其结果与上次结果或制造厂数据比较，差值不应大于20%，且三相平衡。

（4）保留大修后的试验项目

①绝缘电阻及500kW以上电动机的吸收比的测量。

②定子绕组交流耐压试验，40kW以下可遥测绝缘电阻（1000V绝缘电阻表）。

③绕线式电动机转子绕组的交流耐压试验。

④转子及定子绑线的绝缘电阻（一般用2500V的绝缘电阻表）。

⑤用电桥或精密数字万用表测量定子绕组的直流电阻。

⑥起动变阻器的绝缘电阻、直流电阻及交流耐压试验。

⑦定子绕组的极性及其连接的正确性。

⑧高压电动机及容量在320kW及以上的电动机应做直流耐压及泄漏电流的测量。

⑨高压电动机轴承的绝缘电阻。

⑩空载试验及转速的测定，空载电流应为1/3额定电流。

⑪噪声及振动的测定。

(5) 直流电机大修后的试验项目

①励磁机励电枢绕组对轴及金属绑线的绝缘电阻。

②绕组对外壳、电枢绕组及绑线对轴的交流耐压试验。

③绕组的直流电阻。

④电枢整流片间的直流电阻。

⑤可变电阻器的绝缘电阻、直流电阻及交流耐压试验。

⑥绕组的极性及连接组别的正确性。

⑦空负荷试验及转速的测定。

(6) 同步电动机大修后的试验

①绕组对机壳及其相间绝缘电阻的测定。

②绕组冷态下的直流电阻。

③励磁机试验。

④空载试验及转速的测定。

⑤绕组对机壳交流耐压试验。

⑥轴电流的测量。

⑦绕组的极性及连接组别的正确性。

6.直流电源的检修

(1) 蓄电池组的检修周期

①“浮充电”方式运行的蓄电池组，每两年进行一次大修。

②“充电一放电”方式运行的蓄电池组，每年进行一次大修。

③蓄电池的小修周期可根据运行情况确定，正常条件下，每年3月、10月各一次。

(2) 蓄电池组小修的项目内容

①排除个别电池极间短路。

②更换个别电池的极板，并补充电解液。

③清除接线端子处的生盐物并紧固接线端子。

④清扫外壳污垢及母线灰尘并整修木架。

⑤更换破损或裂纹的外壳。

⑥检查接地线。

(3) 蓄电池组大修的项目内容

①更换全部极板和隔板。

②清除壳内底部沉积物。

③更换电解液。

④更换破损的外壳及零件。

⑤修整木架并重新刷漆。

⑥进行充电、放电试验。

（4）充电设备检修周期

①直流充电机组每年大修一次。

②硅整流充电设备每半年检修一次。

（5）直流充电机组检修项目

①解体直流充电机组，清扫内部污垢油渍，并按电机检修的项目进行检修。

②清洗轴承并加油，或更换轴承。

③轴瓦式轴承的轴颈磨损过大时，必须进行研磨，并更换轴瓦。必要时要进行转子平衡试验。

④检查换向器或集电环是否磨损，否则修复或更换。

⑤调整电刷弹货压力或更换电刷。

⑥摇测绝缘电阻。必要时进行耐压试验。

⑦励磁机及电路的检修。

⑧机组的试验及调整。

⑨原动机的检修。

（6）硅整流充电设备检修项目

①检查各部连接是否良好，清除污渍。

②清扫装置各部及散热器上的积灰。并检查散热系统。

③检验整流元件的性能，并测试电压电流。

④按电力变流设备的有关内容进行检修。

7.架空电力线路的检修

架空线路的检修分常规性维护、停电清扫检查和大修改造三种。检修包括绝缘电阻、直流电阻、接地电阻测试，隐蔽工程检查测试以及必要的耐压试验。

（1）周期的规定

①35kV及以上架空线路绝缘子测试或耐压试验1～2年一次。

②35kV及以上架空线路导线连接点的测试1～2年一次。

③接地电阻的测试一年一次。

④隐蔽工程检查的周期。

（2）正常维护的项目内容

①线路名称及杆塔编号的标志进行重新描制，并保持与原来相同。

②检查木杆杆根的腐朽情况，松木杆腐朽部分达杆径的1/4以上、杉木杆腐朽部分达杆径的1/3以上时，应打钢筋混凝土绑桩。

③线路走廊内的树木草丛、植物与导线的距离大于规定时，应进行去树作业，将草丛、植物清除。

④杆身倾斜度不大的应正杆。

⑤水泥杆露筋或水泥脱落者，应将铁锈清除后补抹水泥。

⑥拉线松弛的应调整，戗杆不整的应调正夯实或加固基础。

⑦基础、地锚填土夯实。

⑧修复损坏的接地引线。

⑨其他不停电可进行的作业。

（3）停电清扫检查的项目内容

①登杆处理巡视检查中发现的所有缺陷。

②清洗绝缘子上的灰渍，并检查有无裂纹、损伤、内络痕迹。芯棒是否弯曲、有无严重活动现象，不能继续使用的要予以更换。

③遥测绝缘子绝缘电阻，更换绝缘电阻低于规定值的或已损坏的绝缘子。

④导线连接处接触不良者应重接，并调整弧垂及交叉跨越距离。

⑤紧固并检查导线悬挂点各部螺栓是否松动脱扣，绑线是否松脱，并紧固螺母、补齐垫片、重新绑扎进行修复。

⑥补齐绝缘子串的开口销子、弹簧销子并将其折钩，检查金属部分有无损伤磨损并修复。

⑦紧固导线卡子的螺母，补齐丢失的螺母及垫圈。

⑧修复防震锤歪斜、位移、脱落，并抽查与导线处有无磨损，并修复。

⑨修复护线条卡箍松动磨线或更换。

⑩紧固绝缘子在横担上固定螺母，不能紧固的要更换或套丝修复。

⑪拉线、拉桩及戗杆松弛、断股及歪斜的要进行修复。

⑫摇测线路上的油开关、隔离开关、跌开式熔断器、变压器的绝缘电阻，并检查油位是否合格。更换绝缘电阻不合格的元件或烘干修复。

⑬遥测线路的绝缘电阻、接地电阻，必要时应做耐压试验，并做详尽记录。

⑭其他需停电修理作业等。

（4）大修改造的项目内容

①根据防洪、反污等反事故措施的要求，重新调整线路的路径，包括测量、基础工程、移杆、立杆、拉线、组装架线、测试等作业。

②更换杆头所有有缺陷的部件或加固杆塔及其附件，补齐杆塔上的缺件。

③更换或修补导线、架空地线。

④调整导线、架空地线的弧垂，并使其三相一致，误差在允许范围之内。

⑤更换绝缘子或增加绝缘子片数，更换绝缘子绑线，重新绑扎。

⑥更换或修复油开关、隔离开关、跌开式熔断器、变压器等。

⑦重新设置接地装置及其引线。

⑧更换或增设防震锤，设装护线条。

⑨杆塔基础的加固，重新做好基础的防护设施。

⑩杆塔金属部件刷防锈漆或补刷银粉漆。

⑪处理不合格的交叉跨越及其他不妥。

⑫测试、试验、冲击试送电。

8.电缆线路停电检查和试验

①变压器的进线电缆、重要负荷的电缆，每年进行一次预防性试验。其他一般每1～3年试验一次。

②新敷设的带中间接头的电缆，投入运行三个月后应进行试验，以后按周期进行试验。间时应检查接头部位。

③室外电缆终端头，每年三月及十月应进行停电清扫与检查。对于充有绝缘胶的室外电缆头，应打开盖堵检查绝缘胶是否塌陷，有无结露存水现象，并补灌绝缘胶，并处理巡视检查中发现的缺陷或重做电缆头。

④新做且充有绝缘胶的室外电缆终端头，投入运行六个月后，应打开盖堵检查，以后可按正常周期进行检查。

⑤根据运行情况及试验结果判断电缆有无缺陷，有缺陷或对制造上有怀疑的电缆，试验周期应适当缩短。

⑥电缆的预防性试验，应在春季或秋季土壤中的水分饱和时进行。

⑦电缆在直流耐压试验时，发现泄漏电流不稳定、泄漏电流随试验电压急剧上升或泄漏电流随试验时间延长有上升现象，可提高试验电压或延长耐压试验持续时间进行试验，进一步找出原因或将缺陷部位击穿，连接后再试验。

⑧黏性油浸纸绝缘及不滴流油浸纸绝缘电缆泄漏电流的三相不平衡系数不应大于2。10kV及以上电缆的泄漏电流小于20μA和6kV及以下电缆泄漏电流小于10μA时，其平衡系数不做规定。

⑨1kV及以下电缆可用1000V绝缘电阻表遥测绝缘电阻，而不做直流耐压试验。

⑩直流耐压试验时，应把电缆与设备的连接断开。设备的端子应短路，电缆头引线的相与相之间应固定牢固且绝缘良好。

⑪停电检查除修复巡视检查的缺陷外主要是清扫电缆终端头及其引线上的灰尘污渍，一般常用100%的酒精或乙醚清洗。并且应先清除后做直流耐压试验。

⑫整理电缆及电缆头。

（三）现场管理

①电气检修总负责人和技术负责人应亲临现场，随时应对和解决检修过程中出现的计划外事件，确保检修工期和质量，特别是停电有期限的检修工程，必须亲临现场。

②质量员应按作业面的大小和作业面的多少设置，并随时检测，特别是停电有期限且检修量较大时必须随时检测。

③安全员应按作业面的大小和作业面的多少设置，特别是停电有期限且检修较大时，安全员不得离开作业现场。

④作业班组应有专职或兼职记录员，每项作业完毕后，应立即记录，包括质量、安全相关事宜。

⑤作业完毕应及时清理现场，检查工具、余料及人员。

⑥检修作业应符合国家标准规范和检修方案的要求。

⑦检修作业中的接口部位必须搞好协作，互相沟通，相互督查，做好接口、确保检修质量。

⑧作业组应每天统计进度汇总上报，总负责人应按进度计划相应增加人员和班次，确保进度。

⑨检修完毕经质量检查确定为合格方可送电。

⑩送电应按电气工程送电程序进行。

第三节　电气工程试车、送电、试运行程序要点

电气工程通过投标、中标、编制预算、编制施工组织设计、准备工作、设备原材料进场及检验、安装、调试和质量检验后已基本具备试车、送电、试运行的条件。电气工程试车、送电、试运行是工程最后一道程序也是最重要的一道程序，作为电气工程施工技术人员来说，也是检验你所完成工程的一个技术手段。

一、总体要求

（一）准备工作

①组织学习图样、资料、说明书等技术文件；对照系统图核对主要设备的规格、型号、回路个数、负荷性质及类别、起动方式、容量等；补设各种标志、标牌、信号指示等，清除电动机外壳上及其他电器上的杂物灰迹。

②测量和检查所有回路和电气设备的绝缘电阻，并清除临时送电、调试时带电部分的短接线及各种对送电、试车有影响或危害的障碍物、杂物等。测量系统

的接地电阻应符合要求。

③巡回检查所有的电气线路，包括架空、地下、沟内、管路、柜内外、电气设备接线端及其接线，应正确无误，并与图样相符；恢复所有在测试调整时临时拆开的接线或线头，使之处于正常状态，并检查所有接点、接头端子有无松动、脱离现象并处理之。有否漏油现象。

④再次对系统控制、保护与信号回路进行空投操作试验。动作及显示应正确；所有设备、元件的可动部分应动作灵活可靠，触头分合明确，接触紧密，压力适中，分断时隔离电阻无穷大，闭合时接触电阻近似为零。

⑤检查备用电源及其自动切换装置，应处于良好正常状态。润滑系统、通风系统应正常，要检查油压保护装置是否灵活可靠，能否在不正常情况下，切换主机电源。

⑥在电动机启动前应手动盘车，转动应灵活无卡，并仔细检查内部有无杂物或障碍存在，若有应清除干净。同时应检查皮带的松紧、联轴器安装是否正确，电动机底座或设备地脚是否松动。

⑦对系统中某一设备单独试车时临时解除与其他设备的机械或电气联锁时，应事先通知有关人员，事后应恢复原状，并由他人进行检查。

⑧确定不可逆传动装备电动机的运转方向；并根据设备要求确定电动机的转动方向，以便在试车时调整电动机的接线相序。

⑨检查电动机励磁回路励磁绕组的直流电阻及有无断线或接触不良的情况，检查电刷是否接触良好。

⑩直流电动机绕组的极性及自消磁回路的极性经检查应正确无误。

⑪如利用电动机空转干燥电动机本身，系统应具备正式试车的条件，并按要求进行。

⑫试车前须经设备安装人员检查试运行设备的各个部分，并取得设备安装人员同意或签字才允许开车。

⑬大型电动机启动对电网有较大影响的，应在起动前通知供电部门或厂变电所。

⑭送电试车时，要在厂变电所、主控室、电磁站、操作台等地装设电话或无线布话机，并应通信无阻正常，必要时应装设录音电话。

⑮所有测试调整记录应完整、清晰、签字手续要健全，并准备送电、试车记录及指令传票等，要求同上。

⑯准备各种仪器仪表且应为检定或试验合格。准备安全用具及防护用品消防用具用品并检查无误。准备医疗救护用品、车辆，并通知医务人员准时到场。

⑰检查系统电源总开关和各分路总开关（如断路器、熔断器）应正常；并准

备各种规格型号的熔丝或熔片。

⑱检查系统其他不妥之处并修复、如垃圾、道路安装用临时送电线路等有碍于送电试车工作进行的不利因素。

⑲编制送电方案及试车方案，包括送电程序、试车程序、安全措施、人员分工分配及职责范围、技术措施及指标、注意事项及上述有关条款等内容，并组织所有参加送电或试车的人员进行学习讨论，大型或重要的设施要进行预演，以防万一。

⑳送电和试车通常应召集有关单位的技术人员和负责人参加，一般有建设单位、设计单位、安装单位的上级主管部门及安装调试人员；重要的大型或关键设备的送电试车还应有制造厂家、供电部门、监理部门消防部门等人员参加，并审核送电或试车方案，达成一致性的意见，签字盖章会签等。

（二）注意事项

①所有开关和控制器的操作手柄或转换开关应放在得电前的准备位置或适当的正常位置。

②接触器、开关上的灭弧罩应完好，不能取掉；熔断器的熔丝应正确选择，不准用其他金属材料代替。

③送电时应先送主电源，后送分路电源，再送操作电源；合闸顺序先合隔离开关，后合负荷开关；切断时与上述顺序相反。

④电气传动装置的试车程序必须先手动盘车，然后空投控制回路，动作程序正确后才能使电动机空转，认为正常后才能拖动机械运转，最后再带动负载。在每次起动瞬间，应注意电动机启动状况是否正常，如起动困难应立即停车检查，必要时分析起动方法是否正确。

⑤串激直流电动机不准许空载起动运转。

⑥电动机在拖动风机、泵类负载时应关闭闸门起动。

⑦直流电动机起动时，励磁调节电阻器的阻值应放在最小位置，对直流发电机，则应放在最大位置。无论是直流发电机还是电动机，初次运行发电或拖动时，其电压应逐步升高，同时观察电刷及电枢的火花是否正常。

⑧带动机械起动时应先以点动方式起动，观察转动方向及机械啮合情况是否正常，如有误应检查。带动机械起动运转时须由机装人员配合指挥。

⑨对于双电枢电动机、多速电动机以及由几台电动机驱动同一机械装置，初次起动时应分别单机（单转速）起动，仔细观察起动情况是否和设计相符。

⑩凡带有终端限位或极限开关的控制系统，应先用手动检查行程开关的动作是否灵活正确可靠；然后手动盘车撞击开关观察动作是否正确；再以电动机点动

方式拖动机械撞击开关并仔细观察实际停车、变速、换向等效果，功能完全实现时再由低速到高速进行正式试验，如有惯性越位时，应重新调整。

⑪运转时应注意仪表指示、电动机转速、声音、温升、振动、润滑和整流，电刷等情况以及继电器、接触器和其他电磁线圈的声音温升是否正常。

⑫电动机启动后，操作人员要坚守控制岗位，随时准备紧急停车。

⑬对间歇工作的传动装置均应按规定的负载持续率进行试车，变更工作制时应先停车，再变动选择开关的位置。

⑭试车送电时，应注意设备附近的水源、油源，不允许外部的油、水等流体溅入电动机内部。

⑮电动机在运行中跳闸、失磁，或发现其他故障时，应迅速切断主电源的回路，并将起动装置恢复到起动的零位，然后查明原因。如是继电器动作，更应进一步查明原因，不得任意增大整定值强行送电启车。发生事故后，必须先切断有关电源，然后盘车，再空投控制回路，检查电动机及机械部分正常后，才能重新启动。如启动时立即跳闸，应检查系统的保护装置是否动作，再者要检查电动机有无故障或盘车困难。

⑯备用电源的相序必须和常电的相序一致；更换电源后，应注意复查电动机的转向；任何人都不准将总开关的电源倒相。

⑰有电磁抱闸的机械、在电动机带动机械运转前应调整好抱闸、并经实际制动试验合格可靠；同样有反接制动、能耗制动的也应在带动机械运转前调整合格。

⑱合闸或开车时发现回路的电流很大而又不能当即下降时，应立即切断电源检查原因，查明原因前不得继续送电开车。

⑲开关柜送电时，应将所控回路的负载断开，避免直接启动。

⑳从送电试车日开始应安排值班人员，昼夜值守；无人值班的场所必须锁门。要做好防盗、防误操作、防人为事故发生。

（三）安全要求

①测试、送电和试车的操作至少须有两人进行，并且至少有一人作为监护，严禁误操作。人员应分工明确，没有操作指令，严禁擅自操作。通电前应对设备与线路进行必要的检查。

②送电操作时应戴绝缘手套、穿绝缘鞋、戴防护镜，必要时要有绝缘垫。

③检电器、检电笔在使用前应检查是否合格，使用时必须在制造厂规定的电压范围内使用。

④送电试车过程中，对已送电的盘柜箱或开关手柄上须挂有“有电危险”的标牌，在停电的设备或线路上工作时，须在该路断开的电源开关手柄或按钮上挂

有“严禁合闸、有人工作”的标牌，同时应在操作点将三相电源短接后用接地线与地线可靠连接。

⑤在已部分投产的车间或运行的配电室进行送电或试车操作时，应事先与有关部门或人员取得联系，必要时要设立围栏，不得串岗或拉闸合闸；在防爆区域或危险场所进行工作时，应事先征得有关主管单位的同意并检查试验无产生危险或爆炸因素时，才能进行工作。

⑥凡在架空线路或已送电的变配电室内引出的电缆、线路上工作时应先在线路上挂接接地线，且与地极可连接，同时在周围应有人监护，必要时设置围栏。

⑦对设备进行调整或试验和被认为可能有电的线路和设备上进行作业时，应事先验电。必要时应将线路短路后接地。

⑧使用的仪器仪表应选择正确合适的档位，使用安全操作用具应按电压等级正确选取；在刚停电的设备上作业时，应先放电；绝缘电阻表的使用应针对设备或线路的电压等级正确选取。

⑨测量电动机温升时，一般应使用酒精温度计，测量触头或其他易发热部位的温升应使用点式温度计或测温蜡片。

⑩送电前必须复查送出回路和受电单位是否相符，且受电端应有人联络。

⑪送电试车区域应有警告牌、并派专人维护，严禁非工作人员内；对配电室、设备间、操作室要派专人看管，任何人不得擅离职守。

⑫无防护的刀开关投入时，脸部应躲开开关的正面；电动机启动时，电动机、设备、传动装置附近不得有闲人，并且操作人员和设备运行人员要先呼应后操作，只有得到设备运行人员允许起动的指令，方可起动。

⑬滑接线送电后，两端的灯光标志应正确显示，起动吊车前应发出开车的音响信号，吊车在运行时除紧急特殊情况外，严禁突然反向运转，人员禁止在道轨、行架上停留或走动，吊钩下不得站人。操作天车者必须是持证司机。

⑭调配电解液时，必须将硫酸倒入蒸馏水中，不得将蒸馏水倒入硫酸中，禁止在蓄电池室内吸烟。

⑮所有参与送电和试车的人员，在工作前不准饮酒。

⑯如发生人身触电事故应先断开电源，然后再急救，要进行人工呼吸直至送到附近医院。断开电源时，如不能拉闸断电，必须用绝缘物切断线路，避免再度触电。

⑰如发生设备着火爆炸事故应先断开电源，然后再急救，使用的灭火剂必须是有利于消防电气火灾的灭火剂，如CO_2、CCl_4、1211、干粉灭火剂，其中CO_2、1211宜用于电器着火。

⑱雷雨季节要注意防雷，进户点的避雷器必须经校验合格，接地电阻必须经

测试合格，所有的接地点必须正确可靠。一般情况下要注意防止静电并加以消除。

⑲倒闸操作即由运行状态转换到备用、停电、检修或试验状态，或由上述状态转换到运行状态所进行的一系列拉闸合闸操作，必须根据总指挥或送电试车负责人的命令，并经受令人复诵无误后，由监护人监视执行，同时应填写操作指令传票，并会签验证无误。

二、低压动力电路的送电

①将低压配电室或控制室中成列开关柜总开关及分路开关的隔离开关和负荷开关全部断开，检查无误后即可通知变电所请求将该配电室馈电回路的开关合上。

②变电所接到请求送电的电话，经总指挥批准后即可回电请求单位，表示同意送电；双方联系无误后，即可将该回路的馈电开关合上，这时受电单位的电压表指示灯应有显示，正常情况下三相电压应平衡，电压值应正常。受电单位即可把得电情况报告变电所及总指挥。

③低压配电室将隔离总的刀开关和总负荷开关先后合上后，低压母线上即有电，测试母线最末一端的电压应正常，且任何部位不应有漏电或放电现象，然后把总负荷开关拉掉，连续三次冲击合闸分闸，开关和母线应正常，电压正常。分合闸一般为1min。

④将每个回路的刀开关合上，电压表或指示灯应有指示且正常，并连续三次冲击合闸分闸，开关和电压应正常。

⑤按低压配电室的供电范围用电话按回路编号进行联系可否送电；受电单位检查无误即可同意送电并做好准备，双方联系无误后，即可将第一回路的负荷开关合上。这时受电单位的电压表指灯应有显示且电压正常，同样把得电情况通知配电室。配电室应连续三次将断路器合闸分闸，应正常。

用同样方法将所有回路按编号送电，应正常。然后将所有回路的刀开关和断路器合上，空载运行8h，应正常且无漏电现象及其他不妥，系统应电压稳定，三相平衡，电流表无指示，电能表只有潜动，信号系统正常等，同时应加班巡视和值班、发现问题或故障及时处理并通知总指挥。

⑥空载运行正常后，即可进行单机试车。单机试车通常应按回路一一进行，如时间要求紧迫可多路进行或全路进行，但要将人员安排好，这样系统便进入了空载试运行阶段。

三、单机空载试车

单机试车应使用正式电源，但在没有正式送电以前，由于工期或工程的需要，也可使用临时电源进行。单机空载试车应分别将每台电动机驱动负载空载起动并试运行，大中型电动机一般运行8h，小型电动机运行2h。同时设值班人员并将运行情况填入记录，有问题应及时处理或停机检查，正常后方可单机负载运行。单机空载试车时，一般先试小型电动机，再试中型大型电动机，一台电动机试车成功后，可投入试运行，然后再试下一台电动机。有联锁控制的先将联锁解除，再单机试车。

单机试车的步骤方法如下：

①起动前先检测电动机绝缘电阻合格，手动盘车灵活无卡，控制回路空投试验正常，有润滑系统的要先将油泵起动、并使之正常，然后征得机装人员许可便可起动，必要时可将皮带拆下，联轴器拆开，单试电动机。

②合上起动柜的总开关，先点动起车一次，观察起动电流的瞬间值、转向、声音、振动是否正常，有无阻卡，是否表现起动困难等，然后再正式空载起动。这里要注意，有些负载不能空载运行，如水泵；而又有些负载起动时，空载或负载的区别只在于调节装置的开与闭，如风机等，这些都必须与机装人员取得一致性的意见，才能空载试车。

③空载起车后，应观测电流、声音、振动及其他有无异常。大中型电动机间接起动时，还应粗试一下起动时间和起动电流。空载运行时除上述观测项目外，还要观察电机的温升及轴承的温度。

④起动时间和起动电流的测定是同时进行的。电动机启动前，先把钳型表卡在电机接线盒外的任一相导线上，量程应按电动机额定电流的10～15倍选取，同时准备好秒表，操作起动按钮的同时即开始计时，这时要观测电流表的变化情况，电流表的指针迅速升到某一很大位置并维持几秒不动，这个数值即为空载起动电流，然后下降到一定值不再下降，这段时间即为空载起动时间。而电动机的转速则是由慢而越来越快，当电流下降到一定值时，转速也增加到了额定转速的85%左右，电动机切换为全压运转的时刻也是这个时刻。

这里需要说明一点，不允许重载起动只能空载起动的系统，上述测定的起动时间即为时间继电器整定的时间，一般将时间继电器的动作时间初步整定为测定时间的1～1.15倍。允许重载或中轻载起动的系统，起动时间还要在加负载后精测。

时间继电器的整定，一般采用控制电路空投时来整定，空投后开始计时，如在测定时间的1.15倍时还不动作，则应将调节螺钉或电位器往小的方向调节；如在测定时间的1.15倍以前动作，则应将其往大的方向调节，直至使时间继电器的动作时间与测定时间相等。也可单独测试时间继电器，气囊式时间继电器要用手按动或支起衔铁，并用万用表和秒表按上述方法测定时间；其他需通电的晶体管式或电动式的继电时则应通以额定电压或电流，再用上述方法测定。

四、单机负载试车

单机负载试车的步骤、方法及要求与单机空载试车基本相同，但必须在单机空载试车合格且在规定的运行时间空载运行后无任何不妥才允许单机负载试车。

负载试车就是在电动机驱动的机械里加上机械带动的物质，如空气、水、煤、原料、金属物质等，因此负载试车必须有建设单位的工艺运行人员参加。负载试车又根据工艺要求分重载、中载和轻载三种，因此要按工艺要求和负载情况重新测定起动时间和起动电流，并按其整定时间继电器，整定断路器、热继电器和电流继电器的动作电流。

单机负载试车时主要是监测三相电流是否平衡（一般不应大于2/3额定电流）、声音、转速、轴承及机壳温升是否正常，并随时用铁棍测听轴承、定子与转子的声音有无异常，用手感轴承及机壳温度。当发现温度过高时，保护装置应动作、否则应停车检查，查明原因才能重新启动，必要时要重新试验继电器是否可靠或调整动作电流或时限。有重大异常现象应紧急停车并报告总指挥或负责人。这里要提醒大家两点，凡是用皮带传动的设备，皮带不能装得太紧，否则容易发热；负载试车，工艺人员必须进入现场和安装人员共同值班。

单机负载试车一般不超过24h、试车的台数一般不超过设备总台数的1/3，要注意人员的安排，夜班应安排经验丰富、技术较高的人员值班，以便处理复杂的故障。

通过单机负载试车，可以找出系统中起动电流最大、起动时间最长的几台电动机，这样即可把回路总开关或分路总开关的过载跳闸及时限按“控制柜的调试”中的方法整定好。通过单机负载试车，可以发现设备制造、工程设计和安装调试中的一些缺陷和故障，都应及时处理。元件和设备制造上的缺陷应认真对待，否则应更换，杜绝凑合思想和做法。设计和工艺要求相差较大时、应修改设计；安装上的缺陷有碍于工艺运行的要返工，不得马虎。通过负载试车，安装人员要把操作程序、注意事项、维修要点、调试方法、试验项目、监测项目、运行指标等交给建设单位的工艺运行人员。在后述的联动试车内容中，使这些内容更趋于完善。

五、低压系统联动试车

联动试车就是按照工艺生产的程序及条件，使系统运行起来，并生产出成品或半成品，实际上就是试生产或试运行。

（一）联动试车的条件

①单机负载试车完毕，且将发现的缺陷和故障全部处理，必要时应在处理后再次进行单机负载试车，直至无任何故障。

②和系统配套的其他安装工程、如静止设备、管道、水处理、给排水、通风、空调、采暖、化验等均应完毕且合格。

③生产原料已运到现场且合格；包装或成品堆放已具备生产条件；中间环节或半成品的转移已具备生产条件。

④生产工艺人员及技术管理人员已培训合格、已建岗建制，并进入现场，生产管理体系已运行。

⑤和系统配套的其他电气工程，如通信、自动化仪表、监控、照明、天车、微机系统等均已单机试车合格，且具备运行条件；润滑系统试车合格，且油料充足。

⑥单机试车时，解除的联锁已全部复位，且经试验合格无任何故障及障碍；重新测量系统的绝缘电阻和接地电阻，均应合格。

⑦经建设单位、安装单位、设计单位及其主管部门的技术人员联合对试运行的现场、条件进行验收检查，不妥之处及时修复，并验收合格。同时应在联动试车的文件上签字。相关部门已具备生产能力和运输能力。

⑧供电部门或厂变电站，整流所允许在请求的时间内试车，并做好充分准备，随时保持电话联系。

（二）联动试车的程序及方法

①总指挥发布试车准备的命令，工艺生产人员上岗，起动润滑系统，手动盘车，起动供料系统及准备包装系统，检查设备正常；电气值班人员上岗，检查电气系统，随时准备合闸起动。

②总指挥询问各工段准备情况，一切正常后，发出开车的命令。这时应按照系统起车的程序或联锁情况，分别将电动机带动负荷起动或空载起动，并满足最大的开车率，记录电气参数及空载运行情况。

③系统空载正常后，向总指挥报告，并经总指挥发布投料命令，然后即可按工序及工艺纪律投料，系统进入生产状态。这时应满足最大的开车率，并按工艺要求正常起停设备，记录电气参数及系统运行情况。作为电气人员来讲主要是观测各级的电流情况及电动机，电器的温升，如有异常即可先停车后请示汇报。

④生产运行正常后，如征得建设单位同意即可进行72h试运行，并由双方派专人参与试运行，负责处理各种事宜。

⑤72h试运行正常后，即可转入常规工业生产。这时实质上工程已交验完毕，

安装人员除协助建设单位参加运行的人员外，即可撤离现场。

六、联动试车中电气事故的处理

试车中经常发生电气事故，这些事故的造成有的是安装原因，有的是设计原因，有的则是由于选择元件材料不当造成，有的是元件材料质量问题以致由于生产工艺不当或设备选型等。遇到问题要仔细分析，冷静思考，万万不可鲁莽从事，最忌讳的就是乱拆乱卸和强行起车，导致故障的扩大。

（一）电动机不能起动

电动机不能起动有多方面的原因，负载太重，负载转矩超过电动机的最大转矩；控制电路故障；电动机内部故障；电源电压或频率故障等。

处理方法通常是先将电动机与设备的连接装置（皮带、联轴器）取掉，使电机脱离负载；关掉主电源开关，合上控制电路开关，空投控制电路看其是否动作正确，找出错误原因或元件，本身能否按起动方式将三相电源送至电动机；测量控制柜三相电源的电压值应在规定范围以内，且趋于平衡，否则应找出原因；检查过载元件是否调节的值太小，动作是否正确，必要时要重新整定；检查频率表是否准确，必要时要测电源的频率。

然后测量电动机的绝缘电阻、直流电阻以及绕组的极性和接线是否正确。绕线转子电动机应检查转子是否被短接或是起动电阻或频敏变阻器能否正确接入转子回路。用手转动电动机轴是否有极大困难，有无阻卡等异常声响，轴承是否良好等，必要时要重新抽芯检查。

然后将主开关合上，空试电动机、测量电气参数，看其是否正常。如果电动机、控制电路、电源都正常、其原因可能在设备上。通常应检查设备，手动盘车是否灵活无卡，起动方法或盘车的灵活度是否相符，机械的轴承是否良好，风门、载门能调节负载的装置是否未按规定调节，投料是否过多等。这里要提醒大家一点，任何负载都应能盘车，有些大重型设备、起动转矩很大，盘车时要用几根木棒且由十几人盘车，但结果未盘动；因此盘车要根据负载的实际情况进行，凡盘不动车的负载或盘车灵活程度与设备本身不相符的负载，是绝对不能用电机起动的。

（二）电动机突然停车而又不能重新启动

这种故障一是由于负载增长（速度）过大，或机械堵转或过载，以致使机械损坏将设备卡死，电源增大，保护装置动作，使之跳闸。二是控制电路故障，或停车按钮、接点由于振动而误动作。三是电源突然失电压或欠电压。四是由于电动机制造原因，过载能力小，致使绕组或局部烧坏或烧断，包括引线接头由于处理不良而造成。

处理方法基本同前，但在没有弄清原因时，不得随意增大继电器或过载的整定值，只有所有检查项目都合格后，须经技术人员同意后才可重新整定。此外，要注意延时复位的继电器的接点是否复位，如热继电器，否则不能重新起车。

（三）断路器跳闸

启动时跳闸是由于瞬时动作电流值整定得较小，不能满足或躲过电动机启动电流或因为电动机或线路有短路现象；运行时跳闸是由于过载延时动作，这里有两种原因，一是电动机过载而动作，保护了电动机；二是因为整定值较小，电动机过载程度不够而动作。后一种原因则应重新整定，而前一种则应检查机械故障、检查原料进给或调节负载装置是否因速度或开度较大而造成。验证方法是合闸后，重新启动，并按原进料速度给定，再仔细观察是否跳闸。否则应重新整定。当然运行中跳闸也有短路造成的可能性。

启动时跳闸主要是由于负载太重或保护装置动作，则应重新测定起动电流的峰值，按规定系数或适当放大（最大不得超过1.25倍）重新整定，或遥测动机绝缘，电动机与负载不匹配，也就是小马拉大车时也会引起起动跳闸。

断路器跳闸，有时是因为分励线圈的铁心吸合不好，受到微小的振动或电压的波动及其他原因也会跳闸。应仔细观察其吸合情况和声音是否正常，铁心截面上有否脏污等。断路器跳闸的另一个原因是产品质量不好而引起的，因此必须把好元件的进货关，杜绝伪劣产品混入。

上述方法不能解决时，应更变断路器的型号规格，重新计算和整定。若是电动机绝缘损坏则应更换电动机。

（四）三相电流严重不平衡

一般是由于某分支回路或单机回路单相运行引起的，应从单机回路逐个测量三相电流，再测分支回路三相电流、即可找出单相运行回路。检查时要特别注意有熔断器保护的回路，其熔丝是否熔断。单相造成的另一原因是电动机某相烧断、断线、开关有一相接触不良或闭合性能不好引起，再者是漏电引起或单相接地引起，应停电后检查各个回路的绝缘电阻。三相电流在总开关上不平衡有时是由于单相负载较多且三相分配不均匀而引起，应重新分配负荷，这里还要注意单相负载的使用率等一系列问题。

（五）熔断器熔丝熔断

熔丝熔断与空开跳闸分析基本相同，所不同的是，熔断器是用熔丝一个元件保护，而空开是用两元件分别保护瞬时和延时。如果熔丝熔化特别严重，在熔室内只能看飞溅细小的熔珠及乌黑一片熔丝荡然无存，大多是因为短路造成；如果在熔室里能看到熔丝是从中间熔断，两端依然有存，且熔珠较大，一般是由于过载引起。更换同径熔丝后，合闸瞬间即立刻烧断，那么一定是短路造成，且短路还存在。应查出原因并修复；更换熔丝后，在运行中的熔断，应更换大一级的熔丝试验，否则应检查负荷是否堵转或过重，以至电动机是否匹配，不得随意增大熔丝规格。

（六）保护继电器动作

在启动时动作，是因为起动时间的延时较长，而保护过载时间的延时较短，躲不开起动电流而造成，应适当增加允许过载的延时；或许是起动转矩太大造成的。在运行中动作，一般是因为过载动作，再者是因为受到外界影响而误动作，应增加元件的抗干扰能力，或选择性能优越的元件，延时可靠的元件。无论何时动作，都有可能是因为短路引起或电动机内部故障引起的，要核校系统的绝缘电阻或检查电动机。

无论哪种事故的处理，一定要掌握“机–电分开”的原则，这样能分清责任，避免事故扩大，当然一些易见而又易处理的故障则不必教条，应及时处理。

第八章　电气工程新技术发展

第一节　电力系统的相关技术

一、电力系统大电网互联技术

我国电力系统的发展，是世界电力系统发展的重要组成部分。我国电力系统发展面临的大容量远距离输电和大电网互联问题，将是我们未来要解决的主要问题。环境保护制约和电力体制改革的影响也将提上日程，必须引起我们的高度重视。在我国，大型电厂、电源基地特别是大型水电站的建设，往往导致跨省、跨区大容量远距离送电，对大电网发展起着决定性作用。大电网互联是实现更大区域范围内资源优化配置，和逐步缩小东西部地区经济差距的客观需要，这一发展战略的实施已经成为促进全国联网的重要因素。而且大电网互联可以取得显著的联网效益，实现更大范围内的资源优化配置，取得联网送电效益，有利于加大中西部地区能源资源的开发力度，有利于电力工业实施可持续发展战略，能更好地适应市场经济的需要。主要效益体现在以下几个方面。

第一，错峰效益。我国地域辽阔，东西时差大，南北季节差别大，经济的不同结构和增长方式使地区的负载特性差异大，联网具有可观的错峰效益。

第二，水、火电互补效益。利用各电网电源结构的不同，可以获得水、火电等的相互调节效益。例如华北与西北、华北与华中、福建与华东联网可以大大提高水电利用容量，利用其空闲容量取得调峰效益。

第三，水电流域补偿调节效益。利用不同江河流域水电群水库特性和水文特性的差异，可以获得巨大的水电补偿效益。

第四，互为备用效益。电网互联，为电网之间互相调剂余缺和协调规划与运行提供了前提条件，在互联电网事故时互相支援，大大提高了电网可靠性。在相同可靠性标准下，可以相应减少火电装机容量，这是电网互联普遍性的效益。

扩大电网有利于充分发挥大型水、火电站的作用和效益，可在更大范围内实现系统经济运行；形成更大区域内的发电、供电竞争局面，相互开拓电力市场，进而取得企业和社会双重效益；大大改善大机组运行环境，有效地解决小网大机的系统运行问题。

三大电网互联及跨国联网的发展，也带来了稳定性破坏和大面积停电事故的威胁，使人们对大电网互联运行的控制问题给予了高度重视。因此，应加强如下方面的研究工作。

（一）互联电力系统低频振荡控制的研究

对电网互联运行安全的最大威胁是运行稳定性的破坏。电力系统稳定按性质可分为三种，即功角稳定、电压稳定和频率稳定，其中功角稳定又分暂态稳定和系统低频振荡。对互联电网，特别是具有长条形结构的弱互联交流电网，功角稳定问题中的低频振荡尤为突出。电网互联后跨区低频振荡模式常表现为弱阻尼，振荡频率一般在0.1～1Hz范围内。为消除振荡的威胁，首先应仔细研究整定系统中主要发电机的电力系统稳定器（PSS，power system stabilizer），迄今为止，PSS仍然是抑制低频振荡最经济有效的措施。其次应研究系统中现有高压直流输电、静止无功补偿器、附加控制器的参数整定，使之提供附加阻尼效果。可考虑用电力电子装置改造现有可投切补偿装置，使之提供平滑的阻尼控制，如线路串联电容补偿增加晶闸管控制的部分。最后考虑在系统中增装完全用于阻尼振荡的新装置。

（二）全球卫星定位系统（GPS）在电网安全监视和稳定控制中应用的研究

在电力系统中实施相位控制是电力系统稳定控制最新概念和直接方法。采用全球卫星定位系统实现的同步相量测量技术和光纤通信技术，为相量控制提供了实现条件。在GPS（Global Positioning System）系统中，共有24颗卫星绕地球轨道运行。它们距地面约20000km。地球表面任意一点均可接收到卫星发出的精确度在1μs以内的时间脉冲。这样，电力系统中任意变电站均可接收GPS发来的精确时间脉冲给当地测量电压波形以时间标记，其标度的相位精确度对50Hz的波形为0.018min。光纤通信系统将各变电站的测量信息收集汇总处理后，即可得到各变电站之间动态相量的变化，并据此实施相量控制。

（三）防止大面积停电的控制和恢复策略的研究

当今电力系统调度中心的能量管理系统（Ems，energyManagement system）基本上是以处理稳态方式调度运行为主。其中静态安全分析主要监视偶然事故下母线电压越限或线路、元件过负载，并给予处理指导。而更严重故障下的稳定控制，则一般需通过离线分析提供可供采取的措施，通过快速的继电保护和安全自动装置实现实时动作。前述GPS相量测量系统提供了可实时跟踪功角变化轨迹的可能性，从而可通过预测不稳定现象的演化实时决定应采取的控制措施。可预期GPS相量测量装置与常规RTU（Remote Terminal Unit）相结合，使调度中心的Ems系统功能从稳态向动态转变，将使大电力系统的全局稳定和恢复控制成为可能。

近年来，在Ems系统中采用直接法在线分析监视系统暂态稳定已取得重要成果。将现有的离线分析程序加以改造，与直接法相结合，以适应在线稳定分析要求，从而得到更为充分的信息，并在国内外一些电网中得到实际应用。另外，还应进一步开展事故后恢复策略的研究，为处理事故过程中的大量警报信息，采用人工智能等科学方法。

全国互联电力系统带来巨大好处的同时，也带来了很大的潜在问题。互联电力系统牵一发而动全身，一旦出现故障，波及的范围及造成的危害也大大地上升了，因此大面积停电的风险也更大了。近年来国内外相继出现大规模停电事故，这些停电事故不但在经济上造成了巨大的损失，而且也对人民生活造成了一定程度的影响。

二、电工制造技术最新发展

（一）研制大型新发电机组

我国目前主要还是靠燃煤发电，重要的是要提高机组效率、降低煤耗。发展大容量、高参数和高效率的火电机组，进行100万kW级超临界压力机组的研制和批量生产是一条有效途径。采用超临界机组较亚临界机组热耗较低，经济性较好，容量越大优越性越显著。研究开发高效率、低排放、少污染新型燃煤发电技术，如循环流化床锅炉、增压流化床锅炉联合循环发电技术，以及整体煤气化燃气-蒸汽联合循环发电技术；广泛采用洁净煤技术，如先进实用的洗煤技术，煤炭转化的煤气气化、干馏和液化技术，煤炭废弃物的洁净处理等；应用环保设备，推广烟气脱硫技术；适应中国国情，研究劣质煤、贫煤等的燃烧技术。

在大型水轮机组的研制方面，必然有许多机械、力学、电磁、发热及冷却等方面的问题需要研究解决。首先是优化设计方案选择，还涉及机组运行的动态响应和稳定性，机械结构强度，振动噪声；其次是巨型推力轴承的润滑，转轮的制造工艺和机组的热变形与冷却技术等。电磁方面诸如气隙磁场，气隙偏心电磁不平衡力，铁芯饱和影响，实际磁场分布和杂散损耗计算，定转子损耗和温度场、定子线棒换位和附加铜损耗、阻尼绕组电磁力和损耗、端部漏磁及损耗和应力的计算等问题，都有待严密的理论分析和数值计算来指导实际应用。

（二）智能电器和电气新材料

近年来，电器的设计、研制和开发进入了一个崭新的时代。电器在技术理论和产品结构上正处于不断更新和全面提高的阶段。传统的有触点电器在结构原理、最佳结构设计和应用新材料、新工艺方面不断改进和完善。真空电器、半导体电器以及其他新型电器，如微电子技术和电器技术结合的机电一体化电器或智能化电器，亦在开拓发展之中，电器产品向着组合化、成套化发展。而且智能化技术引入了低压电器，使低压电器技术在研究、检测、生产的各个环节上发生了根本的变化。

智能断路器就是将智能型监控器的功能与断路器集成在一起，断路器的保护功能大大加强，可实现长延时、短延时、瞬时过电流保护、接地、欠电压保护等保护功能。在断路器上可显示电压、电流、频率、有功功率、无功功率、功率因数等系统运行参数。在供电系统中大量使用软启动器、变频器、电力电子调速装置、不间断电源等装置，使电网和配电系统中出现了大量的高次谐波，而模拟式电子脱扣器一般只反映故障电流的峰值，造成断路器在高次谐波的影响下发生误动作。而带微处理器的智能化断路器反映的是负载电流的真实有效值，可避免高次谐波的影响。

与传统的双金属片热继电器相比，微电子控制的智能式热继电器具有一系列优点。比如可保护电动机过载、断相、三相不平衡、反相、低电流、接地失压、欠电压等故障，并可数字显示故障类型，保护不同启动条件与工作条件下的电动机，动作特性可靠。

将微处理器引入交流接触器中，实现智能交流接触器的启动、保护、分断全过程优化控制。目前采用了特殊结构的触头系统，实现了接触器的无弧、少弧分断，大大提高了接触器的电寿命。将微电子技术和计算机技术结合，形成智能混合式交流接触器。在智能交流接触器基础上研制的新型智能混合式交流接触器，只采用三个单相品闸管与接触器触头并联，就可实现吸合与分断过程中的无弧运行，从而大大降低混合式交流接触器的成本，实现了全过程的优化控制，达到了节能、节材、无声运行、高操作频率、高电寿命的效果，并且实现了与计算机的双向通信功能。

在智能电器元件的基础上，研制和开发智能开关柜，使控制系统的自动化程度大大提高。随着计算机技术的飞速发展，CAD（Computer Aided Design）和CAM（Computer AidedManufacturing）技术使低压电器的设计与研究跨进了一个新阶段，产品开发周期大大缩短。三维计算机辅助设计系统集设计、制造和分析于一体。计算机辅助设计包含结构设计、实体造型、特性分析与动态显示功能。CAD软件具有相应的专家模块，可以很方便地根据性能要求确定电器的结构形式，合理安排励磁系统、反力系统，选择合理的触桥类型、灭弧装置等。低压电器产品的造型非常复杂，计算机系统可以方便地根据给定的离散数据与工程问题的边界条件，来定义、生成、控制和处理，从而提供构成产品几何模型所需要的曲面造型。CAD/CAM技术不仅能够进行电器的外观设计，而且还具有很强的计算能力。有限元算法是电磁场计算的主要算法之一，计算机分析软件包括运动分析、受力分析、有限元分析、塑料压注成型分析等，构思、检验产品模型，解决三维几何模型设计的复杂空间布局等问题。

将计算机技术、传感器技术、电力电子技术与电器技术结合在一起，实现了电器动态过程各参数的可视化实时监测。另外，还应用了软测量技术、数据事例技术以及模糊识别技术，解决了难以直接测量的特性参数的软测量、电器动态过程中的疏失误差以及电器性能的综合评估等问题。

电介质材料种类繁多，有固体、液体和气体，还有单晶、陶瓷、非晶、高分子聚合物和生物物质等。电介质材料的许多独特性质在技术上的应用促进了电介质物理的实验研究和理论探讨。现在电介质物理已经成为凝聚态物理学下的一个最具发展前景的三级分支学科。电介质理论和电介质材料的应用都有突出的进展。

作为绝缘的电介质材料的应用，体现在一些传统的绝缘材料由电气、机械和耐热等性能更佳的材料替代。电力电缆中油纸绝缘被交联聚乙烯替代，硅橡胶复合材料替代陶瓷材料应用在绝缘子中，环氧正逐步替代传统的油纸绝缘并应用在较高电压等级的电力变压器中，聚酰亚胺或者以它为基础材料的复合材料可能将逐步替代云母带应用于电机线棒中。更重要的是随着纳米技术的发展，无机纳米/聚合物复合材料越来越受到电气工程人员的青睐，无机纳米材料在电、磁、光学、力学等方面有一些高于传统陶瓷材料的性能，同时聚合物又具有易于加工等性能，这样形成的复合材料，不仅可以保留无机纳米材料的自身优点，同时又可以获得一些其他的优异性能。

三、大功率电力电子技术

（一）大功率电力电子器件的重大进展

电力电子器件用于电力拖动、变频调速、大功率变流装置，且已经是比较成熟的技术。大功率电子器件的快速发展也引起了电力系统的重大变革，通常称为硅片引起的第二次革命。最近十多年来，硅可控整流器、可关断的晶闸管、绝缘门极双极性三极管等大功率高压开关器件的开断能力不断提高。目前，已经生产出6kA、6kV的可关断晶闸管，单个元件的开断功率可达到30MW左右，这无疑是一个巨大的进步。近年来，大功率电子器件已经广泛应用于电力的一次系统。晶闸管用于高压直流输电已经有很长的历史。大功率电子器件应用于灵活交流输电、定质电力技术以及新一代直流输电技术则是近十年的事。新的大功率电力电子器件的研究开发和应用，将成为新世纪电力研究的前沿课题。

（二）灵活交流输电技术

灵活交流输电技术是20世纪80年代后期出现的新技术，近年来在世界上发展迅速。未来这项技术将在电力输送和分配方面引起重大变革，对于充分利用现有电网资源和实现电能的高效利用将会发挥重要作用。灵活交流输电技术是指电力电子技术与现代控制技术结合以实现对电力系统电压、参数（如线路阻抗）、相位角、功率潮流的连续调节控制，从而大幅度提高输电线路输送能力和提高电力系统稳定水平，降低输电损耗。

在紧密相连、多电压等级的复杂互联电网中，由于电网内部线路及联络线在运行中实际的潮流分布与设计输送能力相差甚远，一部分线路已过载或接近稳定极限，而另一部分线路却被迫在远低于线路额定输送容量下运行。于是就提出了灵活调节线路潮流、突破瓶颈限制、增加输送能力，充分利用现有电网资源的要求。由于环保的严格限制，新建输电线路十分困难，使得这一要求更为迫切。传统的调节电力潮流的措施，如机械控制的移相器、带负载调变压器插头、开关投切电容和电感、固定串联补偿装置等，只能实现部分稳态潮流的调节功能，而且，由于机械开关动作时间长、响应慢，无法适应在暂态过程中快速、灵活、连续调节电力潮流、阻尼系统振荡的要求。因此，电网发展的需求促进了灵活交流输电这项新技术的发展和应用。近年来，灵活交流输电技术已经在美国、日本、瑞典、巴西等国重要的超高压输电工程中得到应用。在我国尽管此项技术已在多个输电工程中得到应用，并证明了它在提高线路输送能力、阻尼系统振荡、快速调节系统无功、提高系统稳定等方面的优越性能，但其推广应用的进展步伐比预期的要慢。其主要原因有：工程造价比常规的解决方案高，因此只有在常规技术无法解决的情况下，用户才会求助于FACTS技术，另外FACTS技术还需要进一步完善。目前FACTS技术的应用仅局限于个别工程，如果大规模应用FACTS装置，还要解决一些全局性的技术问题，例如多个FACTS装置控制系统的协调配合问题，FACTS装置与已有的常规控制、继电保护的衔接问题，FACTS控制纳入现有的电网调度控制系统问题等。

随着电力电子器件的性能提高和造价降低，以电力电子器件为核心部件的

FACTS装置的造价降低，可能会在不远的将来比常规的输配电方案更具竞争力。由于静止同步补偿器不需要采用大量的电容器就可以实现无功的快速调节，而电容器的价格多年来比较稳定，不可能大幅度下降，相反，电力电子器件的价格会不断降低。若将超导储能装置与静止同步补偿器配合，可以实现系统有功功率的快速调节，这是以往任何的常规设备所不能胜任的。FACTS技术也在不断改进，一些新的FACTS装置被开发出来，例如可转换静止补偿器（convertible static compensator，CSC），它由多个同步电压源逆变器构成，可以同时控制两条以上的线路潮流（包括有功、无功功率）、电压、阻抗和相角，并能实现线路之间功率转换。可转换静止补偿器具有下列功能：静止同步补偿器的并联无功补偿功能，静止同步串联补偿器的功能，综合潮流控制器功能，控制两条线路以上潮流的线间潮流控制功能，CSC被认为是第三代灵活交流输电装置。电力电子器件的发展趋势是：一方面研制经济性能好的器件，以便降低设备造价；另一方面是研制开断功率更大的高性能器件。最近，国外公司宣布研制成功以碳化硅为基片的电力电子器件。基片的耐压和热容量可大幅度提高，元件的损耗大大降低，从而使其断开功率有望实现数量级的飞跃。这预示用电子高压断路器取代机械的高压断路器（油断路器、六氟化硫断路器、真空断路器等）已成为现实的可能。如果电力系统的高压机械开关一旦被大功率的电子开关取代，则电力系统完全的灵活调节控制将成为现实。

（三）定质电力技术

定质电力技术是应用现代电力电子技术和控制技术来实现电能质量控制，并提供用户特定要求的电力供应的技术。现代工业的发展对提高供电的可靠性、改善电能质量提出了越来越高的要求。在现代企业中，由于变频调速驱动器、机器人、自动生产线、精密的加工工具、可编程控制器、计算机信息系统的日益广泛使用，对电能质量的控制提出了日益严格的要求。这些设备对电源的波动和各种干扰十分敏感，任何供电质量的恶化可能会造成产品质量的下降，从而产生重大损失。

为保证优质的不间断供电，有些重要用户往往自己采取措施，如安装不间断电源，但是这并不是经济合理的解决办法。根本的出路在于供电部门能根据用户的需要，提供可靠和优质的电能供应，因而，便产生了以电力电子技术和现代控制技术为基础的定质电力技术。为提高配电网无功调节的质量，已开发出用于配电网的静止无功发生器。静止无功发生器由储能电路、可关断的晶闸管或绝缘门极双极性三极管变换电路和变压器组成，它的功能是快速调节电压，发生和吸收电网的无功功率，同时抑制电压闪变，是“定质电力”的关键设备之一。此外，静止无功发生器和固态开关配合，可在电网发生故障的暂态过程中保持电压恒定。另一关键设备是动态电压恢复器（dynamic volt-age restorer，DVR），它由直流储能电路、变换器和次级串联在供电线路中的变压器构成。变换器根据检测到的线路电压波形情况，产生补偿电压，使合成的电压动态保持恒定。无论是短时的电压低落或过电压，通过DVR均可以使负载上的电压保持动态恒定。

（四）同步开断技术

同步开断是在电压或电流的指定相位完成电路的断开或闭合。在理论上应用同步开断技术可完全避免电力系统的操作过电压。这样，由操作过电压决定的电气设备绝缘水平可大幅度降低，由于操作引起设备（包括断路器本身）的损坏也可大大减少。目前，高压开关都是属于机械开关，开断的时间长、分散性大，难以实现准确的定相开断。目前的同步开断设备是应用一套复杂的电子控制装置，实时测量各种影响开断时间分散性的参量变化，对开断时刻的提前量进行修正。即便采取了这种代价昂贵的措施，由于机械开关特性决定，也不能做到准确的定相开断，设计人员还不敢贸然降低电气设备的绝缘水平，以防同步开断失败造成设备损毁。因此，同步开断的优势没有发挥出来，而实现同步开断的根本出路在于用电子开关取代机械开关。

现在的电力系统由于还依赖高压机械开关（油断路器、六氟化硫断路器、真空断路器等）实现线路、设备、负载的投切，尚不能做到完全可控。这是因为机械的慢过程不可能控制电的快过程。电网控制目前只能做到部分控制，本质上仍然是一个调度员的决策支持系统。如果电力系统的高压机械开关一旦被大功率的电子开关取代，则电力系统可以实现全可控同步控制。

第二节 电工新技术

一、高功率脉冲技术

高功率脉冲技术是把储存在电场或磁场中的能量迅速地以脉冲形式释放出来，并加以利用。这一方法至今仍被广泛地应用着，用它在气体中放电可以产生高温等离子体、发射粒子束及X射线；在空气中对金属丝放电能产生气体冲击波，可模拟核爆炸的冲击波。在液体中放电能产生水击效应，进而引起水激波。由于近年来科学研究和军事方面的需要，高功率脉冲技术得到了进一步迅速的发展。它主要用于的领域有：①电子束及离子束的产生与加速，离子束是一种定向能武器，还可用于热核聚变、加速器、自由电子激光、离子注入等高技术及相应的工业应用。②强γ射线及X射线，核爆炸产生的γ射线，如果照射在导弹外壳上，会产生“内电磁脉冲”，能间接地破坏电子部件，并且这种电磁脉冲是不能靠外屏蔽来排除的。③热核聚变，一种用途是用高功率脉冲装置对泵化锂线、充抓金属薄管或金属环棒放电，利用其强大的磁压力引起核聚变；另一种方法是用激光对氖靶丸进行压缩、加热引起核聚变。④高功率激光器，一般激光器的效率比较低，用电子束激发高压CO_2激光器，其总效率达25%。用电子束泵浦准分子激光器，可以获得效率高、功率大、波长短的激光。⑤电磁脉冲辐射，核爆炸产生的电磁辐射影响范围很广，应研究它对电子元件及系统的作用，以及在屏蔽层、管道系统、土壤及岩石中的传播及衰减。

二、环境保护中的电工新技术

强磁分离技术是一项新技术，它能有效地对极细粒度（至数微米），弱磁性物质进行分离。

磁分离技术可用于废水净化和处理，目前已在钢厂废水处理方面得到实际应用。日本还对化工电镀废水进行磁分离的中间实验，对铬、镉、铅等有毒离子的去除率可达99%以上。我国曾对常州运河水进行磁分离试验，细菌去除可达99%以上。

强磁分离装置分为常规装置和超导装置两大类。常规装置采用常规磁体，其最高磁场为2T左右，目前已在钢厂废水处理及高岭土提纯方面获得应用。超导磁分离装置磁场可达5～8T，尚处在应用研究和样机试验阶段。

在环境保护科学领域，静电除尘技术很早就引起人们的重视。目前静电技术已发展到抑制各种开放性尘源，如工厂、矿山的各种粉尘、酸雾和有害气体等。同时，静电技术还可应用于去除空气中超微尘粒，以达到超净环境的要求，这对超大规模集成电路生产有特别重要的作用。

此外，利用高电压技术还可以进行消毒和灭菌，如对果汁、啤酒等进行放电灭菌，它不仅可以克服常规的高温高压灭菌所造成的破坏饮料营养成分的缺点，而且成本也较常规灭菌技术低。因此，进行这方面的技术基础研究，将大大促进环境科学的进一步发展，并将产生较大的社会和经济效益。

目前，利用高压脉冲电晕放电技术（过程后）和磁分离技术（过程前）进行煤脱硫已经在研究。我国是一个煤矿资源十分丰富的国家，能源结构以燃煤为主。在我国所开采的煤中含硫量高于2%的高硫煤约占20%，而我国中南、西南地区不少煤矿含硫量竟高达5%～6%。由于大量燃烧高硫煤，造成了空气中粉尘含量增加，SO_2污染日益严重。因此发展高压脉冲电晕放电技术和高梯度强磁分离等技术对解决大气污染、改善和保护环境有着重大意义。

三、生物中的电工新技术

目前电工新技术已是发展高技术所不可缺少的一环，它在医学、生物学等领域已获得广泛的应用。例如利用生物分子中原子核在磁场中产生共振的现象，人们可以得到样品的核磁共振信号或核磁共振谱，了解物质组织结构、物质内部的动态过程以及物质内部的相互作用等，从而使核磁共振技术成为当前许多领域内必不可少的研究和测试手段。目前利用核磁共振原理制成的核磁共振仪已广泛应用于生物、化学等领域，它可以对样品进行定性和定量的分析，了解反应过程和反应机理，确定分子结构等，在药物分析上可以分析药物成分和结构。由于核磁共振仪用途广而且逐渐普及，因此世界上许多国家都竞相发展此技术，并趋向技术更高的谱仪，这就需要有更高场强的高均匀磁体或脉冲磁体，因而对电工技术又提出更高的要求。

高梯度磁分离技术它首先是用于选矿工业。由于选矿工业具有很高的磁场梯度，这项技术便很快地引入到生物医学研究中，如利用它可以将顺磁的红细胞从血浆中分离出来，培制成纯红细胞或无红细胞的血浆，或将红细胞干燥后作储备血浆。此外，还可用磁分离技术分离由磁种子剂吸附的骨髓中癌细胞，以达到治疗目的。

与此同时，强磁场还被用来抑制癌细胞。在强磁场下，某些细胞及离体癌细胞可被有效地抑制，例如用磁性胶体注入血管，靠体外强磁体来引导至肿瘤部位，阻塞其营养供应而使肿瘤萎缩；用体外强磁体来引导带有高倍抗药的磁性胶丸进行病灶直接治疗。

利用磁场对水进行处理近年来也引起人们关注。水受磁场处理后，其活性增强，表面能力减小、渗透性增强，有利于水向细胞膜的渗透，从而促进新陈代谢。磁化水应用范围很广，如用磁化水浸泡种子可以促进其发芽、用磁化水灌溉可以增加农作物产量、用磁化水养鱼可以增产。此外，磁化水还可以用于防治结石病、厌氧性寄生虫的排除，以及一些溃疡、炎症的治疗。磁化水还可以提高酿酒产量，硬水软化等。

利用高电压脉冲放电，产生冲击波，可利用体外冲击波破碎人体内泌尿系统和胆道系统内的结石。体外冲击波碎石技术是将体外产生的冲击波，通过适当的介质传入体内泌尿或胆道系统，将其中结石冲击裂解为粉末或碎石颗粒，使其自行排出体外。由于体外碎石技术没有侵入性损伤，痛苦小。我国都已生产出多种型号碎石机，并在医疗系统中得到广泛应用。

利用电磁热效应可以治疗癌症。电磁热效应是指将一定频率和功率的电磁辐射照射在生物体上时，引起局部体温上升。当温升超过组织调温能力，受照射组织内吸收的能量远大于生物体的新陈代谢能力时，会使组织的传热机能产生混乱，最后导致组织的破坏和死亡。人们可以有针对性地照射癌细胞，从而达到治疗的目的。

利用电磁非热效应可以治疗各种疾病。电磁非热效应，是主要研究各种频率电磁场所产生的生物效应，特别是着重研究电磁能量密度并不很强，在人体内产生的热量和温度并不明显的情况下，对生物体造成的影响。这种影响常常发生在分子及细胞一级的水平上，如脑组织钙溢出量增加，外加电场中细胞膜破裂以及电磁波对酶活性的影响等等。现在广谱的电磁场非热效应已越来越多地应用在治疗中，已有大量骨折愈合、加热病变组织和神经再生等电磁非热效应积极治疗效果的报道。将来，人们可以看到某种药物和其相应电磁场联合作用的治疗方法。

电磁场对生态环境效应的研究是一门新兴的边缘学科。虽然近来电磁波辐射已开始被人们用于各种加工行业，如食品、木材、皮革、茶叶、蚕茧、灭菌等，同时在农作物育种和处理有毒物质等方面也有满意的效果。但是人们也发现，电磁波辐射对人体也有显著的生物学作用。长期低强度电磁波辐射会引起人们的神经系统、内分泌系统、消化系统、心血管系统等产生变化，使人产生血压下降、视力衰退、消化不良等一系列症状，对人们的身体健康造成一定威胁。静电场和高电压放电对胚胎可能会有致畸的作用。另外，电离辐射强度超过一定水平就可能对人体产生危害作用。

随着气体中或液体中放电技术逐步在环境保护、精细加工等方面获得实际应用，人们接触高压放电的机会也日益增多。由于空气中高压放电将产生电离辐射、臭氧、NO_2、噪声和剧烈的电磁场变化等有害因素，将会对更多的人造成危害，所以高压放电和电场对人体影响的研究日益引起人们重视。与此相适应，研究产生危害的阈值、防止污染的措施，都是当今要解决的问题。我国在高压放电的生物效应方面已做了许多研究，如对电磁波污染源的分析，电磁波对生态环境效应以及防治措施等都进行了研究，并已取得一定成果。

四、机电一体化中电工新技术的运用

（一）机械机电一体化改造的必要性

随着生产水平的提升，大量复杂的机械设备应用到了工业生产当中，提升了生产力，满足了各种特殊生产工艺的需求。但是在一些精密性极高、结构复杂的零件加工方面，由于传统技术在机械控制上的问题，导致还存在一定的局限。目前，很多企业使用了数控机电，提升了机械的运转速度和控制精度，但是在实际工作中，数控机电还存在一定的弊端，在控制精度上依然难以满足对精度的要求，因此需要进行机电一体化改造。

使用机电一体化改造，相比直接购买先进机械可以节约投资成本，通过对原有机电进行改造和升级，避免出现旧机电闲置的情况，提升了企业的资源利用效率和经济效率。并且，在进行机械设备改造的过程中，会更换设备的陈旧部件，用更高性能的铸件提升设备的性能，可以提升设备的稳定性，并且增加设备的使用寿命。最后，由于改造工作并不需要引入新的设备或者新厂房，工作完全在原有厂房内完成，因此可以缩短生产成本和周期，还能保持原有的生产模式，并且可以降低工人的工作压力，提升人力资源的利用效率。

（二）基于电工新技术进行机电一体化改造分析

1.进行电一体化改造的重要性

机电一体化的结构包括数控系统、传动系统、进给伺服系统，在工作过程中，不同的系统需要同步运行，才能保证生产效率和质量。通过机电一体化改造，能够提升不同系统之间运行的同步性，从而提升机电一体化的整体工作水平，提升电工机械的应用价值。并且，引入电工新技术还有利于引入智能技术等其他技术，将很多不同的先进控制技术融入电工机械的生产，促进电工机械的智能化发展，改变电工机械的操控性。

另一方面，数控设备的长时间使用、运行，也会影响设备的性能，在实际工作中，可能会出现数控设备和设备运行需求不适应的情况，而通过技术改造，实现电工机械的机电一体化，也能解决过去数控设备和电工机械之间的配合问题，让电工机械具备更加稳定的运行状态。

最后，通过进行机电一体化改造工作，能够进一步对电工机械的总体质量、性能、价值进行挖掘，发挥电工机械的作用：还能减少企业对电工机械进行升级换代所需要的资金投入，降低企业的运营成本，提升机电一体化的质量控制水平。

2.机电一体化改造电工机械的优势

（1）提升智能化水平

传统的电工机械在工作过程中，由于会受到控制系统性能的影响，因此存在工作总体效率低下的问题。而通过使用电工新技术来对电工机械进行改造，可以使电工机械获得功能更加完备的系统，尤其可以将智能技术引入到电工机械的控制当中，使电工机械在工作过程中具备自主决策、系统运行状况判断的能力，从而自动完成对工作状态的调整，保证自身生产质量，以及避免出现损坏。

（2）工作更加高效化

通过使用电工新技术对机电一体化进行改造之后，能够让电工机械在整体上获得更高的运行效率，从而充分发挥电工机械的价值。比如一些电工机械在引入电工新技术之后，能够对自身的工作进行纳米级别的精度控制，从而提升了系统的运行效率，让电工机械能够带来更高的经济效益，并且避免了能源、材料的浪费。

(3) 个性化设计

在对机电一体化的改造工作中，可以根据需要进行个性化的设计，以更好地满足生产工作的要求，也能满足市场多样化的需求。通过个性化的设计，电工机械的工作会有更强的针对性，也给高效化创造了条件，而且改造之后也能明确电工机械的特点，在工作中围绕其特点和优势制订更为合理的生产计划，保证生产质量。

（三）机电一体化中电工新技术的运用目标

1.物理模型设计要求

机电一体化的改造工作会受到很多因素的影响，为了避免质量控制问题，就需要采用物理模型设计法进行电工机械的优化设计，加强细节的处理，保证电工机械的整体性，确保改造工作的质量。所以，需要以物理模型来做好对实体系统的分析工作，研究电子系统、机械系统在改造后的功能和价值，明确改造目标后，再制订改造方案。在使用物理模型进行改造的过程中，还要使用抽象的手段来对状态变量、数学模型进行分析，尤其要在状态变量上进行科学化设计，充分利用计算机对电工机械工作状态进行分析和处理，最终制订科学合理的施工方案，以便保证机电一体化的改造效果和改造质量。

2.最优化改造

对机械设备的改造必须遵守最优化改造的要求，从系统最优化的角度出发，对电工机械进行整体优化，满足对电工机械设计的要求，确保改造质量。改造的过程中，要以机电一体化设计理念为指导，分析如何通过多样化的技术组合应用丰富和完善电工机械的功能。分析电工机械在实际应用中存在的复杂问题，然后从机电一体化设计的角度分析问题的最佳解决方案，以推动技术的融合。最后，还要根据电工机械的实际施工需求对多样化的技术进行科学创新，加强对电工机械的改造工作，并形成最优化的设计方案，以满足对电工机械的质量控制要求。

（四）机电一体化中电工新技术的运用方法分析

1.机电一体化主传动系统的改造工作

在机电一体化主传动系统的改造工作中，需要从总体上进行考虑，分析改造后传动系统的性能和在整个系统中的功能，实现对各方面的积极优化。主传动系统中包括动力源、执行元件、变速装置等等，为了能够获得性能更为优异的传动系统，就要对传动系统的各个部分都做好优化工作。比如，动力源的作用在于为执行元件提供动力，确保系统有稳定的运行速度，以达到控制执行元件旋转直线运动的控制要求。在进行改造的过程中，应该从整体性能出发，优化主传动系统的功能，确保系统在获得更高工作效率的同时，也能保证高速、高效运行。

主传动系统在实际运行时，应该把横扭矩调速范围控制在1∶100～1∶1000，并在功率范围达到1∶10后，功率达到2.2～25kW。在保证主传动系统能够满足相应设计要求的情况下，才能充分发挥主传动系统的功能和作用，所以改造过程中需要确保各种指标的控制。对于系统内的直流和交流电动机，也要满足无级调速的功能要求，所以需要对电动机和主轴的功率做好匹配设计，根据电工机械原有的情况，模块的设计标准和规范，确保改造后的主传动系统可以满足柔性和复合性设计需求，以保证其具有较高的总体质量，提升电工机械的应用效果。

2.结合电工机械的特征进行优化改造工作

机电一体化在改造工作中应该充分结合电工机械的特点和情况进行优化工作，尤其是要根据电工机械当前的情况确定是否需要进行优化改造工作。有一些电工机械已经比较老旧，在床身、刀架等方面已经出现了十分严重的磨损，进行机电一体化改造工作需要进行大量的硬件更换工作，花费会比较大，所以对其进行改造得不偿失。因此，在具体的改造工作中，必须结合电工机械的实际情况确定优化的方法，通过在优化工作开始之前做好评估工作，分析电工机械是否具备优化的价值，以及明确优化的重点，这样才能让机电一体化改造的价值得到最大幅度的发挥。随着电工新技术水平的提升，在对电工机械进行改造时，也要以技术创新作为改造的指导思想，比如改造过程中对调节杆、连接块、控制模块等使用合理的改造方法，对导向块安装减振弹簧、调节杆的固定位置等等，通过一系列改进满足质量上的要求，提升电工机械的整体工作效率。

3.提升进给伺服系统的功能

在使用电工新技术进行机电一体化的改造工作中，需要明确伺服系统的设计要求，由于该系统能够对干扰信号进行控制，保证系统可以恢复到稳定的运行状态，所以必须明确设计指标，并采取合理的方法进行改造。

在改造的过程中，首先需要确保系统的稳定性，进给伺服系统在运行过程中必须能结合指令信号的作用状况来对系统进行控制，保证系统能处在稳定的运行状态下，在对系统进行指令输入时，伺服系统能够对指令的状态进行分析，并对指令进行正确的解析。伺服控制系统的稳定性来自系统结构、元件的组成特点，以及与外界信号的融合情况，因此在改造过程中需要对相关方面做好控制，提升伺服控制系统的稳定水平。

其次，要满足精度控制的要求，确保整个电工机械的运行精度。电工机械工作时，进给伺服系统的工作存在动态误差、静态误差和稳定误差等问题，会对精度造成影响。因此改造时应该注意相关误差因素的作用，并对系统的误差进行修正，以满足高精度的控制要求。

最后，需要确保伺服控制系统能够做出快速的反应，因此改造工作需要结合系统在实际工作中的应用情况，加入信号质量分析和真理的功能，保证对信号的响应速度，能够在瞬态过程中快速结束进程，使整个系统获得更快的响应速度，也能够给传动装置的加速能力提供一定的参考。同时，提升进给伺服系统的响应能力，让系统保证稳定的运行状态，并提升系统的加工精度，满足生产率的要求。

第三节　智能电网前沿技术

一、新型发电技术

（一）核聚变发电

核能最大的用途是发电，此外还可以作为其他类型的动力源、热源等。按世界能源消费水平，地球上可供利用核能能供人类使用上千亿年，所以核能在未来将成为人类取之不尽的持久能源。作为一种新能源，核能的和平利用，特别是核能发电在世界范围内发展非常迅速。核聚变是氢元素发生原子核互相聚合作用伴随着能量释放的核反应过程。目前人类能和平利用的只有裂变能，可控聚变能利用技术正在攻克。受控核聚变是与将来的经济发展、社会进步和人类文明密切相关的有广阔应用前景的重大研究领域。

（二）海洋能发电

海洋能通常是指海洋中所蕴藏的可再生的自然能源。海洋能与海底或海底蕴藏的煤、石油、天然气、热液矿床等海底能源资源不同，也与海水中的铀、锂、氘、氚等化学能源资源不同，主要是通过波浪、海流、潮汐、盐度差、温度差等方式，以动能、位能、物理化学能等形式通过海水自身呈现出来。海洋能发电系统一般包括能量吸收装置和能量转换装置两个部分。能量吸收装置的作用是吸收海洋能并将其转换成规则运动形态的机械能，而能量转换装置的作用在于将规则运动状态的机械能转换成电能输出。

（三）燃料电池

燃料电池是一种不经过燃烧而以电化学反应方式将储存在燃料和氧化剂中的化学能直接转换成电能的发电装置。燃料电池是名副其实的能量转换装置，原则上只要燃料和氧化剂可以连续不断地从外界供给电池，反应产物可以连续不断地从电池排出，燃料电池就能连续放电。燃料电池和传统发电相比，具有无可比拟的优势：①能量转换效率高，其能效可达60%～70%，理论能量转换效率可达90%；②比能量或比功率高；③使用能力强，可以使用各种初级燃料，也可以使用发电厂不宜使用的低质燃料，但需经专门装置对它们重整制取；④污染小，噪声低，大大减少污染排放；⑤高度可靠性。近年来，燃料电池汽车的发展也很迅猛，其具有低排放、燃料多样化、效率高和性能高等特点，在成本和整体性能上也明显优于其他电池的电动汽车。

（四）高空风力发电

高空风力发电主要有两种构架方式；一种是在空中建造发电站，在高空发电，通过电缆输送到地面；另一种类似放“风筝”，通过拉伸产生机械能，再由发电机转换为电能。高空风是一种广泛、相对可靠且潜力巨大的能源。据一项全球范围内的高空风力研究估计，在距地面大约500～12000m的高度，有足够的风量满足全球百倍的电力需要。如果能够克服风力间歇性问题，高空的风力将可变成具有无限潜力的能源宝库。更为重要的是，全球最理想的高空风力资源几乎都位于人口稠密地区，比如北美东海岸和我国沿海地区。

（五）其他新型发电技术

目前，还有一些其他新型发电技术尚在研究试验中。例如：海水抽水蓄能发电是将海洋作为下游或者上游水库而节省建设费用的新型抽水蓄能发电方式；煤炭气化复合发电是利用高温把煤炭气化以提高能源利用率并减少有害气体排放的发电方式；太阳能热气流发电是利用温室效应、烟囱效应和涡轮旋转发电技术组合形成全新的发电方式；太空太阳能发电是利用太阳能电池板将太空中的太阳能转化为电能并传输回地面使用；等等。

二、新型输电技术

（一）新型直流输电

在高压直流输出（High Voltage Direct Current，HVDC）系统中，只有输电环节是直流电，发电系统和用电系统仍然是交流电。在输电线路的始端，发电系统的交流电经换流变压器升压后，送到整流器中，整流器将高压交流电变为高压直流电，而直流电通过输电线路传输到逆变器中。逆变器的结构与整流器相同而作用相反，它把高压直流电变为高压交流电，再经过换流变压器降压后，电能就输送到受端交流系统中。常规HVDC的换流器（包括整流器和逆变器）由晶闸管器件构成，适合于远距离、大容量输电。这种换流器工作时需要消耗大量的无功，必须为其配置大容量的无功补偿装置，由于晶闸管不具备自关断能力，为了成功实现逆变，还要求受端交流系统必须有自己的电源。为了改善常规HVDC的不足和扩大直流输电方式的应用范围，以下几种新型直流输电技术得到了发展。

1.轻型直流输出

轻型直流输电采用由具备自关断能力的绝缘栅双极晶体管器件构成的电压源换流器。相比于常规HVDC，它解决了向弱交流系统以及无电源的负荷区送电的问题，轻型直流输电对无功的需要大幅度减少，并且能够动态补偿交流母线的无功功率，起到稳定交流母线电压的作用。可再生能源发电站如风力发电等一般装机容量小且远离主网，不易远距离输电，而轻型高压直流输电投资小、输电效率高，是充分利用可再生能源发电的输电方式。

2.多端直流输电

常规的双端HVDC输电系统仅包含一个整流站和一个逆变站，而多端直流(multi-terminalHigh voltage direct current，MTDC）输电系统是指含有多个整流站或多个逆变站的直流输电系统，它灵活、快捷地实现了多电源供电、多落点受电。MTDC输电系统主要应用于：由多个能源基地输送电能到远方的多个负荷中心；几个孤立的交流系统之间利用直流输电线路实现联网；等等。当前基于电压源换流器的新型MTDC技术得到快速发展，极大地拓展了MTDC输电系统的应用范围。

3.电容换相直流输电

电容换相直流输电技术在常规HVDC的换流变压器二次侧串联一组电容器，用来补偿换流器的无功消耗。电容换相直流输电技术提高了HVDC运行的稳定性，且无须大容量的无功补偿装置；它有望取代常规HVDC而得到广泛应用，特别是在远距离输电和受端系统较弱的情况下。

（二）半波长交流输电

半波长交流输电（Half Wavelength Alternating Current Transmission，HWACT）是指输电的电气距离接近1个工频半波（对于50Hz系统来说为3000km）的超远距离的三相交流输电。HWACT与中等长度（数百公里）的交流输电相比，有一些截然不同的特性和显著的优点，例如：HWACT在各种运行状态下的过电压水平不高，而空载线路末端电压与带负荷时的电压接近，无须安装无功补偿装置；HWACT实现了点对点的输电；在半波长这种特定的超远距离送电的情况下，HWACT输电的经济性优于HVDC。

（三）分频输电

降低输电系统频率能成比例地提高系统的输送功率极限。我国率先提出了分频输电系统（Fractional Frequency Transmission System，FFTS)，适合于原动机转速较低的水电及风电等可再生能源发电经远距离输电接入系统的应用。FFTS将发电机的低频电能升压后送至输电线路，而线路电抗因低频成比例的下降，达到分频效果，因此可大幅度提高线路输送容量；通过倍频变压器向工频电力系统供电。随着电力电子技术日趋发展与成熟，采用变频器替代倍频变压器将会获得质量更好的电能。FFTS也存在不少需要深入研究的技术问题，例如，FFTS产生的谐波电流问题等。

（四）多相输电

多相输电（multi-phase power transmission system，MPTS）是指相数多于三相的交流输电技术。理论上MPTS技术具有诸多优点，例如，降低了线路线电压和相电压的比值；线路正序电抗下降，而输送功率将大幅度提高；等等。但是由于MPTS输电网架结构复杂，短路类型多，继电保护难以实现，限制了它的大规模应用。

（五）无线输电

1.微波输电

微波输电是先通过微波转换器将工频交流电变换成微波（波长介于无线电波和红外线辐射间的电磁波），再通过发射站的微波发射天线送到空间，然后传输到地面微波接收站，最后通过转换器将微波变换成工频交流电，供用户使用。

2.激光输电

激光是一种频率极高的高强度光束。由于激光方向性强，转换效率高，利用激光可携带大量的能量，激光能量到电能的转换可通过光电池完成。

三、新型变电技术

（一）电力电子变压器

电力电子变压器（Power Electronic Transformer，PET）是一种通过电力电子变换技术实现电力系统中的电压变换和能量传递的新型变压器。同传统的变压器相比，PET有三个显著的特点：①体积小、环保效果好；②具有极高的供电质量和效率，能够提供满足用户要求的电能；③分散式变电。

（二）智能机器人巡查

智能机器人巡检系统是一种综合的复杂系统，它集成了多项先进技术。以一次巡检为例，首先，机器人要到达指定的位置，就要有按照指令行动的动力系统；其次，机器人要将所看到现场事物记录下来或者要将分析处理的结果进行实际操作，就需要有传感器系统；最后，要对记录的信息进行存储和分析，就必须要有数据处理系统。同传统的变电站人工巡检相比，变电站巡检机器人系统控制和运行方式更加灵活，并且不受天气因素影响，能够明显减轻劳动强度，改善劳动环境，提高劳动效率。

四、新型配电技术

（一）故障电流限制技术

家庭用电中经常会遇到由于家用电器故障导致的熔丝熔断或者保护装置跳闸的情况。这些都是为了避免大的故障电流对家用电器的损坏而设置的保护措施。生活经验告诉我们，并联的两节电池短路时的电流将大于一节电池短路时的电流。因此，随着用户侧分布式电源的增多，短路电流也呈日益增大的趋势，如果不采取有效的抑制短路电流的措施，一旦发生短路故障，开关及用户设备将是无法承受的。随着电力电子技术、超导技术、计算机技术、新材料等的发展，限制短路电流已成为可能，这就依赖于故障电流限制器（Fault Current Limiter，FCL）的研制和开发。国内的FCL研制刚刚起步，应在现有的经济技术基础上寻找一条适合国情的方案。国外对超导FCL和电力电子FLC研究较多，有很多可以借鉴的经验。

（二）主动配电网技术

未来“主动配电网”可能采取类似因特网的形式，即分布式决策和双向潮流。在遍布全系统的所有节点上都将有控制设备。在不同的时段，某一特定用户的供电商可以不同，而且由网络自主决定其体系结构。这样的系统需要在连接处有先进的硬件和管理协议予以支持，可以是对于供电商的，也可以是对于用户或网络运营商的。这种网络形式将便于分布式发电、可再生能源发电、需求侧管理和灵活储能技术的使用，并为使用新型设备和服务创造机会，当然，这些都以遵守所采用的协议和标准为前提。根据新的电源、新的电力消费习惯和新的管理方案，新的业务和贸易机会可以得到认真对待，它们都支持更清洁和高效的电力生产和消费，以及灵活的、多用户网络的发展，这种网络为所有参与者间的电力和信息交流创造了机会。

（三）即插即用技术

所谓“即插即用”，就是为用户拥有分布式电源（如光伏电池、燃料电池等）及新型用电设备（如电动汽车）等提供便捷、安全、可靠地接入电网的方式，保证用户设备与电网互联后正常运行。可以想象，当即插即用技术得以实现后，用户获得能源的方式将更加灵活。例如，用户可以在自身能源充足时，将风电机组、光伏电池等电源接入电网售电而获得收益；用户可以在电价便宜时对储能装置进行充电，而在电价高时使用或者出售；电动汽车可以在任何地方任何时间方便地进行充电。此时的用户不再仅仅是电能的消费者，同时也可以成为电能的提供者。

五、新型用电技术

（一）先进家庭传感器

未来的家庭传感器将更加智能化，功能将逐步融合。水、电、气、热、烟雾、二氧化碳、甲醛等都是家庭传感器的采集对象。传感器不仅可以分析和提取家庭环境的特征数据，而且可以和特定的住宅数据管理分析系统进行信息交互，可以对住宅的日常数据、整体效能和健康指数提供整体分析和科学评估，为人们带来更加和谐、更加绿色、更加健康的生活。

（二）先进用电监控技术

用电监控技术分为两个层面：用电监测技术和用电控制技术。如果用户不了解自己用了多少电，电用在何处的话，节约用电恐怕只是纸上谈兵。老式电能表提供的只是用户在某时段内的总用电量，信息简单且笼统。新型用电监测技术则旨在对用户的电力消费信息进行动态的准实时监测，帮助消费者了解自身的详细用电信息，以指导消费者改变自身的用电行为。

在用电监测技术的基础上，新型用电管理技术倾向于在室内安装各种先进传感器，借此监视整个建筑或家庭的用电习惯，了解用户何时用电，何时需要节电。在信息获取的基础上，结合用户的用电习惯，对整个住宅用电系统进行自动控制，在电器中合理分配电能。

六、新材料与超导电力技术

（一）新材料

随着复合材料、纳米材料、新型硅晶体材料、新型绝缘材料、高温超导材料等新型材料的制成、加工及运营成本的不断下降，它们的实用化已逐步进入人们的视野。下面从不同角度介绍新型材料在电力系统中的典型应用。

1.提高输电能力

我国能源分布和需求都很不均匀，需要走集中发输电的道路。建设智能输电网不能以过度占用资源、牺牲环境为代价，这就需要以最小的输电走廊、尽可能少的投资来获得大规模输电的能力。传统输电线路一般采用钢芯铝绞线，为了获得适当的力学强度，钢芯较粗。如果采用复合材料（如碳纤维）作芯，能以更小的半径获得同样的强度，并且更轻，所以新的导线可以做得更粗，把更多的部分用于电流传输，可使载流量提高1倍。

2.构建坚强网架

全球气候变化使恶劣天气的强度和频率明显增加，导致的电网大规模、群发性故障严重威胁电网的可靠运行。复合材料杆塔具有尺寸小、质量轻、绝缘和抗腐蚀性能好等优点，更坚固耐用。采用复合芯导线也大大提高了输电线的力学性能，提高了在狂风、覆冰等恶劣工况下的生存能力。表面污损的导线容易发生污闪事故，而憎水材料却具有自清洁能力。“纳米杂化技术”可帮助人们获得具有更大憎水角的纳米材料，将这种材料制成涂料涂在导线上，就为输电线穿上了抵抗污染的“防护装甲”。导线覆冰也对输电安全构成威胁。低居里点铁磁材料能将电磁场能转换为热能，提高导体表面温度，从而达到融冰效果。

3.促进节能降耗

电能消耗已占人类能源消耗的绝大部分。这里，对提高电能利用率起关键作用的是电力电子元件。采用碳化硅材料制作的电力电子器件与传统的硅基器件相比，功耗更低，能更好地在高温、高电压环境中工作。如果这一升级得以实现，将使全社会在同样用电水平下的总功耗下降一半。目前，碳化硅价格已大幅降低，应用已进入到变频空调、电动汽车等民用领域，大规模应用指日可待。

4.减少温室气体排放

六氟化硫气体在绝缘性和灭弧性能上都比空气优秀，因此大量用于电力系统的开关、变压器等设备中。但是同质量的六氟化硫气体所产生的温室效应是二氧化碳的2万倍以上，大部分六氟化硫的排放是由于电力设备密封不良、老化或维护不当引起的。

（二）超导电力技术

超导电力技术是利用超导体的特殊物理性质与电力工程相结合而发展起来的一门新技术。由超导电力技术构造的超导电机、超导电缆、超导变压器、超导限流器、超导储能等先进电力设备，可以用于发、输、变、配、用电等电力相关的各个领域，这些设备具有载荷大、损耗小、响应速度快、载流密度高等特点，可以进一步增大输配电线路输送容量、降低网损、增加能源效率、提高灵活控制能力、提高电能质量、减少设备占地、解决高海拔和重污秽等问题，并有利于环境保护，提高系统安全性、可靠性和经济性，是21世纪国际上电力工业重要的高技术储备。因此，开展高温超导材料应用技术研究，对于满足未来先进电力系统的发展和应用需求具有重要意义。

七、智能微电网的储能技术

（一）智能微电网的现实意义

分布式发电与电网的结合，是降低能耗、提高电力系统可靠性和灵活性的主要形式。分布式发电具有投资小、环保好以及灵活性高等优点，但同时也存在着如单机接入成本高、控制相对困难等缺点。分布式发电相对于电网来说，是一个不可控电源，电网不得不采取限制、隔离等方式来处理分布式发电，以减小分布式发电对大电网的冲击。现在并网运行的分布式发电，当电力系统发生故障时，必须马上退出运行，这就限制了分布式发电的利用。因此如何协调大电网与分布式发电之间的矛盾，充分利用分布式发电为用户和电网带来社会和经济效益是我们必须面对和迫切需要解决的问题。

由于智能微电网能实现内部电能和负荷的一体化运行，并通过和电网的协调控制，平滑接入电网或独立运行，这就使得作为分布式发电的优点得以充分发挥，因此推广使用智能微电网在能源的可持续发展及能源供应的稳定性、安全性及可靠性等方面具有十分重要的意义。

就我国而言，智能微电网对电力系统和国民经济发展的意义主要体现在以下几个方面：

第一，智能微电网可以提高电力系统的安全性和可靠性，有利于电力系统抗灾能力的提高。目前，我国电力工业发展已进入大电网、高电压、长距离、大容量阶段。六大区域电网（六大区域电网分别是东北电网、华北电网、华中电网、华东电网、西北电网和南方电网。其中，东北电网、华北电网、华中电网、华东电网、西北电网由国家电网公司管理，南方电网由南方电网公司管理）已实现互联，网架结构日益复杂。实现区域间的交流互联，理论上可以发挥区域间的事故支持和备用作用，实现电力资源的优化配置。但大范围交流同步电网存在大区间的低频振荡和不稳定性，其动态事故难以控制，造成大面积停电的可能性大；另一方面，厂网分开后，市场利益主体多元化，厂网矛盾增多，厂网协调难度加大，特别是对电网设备的安全管理不到位，对电力系统安全稳定运行构成了威胁。相较于传统的发电技术，分布式发电系统由于采用就地能源，可以实现分区分片灵活供电。通过合理的规划设计，在灾难性事件发生并导致大电网停电事故的情况下，智能微电网能够迅速脱离大电网而单独给智能微电网内的负荷供电，提高了供电的可靠性和稳定性；当大电网故障排除后，智能微电网有助于大电网快速恢复供电，降低大电网停电造成的社会经济损失。分布式发电系统还可利用天然气、冷能、热能易于在用户侧存储的优点，与大电网配合运行，实现电能在用户侧的分布式替代存储，从而间接解决电能无法大量存储这一难题；同时，智能微电网中优先并大量使用高渗透率的可再生能源进行分布式发电还可以降低环境污染。

第二，智能微电网可以促进可再生能源分布式发电的并网，有利于可再生能源在我国的发展。处于电力系统管理边缘的大量分布式发电并网有可能造成电力系统不可控、不安全和不稳定，从而影响电网运行和电力市场交易，所以分布式发电面临许多技术障碍和质疑。智能微电网通过各种检测、运行控制策略将地域相近的微电源、储能装置与负荷结合起来进行协调控制，使分布式发电的优势得以充分发挥，消除分布式发电对电网的冲击和负面影响，使得智能微电网相对配电网表现为“电网友好型”的单个可控单元，可以与大电网进行能量交换，并能在大电网发生故障时独立运行。

第三，智能微电网在能量管理系统的管理下，可以为智能微电网内的用户提供个性化服务，提高重要负荷的供电可靠性和电能质量，有利于提高电网企业的服务水平。智能微电网可以根据终端用户的需求提供差异化的供电服务。智能微电网根据用户对电力供给的不同需求，将负荷分为重要负荷、可控负荷和一般负荷，智能微电网能集中自身的优势资源保障重要负荷的持续稳定供电。负荷分级的思想体现了智能微电网个性化供电的特点，智能微电网的应用有利于电网企业向不同终端用户提供不同的电能质量及供电可靠性。

第四，智能微电网可以减少电网投资，降低网损，有利于建设资源节约型社会。传统的供电方式是由集中式大型发电厂发出的电能，经过电力系统的远距离、多级变送为用户供电，这种发配输电的方式需要耗费大量的建设经费且远距离、多级变送的电能损耗也很大。智能微电网中存在大量的分布式发电和储能系统，其所发出和储存的电能能实现“就地消费”，因此能够有效减少对集中式大型发电厂电力生产的依赖以及远距离电能传输、多级变送的损耗，从而减少电网投资，降低网损。

第五，智能微电网可以扶贫，有利于社会主义新农村建设。智能微电网能够比较有效地解决我国西部地区目前常规供电所面临的输电距离远、功率小、线损大、建设变电站费用昂贵等问题，为我国边远及常规电网难以覆盖地区的电力供应提供有力支持，从而间接为这些地方的经济社会发展做出相应的贡献。

总之，随着智能微电网应用技术水平的提高，分布式发电成本的进一步降低，可以预期，在不远的将来，分布式发电必将与常规集中式发电构成未来的两种相辅相成的发电方式，并在电力系统中占据重要的地位。

（二）智能微电网的分类和结构

智能微电网按照母线传送的电流类型来分可以分为直流智能微电网和交流智能微电网；按照智能微电网输出的电压高低可以分为低压智能微电网和高压智能微电网；按照是否与大电网并网运行可以分为并网型智能微电网和孤岛（离网）型智能微电网；按照输出的相数来分则可以分为单相智能微电网和三相智能微电网。

1.直流智能微电网和交流智能微电网

（1）直流智能微电网

直流智能微电网是指系统中的DG（分布式发电）、储能装置、负荷等均通过电力电子变换装置连接至直流母线上，直流网络再通过逆变装置连接至外部交流电网。

直流智能微电网的优点是建设成本低、控制易实现——不需考虑各个DG同期并网问题；其对应的缺点有直流保护、变流器、配电设备等设备不成熟，建设规模较小，适用范围较窄。

（2）交流智能微电网

交流智能微电网是指系统中的DG、储能装置等均通过电力电子变换装置连接至交流母线上，再通过对公共连接点（PCC）处开关的控制，既可实现并网运行，又可实现孤岛运行。交流智能微电网仍然是智能微电网的主要形式。

2.并网型智能微电网和孤岛型智能微电网

智能微电网是由分布式能源系统、储能系统、能量转换装置、相关的负荷和监控系统、控制保护装置汇集而成的小型发配电系统，它既可以接入大电网并网运行，也可以离网独立运行，因此按照智能微电网是否与大电网并网运行，可以把智能微电网分为并网型智能微电网和孤岛（离网）型智能微电网。

（1）网型智能微电网

①系统组成及特点。

第一，系统组成。并网型智能微电网主要包括光伏发电、风力发电等分布式发电系统，储能系统（由蓄电池组和双向逆变器等组成）、负荷系统、并网逆变器、智能微电网中央控制系统等。其中：光伏发电系统由光伏阵列和光伏并网逆变器组成；风力发电系统由风力发电机组和风电并网逆变器组成；储能系统由蓄电池组和双向逆变器组成；负荷系统由必须保障的重要负荷和其他可切除的非重要负荷组成；系统中的各个组成部分都要接受智能微电网中央控制系统的控制和调度。并网型智能微电网既可以并网运行，也可以脱离大电网以孤岛模式运行。

第二，系统特点。并网型智能微电网采用光伏、风力发电等较成熟的分布式发电技术，为负荷提供清洁、绿色的电力能源；具备并网和孤岛两种运行能力，并且可以在两种运行模式间实现平滑切换；采用三层控制架构（能量管理及监控层、中央控制层和底层设备层），既能向上级电力调度中心上传智能微电网信息，又能接收调度下发的控制命令；可对负荷用电进行长期和短期的预测，通过预测分析实现对智能微电网系统的高级能量管理，使智能微电网能够安全、经济运行。

②关键技术装备。

第一，光伏发电系统。光伏发电系统是由单晶硅、多晶硅、非晶硅等光伏组件及并网逆变器构成的发电系统，主要包括：太阳能电池组件、光伏并网逆变器、监控系统及其他辅助发电设备。

第二，风力发电系统。风力发电系统是由风力发电机组和并网逆变器构成的发电系统，主要包括：风叶，发电机，调向机构，调速机构，停车机构，风力机的塔架、控制器，光伏并网逆变器，监控系统及其他辅助发电设备等。

第三，储能系统。储能系统既能向负荷供电，又能作为负荷吸收电网发出的能量，在智能微电网孤岛运行时，储能系统为整个智能微电网提供电压和频率的支撑，作为智能微电网系统的重要调节和支撑单元，具有非常重要的意义，主要包括：储能蓄电池、储能双向变流器、电池管理系统、监控系统及其他电力电子设备。

第四，智能微电网中央控制系统。智能微电网中央控制系统是整个智能微电网的核心，主要对系统中分布式发电、储能、负载功率等做出控制决策，实现智能微电网系统安全运行及经济利益的最优化。主要功能有：对智能微电网内的分布式发电、储能系统和负荷进行数据采集、监控、分析及控制，接收能量管理系统对发电、负荷用电情况的预测曲线及结果；改变分布式发电系统的功率参考值，优化整个系统的功率调度；完成智能微电网并/离网模式的切换命令等。

第五，能量管理系统。能量管理系统是智能微电网的最上层管理系统，主要对智能微电网的分布发电单元设备的发电功率进行预测，对智能微电网中能量按最优的原则进行分配，协同大电网和智能微电网之间的功率流动。主要功能：对智能微电网内的分布式发电、储能系统和负荷进行监控、数据分析；基于数据分析结果生成实时调度运行曲线；根据预测调度曲线，制订合理的功率分配曲线下发给智能微电网中央控制器。

第六，智能微电网监控系统。智能微电网监控系统（Supervisory Control And Data Acquisition，SCADA）即数据采集与监视控制系统，主要完成智能微电网综合监控。主要功能：数据采集及故障录波、系统负荷容量监控及管理、光伏发电单元的有功/无功功率调度、系统储能管理、故障保护管理等。

（2）孤岛型智能微电网

①系统组成及特点。

第一，系统组成。孤岛型智能微电网系统主要包含：风力发电系统、光伏发电系统、并网逆变器、蓄电池组、双向逆变器、智能微电网中央控制系统等。其中：风力发电系统由风机和变流器组成；光伏发电系统由光伏阵列和光伏并网逆变器组成；储能系统由蓄电池组和双向逆变器组成；负荷系统由必须保障的重要负荷和其他可切除的非重要负荷组成。孤岛型智能微电网系统在孤岛模式下运行，系统中的各分布式发电都要接受智能微电网中央控制系统的调度。

第二，系统特点。系统采用光伏、风电等较成熟的分布式发电技术，为负荷提供清洁、绿色的电力能源；系统只能在孤岛模式下运行，储能系统为整个微网系统提供电压和频率的支撑。

系统采用三层控制架构（能量管理及监控层、中央控制层和底层设备层）。其中，能量管理及监控层主要进行发电功率的预测和经济优化，中央控制层接收能量管理系统的输出结果，并下发控制命令调度底层设备的功率输出。

风力发电系统和光伏发电系统可单独发电，也可同时工作发电。在输入状态不稳定或中断时，供电系统可自动切换到储能逆变发电系统，由储能逆变器给负荷供电；当输入状态恢复后，可自动切换到稳定供电和对蓄电池组的充电状态。系统具备自动监测工作状态的能力，发生故障时具备声光报警功能。

②运行控制方案。

第一，孤岛型智能微电网运行控制方案一。风力发电系统或光伏发电系统单独发电，风力发电或光伏发电输出功率应等于负载功率。

当风力发电或光伏发电输出功率小于负载功率时，另外一种发电方式即为能量补充，经智能微电网中央控制系统调度后，确保风力发电和光伏发电输出功率等于负载功率，剩余电能通过储能系统给蓄电池充电，用于无太阳能和风能时使用。通过智能微电网中央控制系统智能控制管理功能，实现风力发电和光伏发电的互补工作，稳定负载供电。智能微电网中央控制系统实时检测风力发电和光伏发电以及负载功率，在无太阳能和风能时具备快速切换到应急发电模式的功能。

第二，孤岛型智能微电网运行控制方案二。系统无太阳能和风能输入时，由智能微电网中央控制系统自动切换到蓄电池组供电状态，通过储能逆变器控制单元给负载提供稳定的功率输出。在该模式下储能双向逆变系统保证对重要负荷的持续、稳定供电。

第三，孤岛型智能微电网运行控制方案三。系统恢复到由风力发电和光伏发电两种能源输入时，智能微电网中央控制系统自动切换系统到风力发电和光伏发电稳态供电模式状态。在该模式下由风力发电和光伏发电为负载供电，并利用给负载供电的剩余电能给蓄电池充电。

（三）单相并网型智能微电网和三相并网型智能微电网

按智能微电网与配电网并网的相数分为单相并网型智能微电网和三相并网型智能微电网。

1.单相并网型智能微电网

单相并网型智能微电网是指智能微电网的输出以单相交流电的形式接入配电网。单相并网型智能微电网的特点是光伏发电发出的直流电要经过并网逆变器与配电网交流母线相连，蓄电池等储能装置则通过双向逆变器与配电网交流母线相连。

2.三相并网型智能微电网

三相并网型智能微电网则是指智能微电网的输出以三相交流电的形式接入配电网。

智能微电网的控制体系结构中包含底层的就地控制层、中间层的智能微电网集中控制层和最上层的配电网调度层，其中底层的就地控制层主要用来实现故障保护、孤岛检测、低压低频减载、系统电压稳定、有功及无功功率自动调节等功能，实现智能微电网的暂态过程控制；中间层的智能微电网集中控制层主要用来实现智能微电网的实时监控，并根据实时采集来的数据完成离网能量平衡控制、分布式发电输出电能的平滑控制、自动电压无功控制、分布式发电发电互补经济运行分析、冷热电联供优化控制、削峰填谷等高级应用功能；最上层的配电网调度层，从配电网的安全、经济运行的角度协调调度智能微电网，同时接受上级配电网的调度控制命令，主要用来实现智能微电网与配电网的交互，将智能微电网交换功率、并/离网状态等重要信息上传至配电网调度中心，并接受配电网调度中心对交换功率、电压等运行指标的远程控制。

（四）智能微电网的特点

从智能微电网的定义和结构上可以看出，智能微电网具有以下几个显著特点：

第一，智能微电网集成了多种能源输入（太阳能、风能、常规化石燃料、生物质能等）、多产品输出（冷、热、电等）、多种能源转换单元（燃料电池、微型燃气轮机、内燃机，储能系统等），是化学、热力学、电动力学等行为相互耦合的复杂系统，具有实现化石燃料和可再生能源的一体化循环利用的特点。

第二，智能微电网中包含多种分布式发电，且安装位置灵活，一般通过电力电子接口接入，并通过一定的控制策略协调运行，共同统一于智能微电网这个有机体中。因此，智能微电网在运行、控制、保护等方面需要针对自身独有的特点，发展适合不同接入点的分析方法。

第三，一般来说，智能微电网与外电网之间仅存在一个公共连接点（PCC），因此，对外电网来说，智能微电网可以看作电网中的一个可控电源或负载，它可以在数秒内反应以满足外部输配电网络的需求。智能微电网可以从外电网获得能量，在智能微电网内电力供应充足或外电网供电不足时，智能微电网甚至可以向电网导送电能。

第四，智能微电网存在两种运行模式：正常状况下，与外电网并网运行，智能微电网与外电网协调运行，共同给智能微电网中的负荷供电；当监测到外电网故障或电能质量不能满足要求时，则智能微电网转入孤岛运行模式，由智能微电网内的分布式发电给智能微电网内关键负荷继续供电，保证负荷的不间断电力供应，维持智能微电网自身供需能量平衡，从而提高了供电的安全性和可靠性；待外电网故障消失或电能质量满足要求时，智能微电网重新切换到并网运行模式。智能微电网控制器需要根据实际运行条件的变化实现两种模式之间的平滑切换。

第五，智能微电网一般存在上层控制器，通过能量管理系统对分布式发电进行经济调度和能量优化管理，可以利用智能微电网内各种分布式发电的互补性，更加充分合理地利用能源。

（五）智能微电网的优点

智能微电网一般通过单点接入大电网，即从电网端来看，智能微电网是一个可控发电单元或负荷。这样可以充分利用智能微电网内各种分布式发电的互补性，能源的利用更加充分，并且减少各类分布式发电直接接入电网后对大电网的影响，同时方便配电网的运行管理，降低因电网升级而增加的投资成本，降低输电损耗，并有利于减少大型电站的发电备用需求。此外，智能微电网有两种运行模式：并网运行模式和孤岛运行模式。在并网运行模式下，负荷既可以从电网获得电能，也可以从智能微电网中获得电能，同时，智能微电网既可以从电网获得电能，也可以向电网输送电能；当电网的电能质量不能满足用户要求或者电网发生故障时，智能微电网与主电网断开，独立运行，即孤岛运行模式，从而有利于提高供电质量和可靠性。

智能微电网技术是新型电力电子技术和分布式发电、储能技术的综合，相较于传统发电技术，智能微电网的优点主要体现在以下几个方面：

第一，智能微电网为多个DG的集成应用，解决了大规模DG的接入问题，继承了单个DG系统所具有的优点；同时可以克服单个DG并网时的缺点，减少单个分布式发电可能给电网造成的影响，实现不同DG的优势互补，有助于DG的优化利用，能够充分挖掘出分布式发电的潜力。

第二，智能微电网灵活的运行模式，提高了用户侧的供电可靠性。用户侧负荷，按重要性程度可分为普通负荷、次重要负荷和敏感负荷（即重要负荷）；当外电网发生较严重的电压闪变及跌落时，可以根据负荷的重要性等级，通过静态开关将重要负荷隔离起来孤岛运行，保证局部供电的可靠性。

第三，智能微电网通过缩短发电与负荷供电间的距离，降低输电损耗和因电网升级改造而带来的成本增加。

第四，对用户来讲，广泛使用智能微电网可以降低电价，获得最大限度的经济效益。例如，利用峰谷电价差。峰电期，智能微电网可以向电网输送电能，以延缓电力紧张，而在电网电力过剩时智能微电网可直接从电网低价采购电能。

（六）智能微电网的关键技术

智能微电网包括发电、输电、储电、配电和用电的全过程，具有内部分布式发电种类多样、孤岛运行和并网运行两种模式等众多独特的特点。因此，必须要有一系列相关技术保证智能微电网能够稳定、高效、可靠运行，并最大可能地提高分布式发电的渗透率，发挥出分布式发电的潜力。智能微电网的关键技术包括智能微电网的规划与设计、运行与控制、通信与能量管理、保护与接地、电能质量与储能方面的技术。

1.智能微电网的规划与设计技术

智能微电网的规划与设计方面的关键技术包括：智能微电网结构、分布式发电的优化组合、负荷预测、规划评价等方面的技术。

在进行智能微电网系统的规划与设计时要根据区域内用电负荷及可用能源和资源情况，综合考虑相关智能微电网设备的运行与响应特性、初期投资与运行维护费用、能源的利用效率、环境友好程度及系统控制策略等因素，通过优化计算确定智能微电网的结构和分布式发电单元的配置，实现整个智能微电网的可靠性、安全性、经济性、环境友好性等多个目标。

2.智能微电网的运行与控制、通信与能量管理技术

智能微电网的运行与控制方面的关键技术包括：自动控制的结构和体系、无缝切换、黑启动、接入点控制、自动发电、频率控制（独立运行时）等方面的技术。

智能微电网通信方面的关键技术包括：智能微电网计量模式与通信模式切换、通信控制规约、各种通信接入方式及接口等方面的技术。

智能微电网能量管理方面的关键技术包括：智能微电网经济调度、多元能量优化管理、融合能量管理和需求侧管理、联合调度等方面的技术。

3.智能微电网的保护与接地方面的技术

智能微电网保护方面的关键技术包括：故障特征分析与计算、保护原理与配置、保护间协调、反孤岛策略及其与保护间的协调技术、发电机和负荷容量对保护的影响等。

智能微电网接地方面的关键技术包括：适用于智能微电网的接地系统、分布式发电接地方式及接地电极种类等方面的技术。

4.智能微电网电能质量与储能方面的技术

智能微电网电能质量方面的关键技术包括：智能微电网电能质量问题特殊性与产生机理、检测及分析、综合控制与治理等技术。

智能微电网储能方面的关键技术包括：储能对智能微电网稳定运行的作用机理与控制方法、分布式储能的规划设计等技术。

5.分布式发电技术

(1) 适应光伏发电的电力电子变换器技术

常用的光伏并网逆变器大多采用DC-DC-AC的双级结构。这是因为光伏阵列提供的直流电压普遍低于要求的交流输出电压，而DC-AC变换电路中，应用最广泛的全桥逆变器和半桥逆变器，瞬时输出电压总低于输入电压，只能实现降压变换。为此，一般在桥式逆变电路前增加一级可升压变换的DC-DC变换电路，将输入直流电压升高。双级结构的光伏并网逆变器虽然能够灵活适应各种输入/输出电压指标，还具有更高的自由度等级（即更多的可控变量），可同时实现多种功能（例如，电气隔离、最大功率点跟踪、无功补偿、有源滤波等），但功率级的数量增多，将降低整体的效率、可靠性和简洁程度，增加系统开销。为此，逆变器研究的一大发展趋势，就是直接将多功率级的系统架构整合为单级系统，即所谓单级逆变器。

（2）网络拓扑结构及其优化配置技术

包括太阳能在内的可再生能源的能量密度低、随机性强，由其构成的分布式发电系统的网络拓扑结构与传统的集中式发电系统的网络结构有显著的区别。因此，应根据对当地可再生能源的分布预测、随机性与可用性评估、负荷水平评估，提出基于可再生能源的分布式发电系统的网络拓扑；研究分布式发电系统中母线电压的形式（交流或直流）、大小、频率（对于交流形式）等物理量的选择方法；提出该分布式发电系统中对太阳能光伏发电单元、风力发电单元、多元复合储能单元（含飞轮、超级电容器和蓄电池）的容量配置方法，以降低系统成本；研究分布式发电系统中各种电力电子变换器的配置及其输入/输出电压、功率等级的选择。

（3）分布式发电系统并网控制技术

由于分布式发电系统具有多能量来源、多变流器（主要是逆变器）并网的特点，因此必须对其并网控制进行研究。包括：针对具有多能源多并网逆变器的分布式发电系统，研究其并网运行时相互耦合影响的机理和并网协调控制问题；研究独立运行时多个逆变器的电压和频率的协调控制，以实现动态和稳态负荷的合理分配；研究合适的并网、独立控制模式和协调一致的切换控制策略；研究柔性并网、暂态过程以及分布式发电系统对电网或本地负荷的冲击影响等问题；开展适合并网逆变器的无盲区孤岛检测方法和防伪孤岛技术研究。

（4）分布式发电系统的能量管理技术

针对分布式发电（Distributed Resources，DR）的随机性、分布式发电单元的投切和负荷变化、敏感负荷对供电可靠性和电能质量高要求、分布式发电系统附近配电线路拥塞、分布式发电系统与电网之间的供购电计划等问题，研究分布式发电系统各种运行模式下分布式发电单元、储能单元与负荷之间的能量优化，以满足经济运行的要求；针对分布式发电系统并网和故障解列时的能量变化，研究分布式发电系统运行模式变化时的能量调度策略，以满足分布式发电系统运行模式切换的要求。

（5）光伏系统的安全性和可靠性技术

在分布式发电系统的相关并网规范中，对各发电单元的端口特性提出了具体的要求。为此，需要分析分布式发电系统的稳态及动态特性，包括不同分布式发电单元以及分布式发电系统并网端口特性。稳态情况下主要包括：有功、无功、电压、频率和谐波等特性，考虑到分布式发电系统高度随机性，还要研究这些特性随时间的变化规律。例如：并网逆变器的直流分量注入问题；光伏并网单元的对地漏电流问题；孤岛及其检测技术问题。

（七）智能微电网的发展趋势

1.智能微电网将向更加智能化的方向发展

基于先进的信息技术和通信技术，智能微电网系统将向更灵活、清洁、安全及经济的“智能化”的方向发展，未来的智能微电网系统不仅能实现运行控制的智能化，例如，能实现分布式发电的即插即用式的智能化运行与控制，而且还能实现对大电网故障的智能化检测及智能微电网系统内部的故障检测和故障自治、自愈的智能化控制等功能。

2.智能微电网将逐步向集成化、规模化的方向发展

国内外进行了大量的智能微电网示范项目的实践，智能微电网也从比较单一的、小型的体系结构向复杂的、大型的智能微电网方向发展演化。未来的智能微电网将是分布的、多级的架构。对于多级智能微电网，每个智能微电网都可以是独立运行的，可以自身及连带下级智能微电网一起孤岛运行，还可以与上级智能微电网或大电网并网运行。这种积木式的结构具有良好的可扩充性。智能微电网群、电力互联网等概念，将随着分布式发电及智能微电网的发展，逐步变为现实。

（八）智能微电网中储能技术的应用

1.储能技术及设备的定义和分类

（1）储能技术的定义

储能技术是特指通过机械的、电磁的、电化学等方法，将能量存储起来，在需要的时候，再通过机械的、电磁的、电化学的方法转变为电能，为用电设备提供电能的技术。

（2）储能设备的定义和分类

储能设备：用来存储能量的设备。

储能设备的分类。储能设备按照其应用领域可以分为便携式储能设备、移动式储能设备和固定式储能设备。

（3）储能技术的分类

根据各种储能设备所采用的技术的不同，可以将储能技术分为机械储能技术、化学储能技术和电磁储能技术。

①机械储能技术。

机械储能技术是指将电能通过转换为机械能的形态储存起来，在需要时，可再由机械能转换为电能为用电设备提供电能的技术。机械储能技术包括抽水蓄能技术、压缩空气储能技术、飞轮储能技术。

第一，抽水储能技术。抽水储能技术是用电网低谷时的过剩电能将水从地势低的水库抽到地势高的水库，将电能以水的势能形式进行存储；在电网峰荷时再利用高地势水库中的水回流到下水库推动水轮机发电机发电，再将水的势能转化为电能而加以利用的一种技术。

第二，压缩空气储能技术。压缩空气储能技术（Compressed Air Energy Storage，CAES）是利用电力系统负荷低谷时的剩余电能，由电动机带动空气压缩机，将空气压入作为储气室的密闭大容量地下洞穴，当系统发电量不足时，将压缩空气经换热器与油或天然气混合燃烧，导入燃气轮机做功发电的一种技术。

压缩空气储能技术的优点：有调峰功能，适合用于大规模风场，因为风能产生的机械功可以直接驱动压缩机旋转，减少了中间转换的环节，从而提高了效率。

压缩空气储能技术的缺点：效率较低，原因在于空气受到压缩时温度会升高，空气释放膨胀的过程中温度会降低。在压缩空气过程中一部分能量以热能的形式散失，在膨胀之前就必须要重新加热。通常以天然气作为加热空气的热源，这就导致蓄能效率降低。还有就是需要大型储气装置、一定的地质条件和依赖燃烧化石燃料。

第三，飞轮储能技术。飞轮储能技术是利用高速旋转的飞轮将能量以动能的形式储存起来。电能驱动飞轮高速旋转，电能变为飞轮动能储存，需要时，飞轮减速，电动机做发电机运行。飞轮的加速和减速实现了充电和放电。

②化学储能技术。

化学储能技术是指将电能通过化学反应转化为化学能储存起来，在需要时，再通过化学反应将化学能转换成电能的技术。化学储能技术又包括铅酸电池储能技术、锂离子电池储能技术和钠流电池储能技术。

第一，铅酸电池储能技术。铅酸电池储能技术是一种电极主要由铅及其氧化物制成，电解液是硫酸溶液的蓄电池储能技术。该种储能技术在世界上应用广泛。

第二，锂离子电池储能技术。锂离子电池是一类由锂金属或锂合金为负极材料，使用非水电解质溶液的电池。主要应用于便携式的移动设备中，其效率可达95%或更高，放电时间可达数小时，循环次数可达5000次或更多，响应速度快，是电池中能量最高的实用性电池，目前来说用得最多。

第三，钠硫电池储能技术。钠硫电池是一种以金属钠为负极、硫为正极、陶瓷管为电解质隔膜的二次电池。在一定的工作温度下，钠离子透过电解质隔膜与硫之间发生可逆反应，形成能量的释放和储存。

第四，液流电池储能技术。液流电池一种新的蓄电池，是利用正负极电解液分开，各自循环的一种高性能蓄电池。它具有容量高、使用领域广、循环使用寿命长的特点，最显著的特点是规模化蓄电，在广泛利用可再生能源的呼声高涨的形势下，可以预见，液流电池储能技术将迎来一个快速发展的时期。

③电磁储能技术。

电磁储能技术是指将电能转化为电磁场能进行储存的一种技术。电磁储能技术又可分为超导储能技术和超级电容器储能技术。

第一，超导储能技术。超导储能技术是利用超导体电阻为零的特性储存电能的技术。超导储能系统大致包括超导线圈、低温系统、功率调节系统和监控系统四大部分。超导材料技术开发是超导储能技术的重中之重。超导材料大致可分为低温超导材料、高温超导材料和室温超导材料。

第二，超级电容器储能技术。超级电容器储能技术是用活性炭多孔电极和电解质组成的双电层结构获得超大的电容量。与利用化学反应的蓄电池不同，超级电容器的充放电过程始终是物理过程。

2.储能技术的实际应用领域

(1) 储能技术在电力系统中的应用

①储能技术在可再生能源中的应用。

大规模可再生电源接入后，其波动性、间歇性和随机性不仅增加了电力系统的调峰压力，而且影响电力系统的安全稳定运行。引入储能技术可以有效平抑新能源功率波动，增强新能源发电的可控性，提高新能源的并网接入能力。

②储能技术在智能微电网系统中的应用。

当智能微电网系统处于孤岛运行模式时，必须要有储能设备来为智能微电网设备提供电压和频率的支撑，否则在光伏或风力发电系统没有电能输出或输出功率不足时会导致整个智能微电网系统的崩溃。

③储能技术在电网调频中的应用。

由于储能技术调节速度快，未来在电网调频中将起到积极的作用。目前美国、智利等国均已开展调频储能项目及研究工作。

④储能技术在用户侧的应用。

储能技术可为特定电力用户提供服务，例如可为用户提供消减需求开支并提供后备电源服务；也可在电网故障时，保障对用户的高可靠性供电。

(2) 储能技术在智能建筑领域中的应用

智能建筑围绕智能电网和智能城市的发展，结合智能电网及智能城市未来的发展形态，实现对区域内电力供需进行有效调控。

参考文献

[1] 赵子健，杨西侠.电气工程自动化专业系列教材信号分析与处理 [M].北京：电子工业出版社，2023.

[2] 刘亮，尹进田，杨民生.电路分析基础 [M].西安：西安电子科学技术大学出版社，2023.

[3] 化雪荟，何鹏，叶婧靖.数字电子技术 [M].北京：冶金工业出版社，2023.

[4] 吕宗旺，孙福艳，李忠勤.电子系统综合实践 [M].北京：机械工业出版社，2023.

[5] 吕伟锋，卢振洲，林弥.电路分析基础实验 [M].西安：西安电子科技大学出版社，2023.

[6] 肖顺平，徐振海.雷达极化技术 [M].北京：清华大学出版社，2022.

[7] 王敏，袁凌云.动态网络可靠传输技术 [M].北京：清华大学出版社，2022.

[8] 禹晶，肖创柏，廖庆敏.数字图像处理 [M].北京：清华大学出版社，2022.

[9] 任骏原，赵丽霞，张健.电子技术基础 [M].北京：清华大学出版社，2022.

[10] 臧利林，徐向华，姚福安.数字电子技术基础 [M].北京：清华大学出版社，2022.

[11] 张菁，温凯歌.模拟电子技术基础 [M].西安：西安电子科学技术大学出版社，2022.

[12] 李承，徐安静.数字电子技术 [M].第2版.北京：清华大学出版社，2022.

[13] 邓文达，陈彬，王华兵.材信息技术基础［M］.北京：电子工业出版社，2022.

[14] 刘侃.电子信息技术篇［M］.北京：北京理工大学出版社，2021.

[15] 徐玉菁.模拟电子技术实验与综合训练［M］.南京：南京东南大学出版社，2021.

[16] 刘玉玲.电子信息类课程规划教材数字电子技术［M］.大连：大连理工大学出版社，2021.

[17] 吴莉莉，林爱英，邢玉清.电子信息科学技术导论［M］.第2版.北京：机械工业出版社，2021.

[18] 刘彤，李建民，丁峰.信息技术与通信导航系统电子电气专业［M］.大连：大连海事大学出版社，2021.

[19] 贺鹏飞，韩吉衢，董言治.信息科学技术导论［M］.第2版.西安：西安电子科学技术大学出版社，2021.

[20] 朱莹，贾永兴.电子信息基础［M］.北京：机械工业出版社，2021.

[21] 付渊，刘勇.电子信息导论［M］.北京：北京理工大学出版社，2021.

[22] 张俊涛，陈晓莉.数字电子技术基础［M］.西安：西安交通大学出版社，2021.

[23] 许鸿文.数字电子技术基础［M］.武汉：中国地质大学出版社，2021.

[24] 王刚，乔冠，杨艳婷.建筑智能化技术与建筑电气工程［M］.长春：吉林科学技术出版社，2020.

[25] 何良宇.建筑电气工程与电力系统及自动化技术研究［M］.北京：文化发展出版社，2020.

[26] 魏曙光，程晓燕，郭理彬.人工智能在电气工程自动化中的应用探索［M］.重庆：重庆大学出版社，2020.

[27] 李明君，董娟，陈德明.智能建筑电气消防工程［M］.重庆：重庆大学出版社，2020.

[28] 杨慧超，牟建，王强.电气工程及自动化［M］.长春：吉林科学技术出版社，2020.

[29] 韩祥坤.电气工程及自动化［M］.东营：中国石油大学出版社，2020.

[30] 孙娟，陈宏，陈圣江.电子信息技术与电气工程研究［M］.北京：原子能出版社，2020.